KB234919

세상 모든 부부는 행복하라

세상 모든 부부는 행복하라

세상 모든 부부는
행복하라

글 / 김홍식

디연

꽃 한 송이의 행복, 밥 한 그릇의 감동

대한민국 구석구석을 다니며 행복에 대한 이야기를 나누었습니다.

무엇이 사람에게 행복을 줄까?

행복의 중심엔 무엇이 있을까?

모든 사람에게 공평한 행복의 원리는 무엇일까?

오랫동안 생각하며 돌아다녔습니다.

그리고 아주 간단한 답을 얻었습니다.

부부입니다.

아내와 남편입니다.

이것이 사람을 행복하게 하는 가장 중요한 것이었습니다.

그래서 죽는 날까지 '부부행복'을 이야기하기로 마음먹었습니다.

아내가 행복해야 남편이 행복합니다.

아내는 '가정행복'의 기초이고 전부입니다.

행복한 가정을 원하는 남편은 아내를 행복하게 해줘야 합니다.

불행한 아내와 함께 사는 남편은 절대 행복할 수 없기 때문입니다.

마찬가지로 불행한 남편과 사는 아내도 결코 행복할 수 없습니다.

재물이 많다고 행복한 것은 아닙니다.

대단한 것으로만 감동을 줄 수 있는 것도 아닙니다.

여자는 꽃 한 송이로 행복하고, 남자는 밥 한 그릇에 감동합니다.

마음이 담긴 작은 정성은 누구에게나 깊은 감동을 줍니다.

이런 원리를 가장 잘 이용하는 사람이 사기꾼입니다.

작은 것으로 여러 번 호의를 베풀며 환심을 산 뒤 큰 것을 빼앗아 갑니다.

사업이나 거래를 하는 사람들은 이런 원리를 잘 알고 있습니다.

그것이 얼마나 신경을 많이 써야 하는 일인지도 잘 알고 있습니다.

부부가 서로에게 작은 정성을 베풀지 못하는 이유는 그렇게 하지 않아도 될 사람이라고 생각하기 때문입니다.

신경 쓰지 않고 관심을 주지 않아도 늘 옆에 있으면서 내 편이 될 사람이라고 지레 믿기 때문입니다.

하지만 큰일이 터지면 상황이 달라집니다.

거래를 하던 사람에게 큰일이 생기면 거래관계가 단절됩니다.

그러나 아내와 남편에게 큰일이 생기면 둘은 더 친밀해집니다.

부부관계는 거래나 사업의 관계가 아니기 때문입니다.

꽃과 밥은 서로 다른 양식입니다만 둘 다 있어야 합니다.

남자는 배부르면 행복하고, 여자는 꽃이 있어야 행복합니다.

남자가 좋아하는 것으로 여자를 행복하게 할 수 없습니다.

여자가 좋아하는 것으로 남자를 행복하게 할 수 없습니다.

남자는 남자다운 것으로 여자는 여자다운 것으로 행복해집니다.

남자는 꽃을 사느니 술 한 잔 더 마시는 것이 낫다고 생각합니다.

반면에 여자는 먹는 것을 아껴서 꽃과 장식품을 삽니다.

왜 그런지는 알 수 없습니다.

그냥 그렇게 타고났기 때문입니다.

아내의 행복은 남편이고, 남편의 행복은 아내입니다.

한 사람이면 한평생 충분히 행복할 수 있습니다.

이 책은 그 한 사람을 위한 책이고 두 사람을 위한 책입니다.

대한민국의 모든 부부를 행복하게 만드는 책이 되기를 소망합니다.

6.25 한국전쟁 중에 있었던 이야기입니다. 낙동강에서 전투를 벌이던 부대에 고문관 하나가 파견되었습니다. 상관의 명령을 이해하지 못하고, 진격과 후퇴를 알아듣지도 못하고, 총을 어떻게 사용하는지도 모르고, 동료가 있는 방향으로 총구를 돌리고, 실수로 수류탄을 떨어뜨리고, 차에 올라타다 떨어지고, 탄약을 잃어버리기도 했습니다.

격전이 벌어지던 날, 고문관은 후퇴하라는 말을 알아듣지 못하고 참호에 남아 있다가 적군의 포로가 되었습니다. 멀리서 강가를 바라보고 있던 부대장이 북한군에게 잡힌 그를 발견하고는 혀를 끌끌 찼습니다.

"차라리 잘되었다! 포로가 되면 더 이상 총을 들고 다니거나 위험한 실수는 하지 않을 테니까! 적군도 사람인데 고문관을 어디에 써먹겠어? 총 안 쏴도 밥은 줄 테고. 그러다 전쟁 끝나면 집으로 돌려보내겠지!"

지리한 공방 속에서 어느덧 추석 때가 되었습니다. 병사들은 고향을 생각하며 명절을 보내고 싶었지만 역시나 전투가 벌어졌습니다. 한참 총격전이 있은 후 적군의 진지에서 백기가 올라왔습니다. 그러고는 병사 한 명이 배낭을 메고 남쪽으로 걸어오기 시작했습니다.

백기를 든 병사는 얼마 전에 포로가 된 고문관이었습니다. 고문관은 배낭에 떡을 잔뜩 메고 진지로 들어섰습니다. 적군도 고문관을 어떻게 해야 할지 몰라 추석 떡과 함께 남쪽으로 돌려보낸 것이었습니다. 부대장과 병사들은 기가 막혔습니다. 고문관은 아군에게나 적군에게나 똑같은 고문관이었습니다.

부대장은 고문관이 가져온 떡을 병사들과 함께 나누어 먹은 후 그를 제대시켰습니다. 아군과 적군을 구분할 줄 모르고, 총을 다루지도 못하고, 전쟁을 수행할 능력이 없는 사람을 전쟁터에 데리고 있는 것은 아무런 의미가 없기 때문이었습니다. 고문관은 6.25 한국전쟁 중에 퇴역한 유일한 병사가 되었습니다. 고문관에게 전쟁은 남의 일이었습니다.

"잘났어, 정말!"

아주 많은 사람이 싸울 때 하는 말입니다. 잘났기 때문에 잘 싸운다는 생각이 말 속에 담겨있습니다. 싸우는 사람들이 하는 말을 들어보세요. 얼마나 똑똑하고 잘났는지 알 수 있습니다. 그들의 논리는 하늘도 설득할 정도이고, 그들의 기세는 염라대왕도 내쫓을 정도입니다.

인류 역사의 유명한 싸움과 전쟁을 살펴보면 그 모든 사건의 배후에는 잘난 사람들이 자리를 잡고 있습니다. 알렉산드로스 대왕이 잘난 사람이 아니었다면 그렇게 많은 전쟁을 치르지는 않았을 것입니다. 나폴레옹은 동기들 중 제일 잘난 사람이었기에 가장 많은 싸움을 치러야 했습니다.

싸움은 잘나고 유능한 사람들의 전유물입니다. 싸울 능력이 없고 싸울 만큼 잘나지 못한 사람은 싸우지 않습니다. 잘 싸우는 사람은 그만큼 잘났기 때문입니다. 잘난 사람들은 그 잘난 것 때문에 행복할 여유도 없습니다. 잘난 것을 드러내고, 잘난 짓을 하기 위해 평화를 뒤로 미루어놓습니다.

잘난 부부는 잘 싸웁니다. 서로 잘났기 때문에 할 말도 많고, 우길 것도 많고, 이겨야 할 것도 많습니다. 잘난 것이 오히려 가정을 불행하게 만듭니다. 차라리 못나서 싸우지 않을 수 있다면 가정은 더 행복할 수 있을 것입니다.

잘난 사람은 물고기가 방향을 꺾지 못해 깔때기에 갇혀 빠져나오지 못하는 것처럼 자기 환상에 갇혀 불행의 소용돌이를 벗어나지 못합니다. 물고기를 잡는 어항은 한쪽에 안으로 향한 커다란 구멍이 있습니다.

물고기는 그 구멍을 통해 어항 안으로 들어갑니다. 한 번 들어간 물고기는 계속 앞으로만 가려는 습성 때문에 열린 어항을 빠져나오지 못하고 갇힙니다. 한 번만 방향을 꺾으면 물고기는 자유를 얻을 수 있는데, 그 한 번을 꺾지 못해 사람에게 잡혀 매운탕 재료가 되고 맙니다.

잘난 아내와 남편은 방향을 꺾지 않습니다. 결혼해서 부부가 되었으면 배우자를 위해 자기 방향을 꺾을 수 있어야 합니다. 그래야 함께 같은 곳으로 갈 수 있습니다. 나쁜 길만 아니면 어디로 가든 무슨 상관입니까?

사람이 해봐야 얼마나 특별한 걸 하고, 가봐야 얼마나 대단한 곳으로 가겠습니까? 기껏해야 먹고 마시고, 구경하고 놀고, 자고 일어나는 것밖에 더 있나요? 집이 크면 얼마나 크고, 재산이 많으면 얼마나 많고, 대접받으면 얼마나 받겠습니까? 그 모든 것들이 배우자와 함께 있는 것보다 더 큰 의미를 줄 수 있을까요? 혼자서는 그 모든 게 기쁨이 아닌 슬픔이 됩니다.

잘난 사람에겐 모든 것이 싸울 거리가 되지만 고문관에게는 전쟁도 남의 일이 됩니다. 남들은 총 쏘고 폭탄을 터트리는 곳에서 떡을 들고 유유히 걸어다니고, 양쪽 병사들의 총성을 멈추게 합니다.

우리의 가정이 행복하지 못한 이유가 혹시 내가 너무 잘났기 때문은 아닌가요? 싸우고 갈등하는 이유도 잘난 것 때문은 아닙니까? 한 번도 기 죽어 산 적이 없거나, 성질을 죽인 적이 없거나, 고집을 꺾은 적이 없는 사람은 행복할 수도 없을 만큼 너무 잘난 사람입니다. 내가 너무 잘나면 잘난 사람은 내 옆에 머물지 않습니다. 잘난 것끼리 만나면 곧 싸움이 일 어나기 때문이죠.

잘나기는 하되, 싸움을 일으킬 만큼 어리석게 잘나면 안 됩니다. 정말 잘난 것은 싸우지 않는 것입니다. 잘나서 싸우고, 잘나서 불행한 사람이 우리 주위엔 아주 많습니다. 잘나서 싸우는 것보다 못나서 안 싸우는 것 이 삶을 평화롭게 합니다.

우리의 일상적인 삶에서 일어나는 모든 싸움은 우리가 너무 잘났기 때문입니다. 아내보다 못한 남편이 되어주고, 남편보다 못한 아내가 되 어주면 절대로 싸울 일은 없습니다. 사랑한다면 그 정도는 해줄 수 있는 거 아닌가요?

니콜라스 케이지가 출연한 〈정의〉라는 영화가 있습 니다. 영화가 답을 주지는 않습니다. 다만, '정의가 무 엇인가?', '국가와 법이 정의를 지킬 수 있는가?'에 대한 의문을 던져줍니다.

영화에서 가장 인상 깊었던 장면이 하나 있습니다. 성폭행을 당한 후 괴로워하는 아내를 안타깝게 바라보고 있는 남자에게 개인적으로 정의를 수행하는 단체의 일원이 찾아옵니다. 그는 아무 조건 없이 법이 하지 못하는 정의의 심판을 대신해주겠다고 제안합니다. 피해자가 동의만 하면 당장 실행하게 된다는 말을 듣고 남편은 망설이다가 범인이 증거 불충분으로 풀려난다는 소식을 듣고 제안을 받아들이기로 결심합니다.

남편의 개인적 보복 결정이 전달된 후 아내를 폭행한 남자가 사망했다는 뉴스가 보도됩니다. 아내는 뉴스를 보고 난 후 안정을 되찾고 가정은 정상을 되찾습니다. 6개월 후 개인적 원한을 풀어주는 단체의 남자가 남편에게 찾아와서 도움받은 것을 갚으라고 합니다. 그 일은 예전에 남편과 같은 처지에 있는 사람을 위해 그가 지목하는 사람을 죽이는 일이었습니다.

남편은 그들의 제안을 피해 다니다가 범죄자로 오해를 받아 경찰과 보복단체 양쪽에서 쫓기는 도망자가 됩니다. 남편의 행동을 이상하게 여긴 아내가 남편에게 무슨 일이 있었느냐고 물어보지만 남편은 자신의 결정으로 범인이 죽었다는 사실을 말할 수 없습니다. 양쪽에서 쫓기는 도망자가 된 상태에서 더 이상 비밀을 감출 수 없게 된 남편은 아내에게 사실을 털어놓습니다. 자신의 결정으로 범인이 죽은 것이라고……

남편의 고백을 들은 아내는 남편이 범죄자가 아닌지를 의심하다가 그 모든 일이 자신을 위한 일이었다는 이야기를 들으며 남편을 끌어안습니다. 그리고 자신이라도 그런 결정을 내렸을 것이라는 말과 함께 남편의 전폭적인 후원자가 됩니다. 아내는 경찰과 보복단체를 따돌리며 세상에서 단 하나뿐인 남편의 협력자가 됩니다.

비록 연기자들에 의해 만들어진 장면이긴 하지만 궁지에 빠진 남편은 자신을 이해한다는 아내의 한마디에 마음의 평화를 얻습니다. 세상 모든 사람에게 쫓기는 신세가 되었지만 아내만은 자신의 편이라는 것으로 상황을 극복할 용기를 되찾습니다. 세상 어디에서도 살길을 찾지 못한 남편은 아내 한 사람을 통해 살 희망을 얻습니다.

영화는 '정의란 무엇인가?'에 대한 의문을 남기지만 그 정의와는 상관없이 아내의 변함없는 사랑에 의해 남편이 누명을 벗고 집으로 돌아옵니다. 진정한 정의는 부부의 사랑에서 시작됩니다.

남편은 자신을 이해하는 아내 한 사람이 있을 때 진실과 정의를 포기하지 않는 용기를 얻습니다. 인생을 포기하는 사람과 정신줄을 놓는 사람의 마지막 순서는 '세상에서 나를 이해하는 사람이 단 한 명도 없다'는 확신이 설 때입니다.

누군가에게 이해받는다는 것은 인생을 포기하지 않을 이유가 되고 정신을 똑바로 차리고 살 만한 근거가 됩니다. 한 사람을 이해하는 것은 한 사람의 운명을 바로잡는 것이고, 열 사람을 이해하는 것은 열 명의 인생을 세우는 것과 같습니다. 이해받고 있다는 확신은 고통 속에서도 평화와 안식을 줍니다.

사랑하는 사람이 한 명도 없는 사람은 세상에 아무런 도움을 주지 않고 사는 것입니다. 한 사람에게도 사랑받지 못하고 이해받지 못하는 사람은 세상과 단절된 삶을 살 뿐입니다.

한 사람을 사랑하는 것은 세상을 돕는 첫 순서가 되고, 한 사람에게 사랑받는 것은 세상과 연결되는 소통이 됩니다. 한 사람의 사랑으로 두 사람이 행복을 얻고 행복한 두 사람에 의해 세상은 평화를 얻습니다.

행복은 서로 사랑하는 한 사람이면 충분합니다. 험난한 세상에서 쓸

쓸한 나를 반갑게 맞이하는 한 사람, 지친 내 가슴을 풀어놓을 수 있는 한 사람, 상처 입은 마음을 풀어주는 한 사람, 기쁠 때도 슬플 때도 함께할 수 있는 한 사람이면 누구나 충분히 행복할 수 있습니다. 아내와 남편 두 사람이 서로를 완벽하게 이해할 수만 있다면 그 사이에 행복을 위해 더 이상 필요한 것은 없습니다.

국정 파행, 시국 불안, 경제 파탄, 사회 혼란도 아내가 남편을 사랑하는 것과 남편이 아내를 사랑하는 것을 막지는 못합니다. 두 사람의 뜻이 맞기만 하면 세상의 모든 문제는 아주 사소한 것이 됩니다. 성공의 끝은 부부의 행복이고, 인생의 최종 목적도 부부의 행복입니다. 아내의 한마디에 남자는 평화를 얻고, 그 한 남자는 세상에 정의를 세웁니다. 세상의 평화와 정의는 아내 한 사람에게 달려 있습니다.

2013년 5월

대한민국 부부 멘토, 김홍식

남편은 하늘이 갈라놓기 전까지 아내를 사랑해야 합니다.
아내도 마찬가지입니다. 사랑해서 결혼한 사람을 사랑하지 않는다면
누굴 사랑할 수 있겠습니까?
세상의 모든 남편은 아내를 사랑하는 ‘애처가’이거나
아내를 무서워하는 ‘공처가’이거나 아내를 괴롭히는 ‘미처가’ 중 하나입니다.
남자가 미치지 않으면 어떻게 아내를 함부로 대할 수 있습니까?
아내를 사랑하지 않는 남편은 언젠가는 ‘미친놈’이라는 소리를 듣게 될 것입니다.
세상의 모든 남편이여! 미쳐가기 전에 아내를 사랑하세요!

Prologue
꽃 한 송이의 행복, 밥 한 그릇의 감동 / 4

Chapter 1
꽃 한 송이, 밥 한 그릇

Chapter 2
악마의 속삭임, 더 좋은 사람을 만날 수 있었다?

꽃 한 송이, 밥 한 그릇

꽃 한 송이, 밥 한 그릇

사람은 환경에 지대한 영향을 받습니다.
공주도 하녀 대접을 받으면 하녀가 되고
하녀도 공주 대접을 받으면 공주가 됩니다.
남편과 아내가 서로를 머슴과 하녀로 대접하면
그 가정은 천한 사람들이 모여 사는 몰상식한 가정이 됩니다.
남편은 힘만 쓸 줄 아는 무식한 사람이 될 것이고
아내는 예의도 범절도 모르는 부엌데기가 됩니다.
왕이 되고 싶다면 먼저 아내를 왕비로 대접하면 됩니다.
아내가 왕비가 되면 남편이 왕이 되는 것은 당연한 결과입니다.
왕비가 되고 싶다면 남편을 왕으로 대접하면 됩니다.
왕의 아내가 왕비 아니면 뭐겠습니까?
많은 부부가 왕과 왕비로 살지 못하는 이유는
혼자만 왕이 되고 왕비가 되려고 하기 때문입니다.
자신은 왕 대접을 받고 싶지만 아내는 하녀로 부리며 살고,
아내는 왕비로 살면서 남편은 머슴으로 대하며 살고 있습니다.
왕과 하녀가 함께 사는 집, 왕비와 머슴이 함께 사는 집의 분위기는
왕궁일까요? 아니면 하인들의 숙소일까요?
못난 남편은 아내 책임이고 형편없는 아내는 남편 책임입니다.
배우자가 그렇게 된 것의 일차적인 원인은 바로 자기 자신입니다.
부모의 책임도 있고 형제들이나 친인척의 책임,
사회 환경의 책임도 물론 없지 않습니다.
그러나 내 남편과 내 아내가 지금의 상태가 된 것은 나 때문입니다.
내가 그렇게 대접했기 때문에 그런 사람이 된 것입니다.
아니라면 누구 책임일까요?
결혼해서 가정을 이루기 전까지는 부모와 형제들의 책임이었습니다.
그러나 부부가 된 후 함께 세월을 보낸 만큼은
아내와 남편, 서로의 책임이 됩니다.

01

꽃 살 돈으로 고기를 사고, 고기 살 돈으로 꽃을 사라

탈레스 / B.C. 624?–546?

그녀는 대한민국 대부분의 주부처럼 26년을 살면서 남편에게 꽃다발 한 번 받아본 적이 없습니다. 젊은 주부들 중에는 신랑에게 주말마다 꽃다발을 받는다고 자랑하는 사람도 있습니다. 매일 꽃 한 송이를 들고 퇴근하는 신랑이 있다는 얘기도 들었습니다.

동네 이웃으로부터 들은 말을 딸들에게 하니 엄마도 아빠를 졸라서 꽃다발을 한번 받아보라고 부추겼습니다. 남편이 늘 바라보는 달력에 굵은 유성펜으로 둥그렇게 표시를 해두었습니다. 무슨 표시냐고 물어볼 만도 한데 남편은 아무 말이 없었습니다.

그녀는 결혼기념일마다 꽃다발을 선물하는 신랑, 그리고 매일 꽃 한 송이를 사들고 퇴근하는 신랑에 대한 이야기를 남편에게 해주었습니다. 결혼기념일을 일주일 앞두고 그녀는 달력에 표시된 날을 가리키며 남편에게 무슨 날인지 아느냐고 물어보았습니다. 무심한 남편은 "몰라!" 하고는 방을 나가버렸습니다.

　결혼 26주년이 되는 날 아침, 노골적으로 말하지 않으면 알지 못할 것 같아 그녀는 오늘이 무슨 날인지를 설명하려 했습니다. 하지만 남편은 그날따라 바쁜 일이 있다며 아침도 거른 채 서둘러 출근해버렸습니다. 딸들은 힘없이 아침상을 차리는 엄마를 위로했습니다.

　"아마 알아들으셨을 거야."

　"아빠 원래 알아도 별반 티를 안 내시잖아. 저녁까지 기다려봐!"

　"그 정도 했으면 아마도 빈손으로 들어오시지는 않을 거야!"

　그녀는 딸들의 말을 듣고 단호하게 대답했습니다.

　"아냐. 올해도 꽃다발 받아보긴 글렀어! 이따 친구들이랑 목욕탕이나 다녀올란다!"

　꽃다발 한번 받아보려던 노력이 수포로 돌아가자 그녀는 찜질방에서 친구들에게 서운하기 짝이 없는 남편 이야기를 다 털어놓았습니다. 친구 모두가 너나없이 저마다 목석같은 남편을 오징어와 더불어 잘근잘근 씹어댔습니다.

　목욕을 마치고 친구들과 집으로 돌아오는 길이었습니다. 아파트 1층 현관에 커다란 화환이 놓여 있었습니다.

　"오늘 아파트에 무슨 행사 있어?"

　"아무 일도 없을 텐데?"

　"그럼 저건 뭐지?"

　"글쎄, 누가 개업이라도 했나?"

　"개업했다고 집으로 화환을 보내진 않잖아?"

　그녀와 친구들은 가까이 다가가 화환을 들여다보았습니다. 화환에는 그녀가 친구들에게 실컷 구제불능이라고 이야기한 남편의 이름이 적혀 있었습니다.

'결혼 26주년을 축하합니다. 남편 ○ ○ ○'

남편은 그녀의 이야기를 다 알아들었으면서 아무 말도 하지 않았습니다. 그러고는 꽃 한 송이도 꽃다발도 아닌, 커다란 화환을 그녀에게 보낸 것입니다.

화환 앞에서, 그리고 친구들 앞에서 그녀는 여왕이 되었습니다. 그녀는 자기보다 큰 화환을 혼자 들어서 거실로 옮겨놓았습니다.

딸들이 들어오자 그녀는 여봐란듯이 화환을 가리켰습니다.

"너희 아빠가 보낸, 세상에서 가장 큰 꽃다발이야!"

그녀는 결혼 26주년 축하 화환 앞에서 딸들과 기념 촬영을 했습니다.

며칠 뒤, 그녀는 그 사진을 액자에 담아 거실 벽에 걸었습니다. 그리고 다시는 꽃다발 이야기를 하지 않았습니다. 매일 꽃다발을 받는다는 이웃 주부의 말을 들어도 부러워하지 않았습니다. 그녀는 세상에서 제일 큰 꽃다발을 받은 사람이기 때문입니다.

고대 인류는 '모든 게 신의 뜻에 의해 이루어진다'는 신념을 삶에 그대로 적용했습니다. 풍년 농사도 비와 바람과 해의 일조량이 아닌, 신의 뜻에 의해 결정된다고 믿었습니다. 따라서 자신들이 마땅히 해야 할 가장 중요한 일은 풍년을 기원하는 제사라고 생각했습니다.

그런 시대 분위기 속에서 풍년 농사는 신의 뜻이 아닌, 자연의 환경과 조건에 의해 이루어진다고 믿는 사람이 등장했습니다. 바로 서양 철학사에서 가장 먼저 나오는 인물, 밀레투스의 탈레스입니다.

그는 면밀한 관찰을 통해 기후와 날씨, 물과 바람에 의해 풍년과 흉년이 결정된다는 것을 깨달았고, 그중에서도 가장 막대한 영향을 끼치는 것이 물임을 알아냈습니다. 탈레스는 물이 만물을 구성하는 기초물질임을 알아낸 뒤 하늘만 바라보던 사람들에게 자연과 환경의 중요성을 가르치기 시작했습니다.

탈레스는 모든 사람이 풍년 농사를 운명으로 받아들이는 그 시대에 뿌리는 대로 거둔다는 인과법칙에 의거한 자연과 환경의 사실 제시로 철학의 시초가 되었습니다.

탈레스 이전의 고대부터 현대까지 수많은 사람이 부부는 저절로 좋은 사이가 될 것이라고 생각합니다. 아무런 노력을 하지 않아도 결혼한 남녀는 당연히 행복할 것으로 인식합니다. 그러나 아닙니다. 행복할 만한 일을 해야 행복할 수 있습니다. 남자는 여자가 행복할 만한 일을 해야 하고, 여자 역시 남자가 행복할 만한 일을 해야 합니다. 그래야 비로소 행복을 얻을 수 있습니다.

여자는 꽃 한 송이로 행복하고, 남자는 밥 한 그릇에 감동합니다. 같은 세상, 같은 시대에서 남자와 여자는 다른 정서로 살아갑니다. 남자는 단순하고 물리적이고 현실적입니다. 반면, 여자는 복잡하고 감성적이고 이상적입니다.

남자는 배부르면 행복하지만 여자는 꽃이 있어야 행복합니다. 남자는 꽃을 이해하지 못하고 여자는 남자의 배부른 행복을 이해하지 못합니다. 그래서 갈등할 수밖에 없는 관계가 됩니다.

그럼에도 이젠 알아야 합니다. 인생에는 밥도 필요하고 꽃도 필요합니다. 단순함도 있어야 하고 복잡함도 있어야 합니다. 현실적인 감각과 이상적인 성향도 있어야 합니다. 배만 부른 인생도, 꽃만 있는 인생도 반쪽 인생입니다. 배도 부르고 꽃도 있어야 합니다. 거칠고 힘센 남자가 있어야 어려운 문제를 해결할 수 있고, 부드럽고 자상한 여자가 있어야 삶이 풍성해집니다.

세상은 남녀의 조화를 통해 완성됩니다. 가정은 남편과 아내의 연합을 통해 만들어집니다. 남편은 아내의 필요를 채우기 위해 가끔 고기 사 먹을 돈으로 꽃을 사야 합니다. 아내는 남편을 위해 꽃 살 돈으로 고기를 사올 때도 있어야 합니다.

02

합리적인 투자

노자 / B.C. 570?-479?

젊은 부부가 새 그릇을 사기 위해 백화점을 돌아다니고 있었습니다. 가격이 적당하면 물건이 마음에 들지 않고, 물건이 마음에 들면 가격이 너무 비쌌습니다. 이곳저곳을 기웃거리다가 아내는 조금 비싼 물건 앞에서 직원 설명을 듣고 있었습니다. 한 발짝 물러서서 기다리던 남편에게 나이 지긋한 어르신이 다가와 말을 걸었습니다.

"그릇을 장만하시려고?"

"네. 그릇을 바꾸고 싶다고 해서요."

"마음에 드는 건 찾으셨나?"

"적당한 게 없어서 계속 돌아다니고 있어요."

"여자에게는 좋은 그릇을 가지려는 욕심이 있지!"

"그런 거 같아요. 선뜻 결정하지 못하고 저렇게 망설이고만 있네요."

"사십 년 넘게 살아온 내 경험으로 한마디 도움을 주고 싶은데……."

"어떤 도움을 말씀하시는지요?"

"그릇에 대한 게 아니라 인생에 대한 거지!"

"인생이요?"

"사십 년 넘게 결혼 생활을 해온 사람으로서 하는 말인데, 형편이 되는 대로 가장 비싼 그릇을 사게."

"비싼 걸로요? 그래야 하는 이유가 있나요?"

"충분히 있지! 자네에게 설거지를 시키는 일은 절대 없을 테니까. 그릇이 다 깨지기 전까지는, 한평생 설거지를 하지 않는다고 생각해보게. 그 정도면 투자할 가치가 충분하지 않을까?"

어르신의 충고를 들은 젊은 남편은 망설이고만 있는 아내에게 다가가 자신의 카드를 내밀며 선심 쓰듯 제일 마음에 드는 그릇을 사라고 했습니다. 깜짝 놀란 아내는 남편의 의도를 여러 번 확인한 끝에 가장 마음에 드는 그릇을 사기 위해 자리를 옮겼습니다. 그 후로 남편이 설거지를 했는지는 알 수 없습니다.

동양 철학의 시작이라고 할 수 있는 도道 사상은 노자의 『도덕경道德經』을 기초로 하고 있습니다. 서양 철학과 동양 철학의 근본적인 차이 중 하나는 진리에 대한 위치 개념입니다. 서양 철학은 변하지 않는 진리를 추구한 반면, 동양 철학은 자연스럽게 변하는 진리를 추구합니다.

봄, 여름, 가을, 겨울은 분명 다른 계절이지만 하나로 연결되어 있습니다. 계절마다 자연의 모습이 다르고 사람의 모양도 달라집니다. 봄의 도와 여름의 도는 다른 것처럼 각 사람이 가지고 있는 도 역시 다릅니다. 달리 표현하자면 각 사람이 가지고 있는 삶의 원칙은 다를 수 있습니다.

그러나 그 다른 것이 다르지 않은 것임을 이해하고, 다른 것을 하나로 연결하는 것이 동양 철학의 지혜입니다. 다른 것을 하나로 연결하는 인

생의 지혜 중 가장 어렵지만 가장 필요한 것이 남녀를 하나로 잇는 부부
의 지혜입니다.

아내를 위해 비싼 그릇을 사는 것은 아내만을 위한 게 아니라 남편을
위한 것이기도 합니다. 아내가 사용하는 주방용품들은 모든 가족을 위
한 것입니다. 보편적으로 남편은 주방을 사용하지 않기 때문에 주방용
품에 관심이 없습니다. 그래서 주방용품은 아무거나 사용해도 된다고
생각합니다. 주방을 모르기 때문입니다.

눌어붙지 않는 프라이팬이 아내의 마음을 얼마나 행복하게 하고 주방
일을 쉽고 편하게 만들어주는지 남편들은 모릅니다. 몇 천 원짜리와 몇
만 원짜리의 가치를 액수로만 평가합니다.

날마다 받는 주방 스트레스와 시간 낭비를 계산하면 몇 만 원의 차이
는 아무것도 아닙니다. 남편들의 하루저녁 술값이면 아내들이 평생 주
방에서 행복할 수 있습니다.

연장 모으기 취미를 가진 남편들이 많습니다. 작지만 비싼 연장들도
있습니다. 남편들이 좋아하는 고가의 유명 연장 중에는 스위스제 만능
칼이 있습니다. 접었다 펼 수 있는 휴대용 칼에 다양한 연장을 더해 낚시
나 캠핑을 위한 종합연장 세트로 만든 것입니다. 원래 군인을 위한 야전
용도였던 이 칼은 크기도 작고 견고해서 전 세계인들이 사용하는 액세서
리 겸 여행 필수품이 되었습니다. 하지만 가격이 상당히 비쌉니다. 아내
들이 평생 사용할 프라이팬 두세 개를 살 수 있는 금액입니다.

남편들은 비상금을 톡톡 털어 1년에 몇 차례 사용하기 위해 스위스제
만능 칼을 삽니다. 그러고는 1년에 몇 번 행복해합니다. 평소엔 사용하
지도 않는 것을 애지중지 바라보며 뿌듯해합니다. 꼭 필요한 때가 있다

는 것을 알기 때문입니다.

하지만 남편들은 아내들이 날마다 사용하는 주방용품이 얼마나 중요한 것인지는 알지 못합니다. 주방의 현실을 알지 못하니까요. 여름 휴가 때 한두 번 사용하는 만능 칼은 고비용을 감수하고도 선뜻 구입하지만 매일 밥을 받아먹는 밥그릇은 중금속이 가득한 싸구려 제품 정도면 충분하다고 생각합니다.

주방을 위한 투자, 아내를 위한 투자는 아내 한 사람을 위한 것이 아니라 가족 모두를 위한 진짜 투자입니다. 여기에 함부로 설거지를 시키지 않는 보너스까지 얻을 수 있습니다. 남편이 가정에서 한평생 편하고 즐거운 인생을 살려면 아내가 원하는 것에 과감히 돈을 써야 합니다. 아내를 위해 쓰는 돈은 집 밖에서 쓰는 돈처럼 허공으로 날아가거나 남의 주머니로 들어가지 않고 집안에 남아 있게 됩니다.

집안이 행복해지기를 원한다면 집 밖이 아닌 집안에 돈을 써야 합니다. 집 밖에 돈을 쓰는 사람은 집 밖에서 행복하고, 집안에 돈을 쓰는 사람은 집안에서 행복할 수 있습니다. 어디서도 돈을 쓰지 않는 사람은 그 어디에서도 행복할 수 없습니다.

일상적인 행복은 돈을 어디에 쓰느냐에 따라 달라집니다. 술집에서 돈을 쓰는 사람은 술집에서 행복을 얻고, 친구를 위해 돈을 쓰는 사람은 친구를 통해 행복을 얻고, 가족을 위해 돈을 쓰는 사람은 가족을 통해 행복을 얻습니다. 남을 위해 돈을 펑펑 쓰면서 아내와 가족에게는 인색하다면 그는 남들과 있을 때 행복할지 몰라도 가정에서는 불행한 사람이 될 것입니다.

가족에게 쓸 돈을 남들에게 쓰는 것은 돈을 허공에 뿌리는 것과 같습니다. 허공에 뿌린 돈인 만큼 행복도 금세 사라집니다.

　기분 내키는 대로 돈을 쓰는 것은 바보짓입니다. 남편도 아내도 돈을 가장 잘 쓰는 법은 자기 배우자에게 쓰는 것입니다.

　배우자를 위해 쓰는 돈을 아까워하지 마세요. 그것은 인생을 위한 최고의 투자이고, 죽을 때까지 인생을 보장하는 보험료입니다.

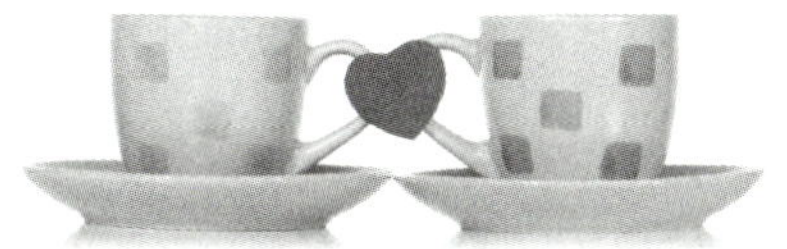

03

비싼 건 안 돼?

피타고라스 / B.C. 582?–497?

결혼기념일이 되어서 오랜만에 아내와 단둘이 외식을 하게 된 남편이 아내에게 물었습니다.

"뭐, 갖고 싶은 거 있어?"

"……."

아내는 아무런 대답도 없이 먹기만 했습니다.

"이봐! 갖고 싶은 거 있냐고 묻잖아?"

"없어!"

"없다고? 평소에 생각하던 거 없어?"

"없어! 사주지도 않을 거잖아!"

"아냐. 뭐든지 사줄게. 내가 좀 무심했던가?"

"좀? 대단히 심하게 무심하지!"

"그래서 내가 크게 한번 쓰려는 거야! 뭐든지 말만 해!"

"놔둬!"

"그러지 말고. 오늘 기분도 좋고 하니까 밥 먹고 당장 사러 가자고!"

"밥이나 먹어!"

"허! 그 사람 참, 이번엔 진짜래도?"

"당신은 이런 데 와서 밥 먹는 것도 아까워하잖아!"

"아니래도! 오늘은 진짜 크게 결심했어. 뭐든지 말해봐!"

"……"

남편의 호언에도 아내는 무심한 표정으로 먹는 데만 집중했습니다.

"그만 좀 먹고! 말 좀 해봐! 정말 필요한 게 뭔지 말이야. 갖고 싶은 게 뭐야? 내가 뭘 해주면 좋을까?"

남편의 말에 아무런 대꾸 없이 먹기만 하던 아내가 고개를 들고 남편을 빤히 쳐다보았습니다. 그러고는 이윽고 남편이 해주길 바라는 것을 이야기했습니다.

"정말 나에게 뭔가를 해주고 싶다면 이혼해줘!"

아내의 말에 남편의 얼굴이 일순간 백지장이 되었습니다. 남편은 아무 말도 못한 채 고개를 푹 수그렸습니다. 그런 남편의 모습을 본 아내는 길게 한숨을 내뱉고 다시 먹기 시작했습니다. 한참 고개를 숙이고 있던 남편이 고개를 들어 아내에게 말했습니다.

"다이아반지, 새 아파트, 새 차, 밍크코트…… 이런 건 다 돼도 이혼만큼은 안 돼."

"왜 안 된다는 거야? 나 없으면 좋잖아. 더 이상 돈 쓸 일도 없고!"

"이혼은 정말 너무 비싸다고!"

사람들 사이에서 갈등을 일으키는 핵심 원인 중 하나는 숫자입니다. 큰 숫자와 작은 숫자로 인해 다툼이 일어나고 전쟁이 터지기도 합니다.

내 숫자가 적고 남의 숫자가 많을 때 시기하고 분노합니다.

언제부터 사람들은 숫자 때문에 싸움을 하기 시작했을까요? 아니, 그 전에 누가 숫자로 사람과 사물을 인식하게 했을까요?

바로 피타고라스입니다. 그 이전에도 물론 사람들은 숫자를 사용했습니다. 하지만 숫사로 세상의 이치를 설명하고 우주의 원리를 계산하고, 음악의 옥타브 개념을 만들고, 숫자를 만물의 척도로 삼기 시작한 이는 피타고라스입니다.

그가 발견한 숫자 개념은 너무도 신기해서 당시 사람들은 그를 신의 예언자로 추종할 정도였습니다.

그 후 숫자에 익숙해진 사람들은 모든 것을 숫자로 인식했고, 좋고 나쁜 것을 숫자로 평가했습니다. 물론 지금도 현대인들에게 숫자는 절대적인 평가의 잣대입니다. 심지어 감성지수라는 말까지 생겨났습니다. 즉, 감성도 숫자로 표현하고 있는 것입니다. 과연 숫자로 감성을 표현할 수 있을까요?

감성지수는 숫자에 익숙한 사람들을 이해시키기 위한 것이지 절대의 답을 주는 게 아닙니다. 1이라는 숫자의 의미는 사람마다 다를 수 있으니까요.

평균 아이큐에서 1이 부족한 사람을 저능아라고 할 수 있을까요? 평균 성적에서 1점이 부족한 학생을 열등생이라고 할 수 있을까요? 그런 열등생은 사회에서 결코 성공할 수 없을까요?

그렇지 않다는 것을 모든 사람이 다 알고 있습니다. 1등이 2등보다 못한 인생을 살 수도 있고, 꼴지가 가장 멋진 인생을 살기도 합니다.

우리가 평가하는 사람, 사물, 사건에 대한 인식은 숫자와 통계를 기본으로 하고 있습니다. 하지만 그 숫자는 진실이 아닐 수 있고 행복의 조건이 아닐 수 있다는 것을 분명히 알아야 합니다.

앞의 이야기에서 남편이 이혼해주지 않는 이유는 아내를 사랑해서가 아니라 이혼 비용이 너무 많이 들기 때문이었습니다. 설마 이런 정도로 물질 욕심에 빠져 사는 남편이 있지는 않겠지요? 하지만 많은 부부가 돈 때문에 싸우고 있는 현실을 생각하면 가능성이 없지는 않을 것 같습니다.

세상에서 가장 비싼 것은 무엇일까요? 당연히 사람입니다. 성경에서는 한 사람의 생명이 천하보다 크다고 이야기합니다. 사람을 가격으로 계산해선 안 되지만 피타고라스 이후 세상의 모든 것이 값으로 매겨지고 있으니 사람도 값으로 계산해보겠습니다.

사람 중에서도 가장 비싼 사람은 누구일까요? 대통령일까요? 연예인일까요? 과학자나 철학자들일까요?

세상에서 가장 비싼 사람은 나와 가까운 사람입니다. 나에게 가치 있는 사람은 나와 연결된 사람 중 가장 가까이에 있는 사람입니다.

부부는 0촌, 부모자식은 1촌, 형제는 2촌, 삼촌과 조카는 3촌, 조카들끼리는 4촌, 그리고 5촌, 6촌…… 사돈의 8촌. 이 촌수가 개인적으로 사람의 값을 정하는 기준이라고 할 수 있습니다.

물론 세상엔 이 촌수로 계산할 수 없는 관계가 있습니다. 가족보다 가까운 이웃도 있고, 형제보다 나은 친구가 있습니다. 앞에서처럼 사람의 가치는 돈으로 계산할 순 없지만 개인별로 중요한 사람의 순서를 정할 수는 있습니다.

아내에게 가장 비싼 사람은 남편이고, 남편에게 가장 비싼 사람은 아내입니다. 세상 전부와도 비교할 수 없을 정도로 비싼 사람의 가치…….

그 귀한 사람들 중에서도 가장 비싼 남편과 아내를 우리는 어떻게 대하고 있습니까?

다이아반지 하나, 고가의 소장품 하나만도 못하게 취급하고 있지는 않습니까? 화초는 맨손으로 만지지도 않고, 바람에 이파리가 날릴까 봐 그 앞에서는 선풍기도 에어컨도 틀지 않으면서 아내 혹은 남편에겐 차갑고 냉정한 입 바람을 거칠게 불어대고 있지는 않습니까?

당신은 무엇이 세상에서 가장 비싼 것이라고 생각합니까? 혹시 가진 물건들은 비싼 것이라고 생각하면서 함께 살고 있는 사람은 싸구려 취급하지는 않습니까? 사람은 누구든 세상에 있는 모든 것을 다 모은 것보다 비싼 존재입니다. 그중에서도 제일 비싼 사람은 가장 가까운 곳에 있는 0촌의 남편과 아내입니다.

무엇이 비싼지 알지 못하면 보석을 돌 취급합니다. 남편과 아내가 얼마나 비싼 대상인지 알지 못한 채 함부로 다룹니다. 세상에서 남편과 아내보다 비싼 존재는 없습니다. 비싼 만큼 대접은 해주지 못할지라도 최소한 싸구려 취급은 하지 마세요. 싸구려 취급을 했다가는 둘 다 싸구려 인생이 되고 맙니다. 누구라도 세상 살다가 남편과 아내보다 비싼 걸 발견한 사람이 있다면, 그날은 그 인생 종치는 날이 될 것입니다.

아픔까지 사랑하라

와츠지 데츠로 / 1889-1960

그녀는 남자 여러 명과 결혼을 약속했던 경험이 있습니다. 작고 귀여워서 남자 열에 아홉은 첫눈에 그녀에게 반합니다. 물론 그렇다고 그녀가 여러 명의 남자를 동시에 만난 적은 없습니다. 한 남자를 만나 사랑하고 그 사랑이 무르익으면 결혼을 약속합니다. 그 시점에 이르면 그녀는 가슴에 있는 심장 수술 자국을 보여줍니다. 커다란 흉터를 확인한 남자는 그 후로 조금씩 멀어집니다. 그러고는 결국 다른 여자를 만나 결혼합니다.

신체적 약점 때문에 여러 번 사랑의 배신을 당한 그녀는 그때마다 새로운 사랑을 시작하지만 결과는 늘 똑같습니다. 심장 수술을 했다는 사실과 수술 흔적을 확인한 남자들은 조금씩 멀어져갔고 마지막엔 다른 여자를 선택했습니다.

그래서 그녀에게 사랑의 시작은 고통의 출발이 되었습니다. 배신당하는 그녀 모습을 옆에서 안타깝게 지켜봐온 친구에게 어느 날, 그녀가 보낸 결혼 청첩장이 날아들었습니다.

'어떤 남자일까? 혹시 가슴 흉터를 숨기고 결혼하려는 건 아닐까? 결혼을 빙자한 사기는 아닐까? 같은 아픔을 가진 남자인가? 왜 절친인 내게 새 남자가 생겼다는 말을 하지 않은 걸까? 뭔가 속셈을 가진 남자가 분명해!'

별별 생각을 하다가 친구는 그녀에게 만나자고 했습니다. 약속 장소에 나온 그녀는 밝고 명랑했습니다. 표정으로만 봐서는 진짜 사랑을 하고 있는 것 같았습니다. 그래도 모를 일이었기에 친구는 자신의 우려 섞인 질문을 연달아 풀어놓았습니다.

"남자가 수술한 걸 알고 있니? 결혼 사기범 아니야? 백수랑 결혼하는 건 아니지? 포기하는 심정으로 아무 남자나 막 선택한 건 아니지?"

친구의 질문이 끝나자 그녀는 가방에서 적금통장 하나를 꺼내 친구에게 보여주었습니다.

"이게 뭐니?"

"네가 하도 걱정을 해서 안심시키려고."

"무슨 통장인데?"

"네가 그렇게 의심하는 남자의 통장이야!"

"그런데 이걸 왜 보여주는 거야?"

"내 수술비로 우리 부모님 재산 거의 다 써버린 거, 너 알지?"

"알지!"

"그이도 그걸 알아! 우리 집에 돈이 없다는 것도. 결혼 약속하고 날짜 잡은 후에 그이가 이걸 내게 주면서 그러더라고. 나 때문에 부모님 그동안 돈 많이 쓰셨으니 더 이상 부모 신세 지지 말고 이 돈으로 혼수 장만하라고. 아무도 모르는 비상금이니까 자기 부모나 형제들에게도 비밀로

하라고 했어. 이 통장을 받고 정말 나를 사랑하는 사람이라는 확신이 들었어! 그러니까 너도 걱정하지 마! 그이는 정말 내 아픔까지 사랑하는 사람이야!"

친구는 그녀의 말을 듣고 비로소 의심의 끈을 놓았습니다. 연약한 그녀를 이용해 금전적 이득을 보려는 사람이 분명 아닐 거라 믿으면서…….

그렇게 그녀는 사랑하는 남자를 만나서 결혼식을 했고 한동안 아무에게도 연락하지 않았습니다.

친구의 마음 한구석에는 다시 의심이 싹텄습니다. 그 남자가 정말 그녀를 사랑하는 사람인지, 혹시 뭔가 더 큰 것을 빼앗고자 속이는 사람이 아닌지 걱정되었습니다. 행여 이혼이라도 당한다면 친구는 자신이 그녀의 부모를 대신하여 한평생 곁에서 지켜주겠노라 생각했습니다.

친구는 그녀가 잘 살고 있는지 궁금했지만 차마 먼저 연락하지는 못했습니다. 행복한 신혼 생활에 빠져 자신에게 연락하는 것도 잊고 지내길 바랄 뿐이었습니다.

그러던 어느 날 그녀에게서 만나자는 연락이 왔습니다.

'혹시? 염려했던 일이 일어난 거 아니야?'

약속 장소에 그녀가 먼저 와 있었습니다. 친구는 그녀가 불행해진 것은 아닌지 안색부터 살폈습니다. 다행히 별일은 없어 보였습니다. 그녀는 자신을 조심스레 살피는 친구에게 말을 건넸습니다.

"걱정 많이 했지?"

"걱정은 무슨……. 그저 너 잘 사나 궁금했지, 뭐."

"네가 날 얼마나 생각하는지 잘 알아! 그래서 내가 어떻게 살고 있는지 알려주려고 만나자고 한 거야! 좀 더 일찍 연락하려고 했는데 너도 알

다시피 결혼 생활이 만만치 않잖아?”

“그럼. 나도 잘 알지! 이렇게 밝은 얼굴 보니까 안심이 된다, 얘!”

그녀가 또 적금통장 하나를 꺼내서 친구에게 보여주었습니다.

“이건 또 뭐니? 지난번에 보여준 그 통장이니?”

“아니, 다른 거야.”

“뭔데?”

“사실, 결혼할 때 네가 염려했던 것처럼 나도 걱정이 좀 되긴 했어. 그이가 정말 날 사랑하는 사람인지……. 결혼하고 몇 개월이나 지났을까? 집 안 정리를 하다가 그이 책상 서랍에서 이 통장을 발견했어. 적금을 붓기 시작한 날짜가 결혼식 이후더라고. 퇴근한 그이에게 통장에 대해 물어봤는데 한참을 망설이다가 고백하더라.”

“무슨 고백?”

“결혼 후에 날 수술한 의사를 찾아갔었대.”

“왜?”

“내 상태를 알아봤는데 심장병이 재발할 가능성이 있다고 하더래. 재발하면 이전보다 더 많은 돈이 필요할 거라고 했다는 거야. 그래서 나 몰래 수술비를 마련하려고 적금 붓기를 시작했다는 거야. 내가 알면 속상해할까 봐 통장을 숨겨둔 거고. 이제 알았으니 나한테 관리하라고 하더라. 그이 붙잡고 한참을 울었어. 그리고 다시는 그이의 사랑을 의심하지 않기로 했어. 그이는 정말 내 아픔까지 사랑하는 사람이야! 그 사람을 만난 건 정말 하늘의 은총이야! 그이의 사랑을 혼자 알고 있자니 너무 아까워서 제일 친한 네게 알려주려고 만나자고 한 거야. 그러니까 너도 이제 내 걱정하지 않아도 돼. 다음부터는 너희 신랑이랑 같이 만나서 밥도 먹고 그러자! 세상엔 아직 이런 남자가 있더라.”

말하는 그녀 눈에서 눈물이 흘렀고, 말 듣는 친구의 눈에서도 눈물이 흘렀습니다. 친구는 그 후로 다시는 그녀를 염려하지 않았습니다. 오히려 '나보다 더 행복해지면 어떡하지?' 하는 행복한 걱정을 하기 시작했습니다.

일본의 민족주의 철학자이자 윤리학자인 와츠지 데츠로는 개인의 도덕성을 평가하는 기준으로 공동체에 대한 희생을 강조했습니다. 개인의 성숙한 도덕성은 자신이 소속된 사회와 국가를 위해 헌신하는 정도에 따라 평가된다는 것입니다. 그의 사상은 일본 무사들을 교육하는 가치로 활용되었고, 사무라이 정신의 기초가 되었습니다.

와츠지 데츠로의 사상이 국가 이념이나 사회단체의 이념으로 자리 잡는다면 위험한 민족주의나 배타주의가 될 가능성이 있습니다. 하지만 부부와 가정을 위한 개념과 접목된다면 그보다 더 나은 것이 없을 듯합니다. 남편의 도덕성은 아내를 위한 희생의 정도에 달려 있고, 아내의 도덕성은 남편을 위한 희생에 달려 있습니다.

부부의 도덕성은 자신이 아닌 배우자에 대한 태도에 의해 결정됩니다. 배우자를 위해 희생하는 것은 자기 도덕성을 높이는 유일한 길입니다. 가장 가까운 사람에게 나누고 베풀 줄 알아야 합니다. 훌륭한 남편은 아내를 위해 모든 것을 줄 수 있는 사람이고, 진정한 아내는 남편을 위해 자기 인생을 줄 수 있는 사람입니다.

진실한 사랑은 아픔까지 껴안는 것입니다. 좋을 때 다가서고 나쁠 때 멀리하는 것은 사랑이 아닙니다. 그것은 사랑을 가장한 장사이자 거래일 뿐입니다. 사랑은 좋을 때만 필요한 것이 아니라 나쁠 때, 어려울 때 더욱 필요합니다. 건강한 사람보다 약하고 병든 사람에게 사랑이 더 필요합니다.

남자가 여자를 사랑하기 위해서는 여자의 단점과 약한 것, 아픔을 보듬고 채우기 위한 굳은 결심이 필요합니다. 좋은 면만 보고 사랑하는 이는 어리석은 사랑을 시작하는 사람입니다. 세상에 완전한 사람은 없습니다. 사랑받을 조건만 가진 사람도 없습니다. 사랑할 만한 것만 바라보며 사랑을 유지하려는 것은 결국 어리석고 유치한 수준의 사랑을 하는 것입니다.

좋은 것만 따지는 유치한 사랑은 금방 식을 사랑입니다. 조금 있으면 끝날 사랑, 유통기한이 짧은 사랑으로는 한평생 사랑할 수 없습니다. 유통기한이 지난 물건은 부패한 끝에 유해 식품이 됩니다. 마찬가지입니다. 유효기간이 짧은 사랑은 조금만 지나면 금세 변질되어 마음에 유해한 감정을 일으킵니다.

우리는 명심해야 합니다. 유통기한이 한평생인 사랑은 밑바닥의 치부와 심연의 아픔까지 사랑하는 사랑입니다.

배우자의 단점을 발견하고 부끄러운 나머지 화가 난다면 그것은 유통기한이 짧은 유치한 사랑에 불과합니다. 배우자의 단점을 바라보며 안타까운 심정과 측은한 감정이 든다면, 그래서 감싸고 채워주려 한다면 바로 그것이 한평생 유지할 수 있는, 유통기한이 긴 사랑입니다.

05

맞을 짓을 하면 맞는다

공자 / B.C. 551-479

동료들과 새벽까지 술을 마신 후, 술값을 계산하려고 카드를 건넨 그가 사인해달라는 말에 화들짝 놀라 정신을 차렸습니다. 얼마 전부터 카드를 긁으면 그 사용 내역이 아내 핸드폰에 고스란히 찍히게끔 아내가 손을 써놨기 때문입니다.

결제 승인 전에 정신 차린 것을 다행이라고 생각하며 그는 술집 주인에게 사정을 이야기하고 음식점 이름으로 결제를 해달라고 했습니다. 이런 요구를 수없이 받아온 술집 주인은 별 문제 없이 능숙하게 음식점 이름의 음식값으로 결제해주었습니다.

아무 걱정하지 말라는 술집 주인의 말을 믿고 그는 편안히 귀가했습니다. 밤새 일을 하다가 새벽에 식당 밥을 먹고 들어오는 것처럼 그는 피곤한 기색으로 거실에 들어섰습니다. 팔짱을 낀 채 거실 소파에 진을 친 아내가 그에게 버럭 소리를 질렀습니다.

"밤새 무슨 짓거리를 하고 돌아다니는 거야?"

그는 아내가 넘겨짚으려는 줄 알고 있는 폼을 다 잡아가며 아내의 말을 받아쳤습니다.

"무슨 말이 그래? 격무에 시달리다 새벽에 들어온 서방한테?"

하지만 아내의 기는 꺾이긴커녕 더 불타올랐습니다.

"격무 좋아하시네? 사실대로 말 안 하면 서방이고 나발이고 국물도 없어! 이 사기꾼 같은 인간아!"

"뭐야? 내가 밤새 놀다가 들어오기라도 했다는 거야?"

"글쎄, 놀았는지 일했는지는 당신이 더 잘 알 테지!"

안심하라던 술집 주인의 말을 그는 한 번 더 떠올렸습니다. 그는 이번 기회에 아내의 태도를 확실히 손보겠노라 다짐했습니다.

"서방을 그렇게 함부로 취급하지 마! 누군 밤새워 일하고 싶은 줄 알아? 나도 일찍 들어와서 푹 쉬고 싶다고! 하지만 내가 아니면 아무도 해결할 수 없는 일이 수두룩한 걸 어떻게 하냐? 밤새 일하고, 그래 나 새벽에 밥 한 끼 먹고 들어왔다! 그게 무슨 죄라도 되냐?"

"그러서? 밤새 일하다 밥 한 끼 먹고 들어오신 거라고? 그 밥이 어떤 밥인지 지금 확인해보실까? 어디 한번 보자고!"

아내가 자신의 핸드폰을 그에게 휙 던졌습니다. 순간 그는 뭔가 잘못되었다는 불길한 느낌에 사로잡혔습니다. 술집 주인이 아무 걱정하지 말라고 했는데, 실수로 술집 이름이 찍혔다면 아내에게 죽을지도 모를 일이었습니다. 그는 아내의 핸드폰으로 들여다보았습니다.

'03: 35 1,650,000원(일시불) 김밥천국'

망연자실, 초점 잃은 눈으로 핸드폰을 들여다보는 그의 얼굴에 소파 쿠션이 냅다 날아왔습니다.

"이 인간아! 무슨 김밥을 백육십오만 원어치나 먹어? 그래, 몇 명이나 먹은 거야? 열 명도 안 되는 회사에서 갑자기 한 백 명 정도 야근했나 보지? 사람을 속이려면 제대로 속여야지! 술 먹고 밥값으로 계산하면 내가 모를 줄 알았어?”

그날 새벽, 그는 아침에 출근할 때까지 아내가 퍼붓는 악담을 온몸으로 막아내며 간장을 졸이도록 시련의 시간을 보내야 했습니다.

공자는 난세의 시기, 춘추 시대 말미에 태어났습니다. 소란하고 불안정한 혼란의 시기에 사람들은 변하지 않는 삶의 원칙과 가치를 추구했습니다. 공자 또한 그런 영향을 받아 백성들의 삶을 편안하게 할 만한 것들이 무엇인지를 깊이 생각했습니다. 그 결과 세상의 평화를 위해서는 공명정대한 통치자가 필요하고, 백성들을 위한 바른 교훈이 절실하다는 것을 깨달았습니다.

공자는 말단 관리로 일하며 펼쳤던 자신의 철학을 정계가 외면하자 관직을 버린 후 변방을 떠돌며 많은 제자를 가르쳤습니다. 공자는 자신의 생각을 글로 남기지 않았지만, 그에게 배운 제자들에 의해 『논어論語』, 『중용中庸』, 『대학大學』 같은 역사적인 저서가 탄생했습니다.

공자는 국가의 통치에서부터 각 사회의 관계와 가정 생활까지 포괄적인 교훈과 지침들을 이야기했습니다. 그 모든 교훈의 중심 사상은 충忠, 효孝, 예禮입니다. 무엇보다 일상적인 삶의 태도로서 공자는 성실誠實을 으뜸으로 꼽았습니다.

도리를 넘어서면 반드시 그에 따른 혼란과 무질서가 생기고, 성실하지 않으면 모든 일에서 바람직한 결실을 얻을 수 없다는 것입니다. 성실하면 결국 세상에 드러나고, 세상에 드러나면 따라 하는 사람이 생기고, 따라 하는 사람들이 생기면 많은 사람을 교화할 수 있다는 것이 공자의 생각이었습니다.

공자의 성실에 대한 개념을 역설적으로 말하면 '맞을 짓을 하면 맞는다'로 이야기할 수 있습니다. 혼날 짓을 하면 혼납니다. 욕먹을 짓을 하면 욕먹습니다. 싸울 짓을 하면 싸움이 터집니다. 소리칠 짓을 하면 시끄럽습니다.

모든 일은 원인과 결과, 즉 인과관계에 따릅니다. 그게 이치입니다. 그럼에도 우리는 맞을 짓을 해놓고 맞지 않으려 하고, 혼날 짓을 해놓고 혼나지 않으려 하고, 죽을 짓을 해놓고 죽지 않으려고 합니다. 그래서 세상만사가 꼬이고 비틀리는 것입니다.

다른 사람과 사이가 좋지 않은 데에는 다 그럴 만한 이유가 있습니다. 오해는 만나서 풀면 풀립니다. 갈등도 말이 통하면 해결됩니다. 분명한 원인이 있을 때 그 원인을 해결하지 않으면 아무것도 풀리지 않습니다.

밤새 술 먹은 남편은 가짜 계산서를 만든 후 귀가해서 밥을 먹은 척하는 대신 아내의 화가 풀릴 때까지 빌어야 했습니다. 그러면 뜻하지 않은 갈등이나 오해, 거짓말쟁이 취급은 받지 않았을 것입니다. 그러나 술값을 밥값으로 속이기 위해 도리어 큰소리를 치기 시작하면서부터 남편은 사기꾼이 되고 말았습니다.

일의 끝은 꿈과 소망에 의해 결정되는 것이 아니라 현재 시행하고 있는 과정에 의해 결정됩니다. 잘 살고 싶으면 잘 살 일을 해야 합니다. 나쁜 인간 대접을 받지 않으려면 나쁜 짓을 하지 말아야 합니다.

거룩한 소망을 가졌다고 거룩한 사람이 되는 것은 아닙니다. 거룩한 일을 할 때 비로소 거룩한 사람으로 대접받을 수 있습니다. 좋은 의도를 가졌을지라도 나쁜 짓을 하고 있으면 나쁜 결과를 얻습니다. 좋은 뜻이 나쁜 짓을 좋게 만들지는 않습니다. 아무리 좋은 뜻일지라도 실제로 펼치지 않으면 아무런 가치가 없습니다.

지금 자신이 하는 일이 어떤 일인지를 분명히 안다면 어떤 결과를 얻을지도 확실히 알 수 있습니다. 혼날 짓은 아무리 조심스럽게 해도 결국 혼나는 것으로 끝을 맺습니다. 혼날 짓을 하고도 혼나지 않고 잘 끝났다면 그것은 다행스러운 일도 잘 끝난 일도 아닙니다. 잘못 끝난 일입니다. 그로 인해 다음엔 더 많이 혼날 짓을 하고, 결국 더 이상 숨길 수 없을 정도가 되어 돌이킬 수 없는 상황에서 통한의 후회할 일만 남습니다.

맞을 짓을 했으면 맞고, 나쁜 짓을 했으면 욕먹는 것이 잘 끝나는 일입니다. 속이려다 들통 나는 것은 재수 없는 일이 아닙니다. 오히려 잘된 일입니다. 그게 정상이고 제대로 된 마무리입니다. 그렇지 않으면 머지 않아 정말 큰일이 납니다. 특히 부부관계에서 말이지요.

06

딱 한 번 아내가 원하는 곳으로 가라

프로타고라스 / B.C. 485?–414?

그녀의 오빠는 세 살 때 온몸이 불덩이처럼 달아오른 적이 있습니다. 그때 부모님은 가난했습니다. 병원에 데려가는 것은커녕 약 하나 사 먹이질 못했는데, 그 후로 오빠의 한쪽 다리는 더 이상 자라지 않았습니다.

그래서 부모님은 오빠를 불쌍히 여깁니다. 맛있는 것이 생기면 당연히 오빠의 것이 되었습니다. 그녀는 늘 오빠가 조금 남겨주는 것을 얻어먹는 신세였습니다. 오빠는 부모의 관대함을 등에 업고 그녀를 부려먹었습니다. 물 한 잔 마시는 것에서부터 바로 옆에 있는 물건을 집는 것까지 동생을 부렸습니다. 그녀는 그런 오빠가 정말 얄미웠습니다.

여덟 살이 된 그녀는 학교에 입학했습니다. 오빠는 열 살인데도 학교를 가지 못했습니다. 학교에 가 있는 동안 그녀는 오빠를 거드는 일에서 벗어날 수 있었습니다. 물론 집에만 돌아오면 여전히 오빠의 심부름이 기다리고 있었습니다.

학교 운동회 날, 그녀는 친구들과 어울려 운동장을 돌아다니고 있었습니다. 그러다 엄마가 자전거에 오빠를 태우고 들어오는 것을 보았습니다. 선생님이 엄마를 알아보고는 오빠와 엄마를 데려왔습니다. 그녀는 오빠와 엄마가 가까이 왔는데도 짐짓 모른 체를 했습니다.

선생님이 반 아이 하나를 업고 달리는 경기가 시작되었습니다. 선생님들은 호명되는 반 아이를 업고 달려야 했습니다. 1년에 한 번 선생님 등에 업힐 기회였으므로 한 명씩 호명될 때마다 아이들은 소리치며 좋아했습니다. 이윽고 그녀의 이름이 스피커에서 흘러나왔습니다. 그런데 선생님은 체육 선생님과 뭔가 얘기를 나누더니 그녀가 아닌 엄마에게 향했습니다. 그러고는 그녀 대신 오빠를 업고 트랙으로 나갔습니다.

그녀는 친구들에게 숨기고 싶었던 비밀이 탄로 나자 오빠가 더 미워졌습니다. 오빠를 데리고 온 엄마도 미웠습니다. 그날 이후 그녀는 오빠의 심부름을 잘 하지 않았습니다. 그래도 오빠는 여전히 잠자는 그녀를 흔들어 깨워 물을 떠오라고 했고, 이것저것 심부름을 시켰습니다. 그녀 외에는 오빠를 돌볼 사람이 없었기에 그녀는 화를 내면서도 어쩔 수 없이 오빠 말을 들어주었습니다.

고등학교를 졸업하자 그녀는 오빠에게서 벗어나기 위해 기숙사가 있는 회사에 취직했습니다. 그러나 주말에 집을 가보면 오빠는 그녀가 해야 할 일을 쌓아두고 있었습니다. 철이 든 뒤로 오빠가 불쌍하기도 했지만, 그 그늘에서 벗어나고 싶은 욕구는 점점 더 커져갔습니다.

같은 직장에 다니는 착한 남자와 정이 든 그녀는 그와 사내커플이 되었습니다. 그녀는 결혼을 준비하며 신혼집을 친정과 멀리 떨어진 곳에 마련했습니다. 조금 미안한 마음이 들었지만 여자가 가야 할 길이 있기에 어쩔 수 없이 오빠와 거리를 두어야 한다고 생각했습니다.

결혼식이 끝날 무렵, 하객들에게 인사하려는 순간 오빠가 목발을 짚고 앞으로 절뚝절뚝 걸어 나왔습니다. 양복 상의에 달린 꽃이 걸음을 옮길 때마다 바닥에 떨어질 것만 같았습니다. 그 모습에 그녀는 또다시 오빠가 불쌍하다는 생각이 들었습니다.

그녀는 오빠에게 했던 못된 짓들을 떠올렸습니다. 생각해보면 그랬습니다. 장애인이 싫다며 소리를 질러도 오빠는 화 한번 내지 않고 다 받아주었습니다. 그녀가 해주는 비빔밥이 제일 맛있다던 오빠의 말이 떠올랐습니다. 그녀는 그런 오빠를 두고 멀리 떠나려고 했던 자신을 책망했습니다.

넘어질 듯 위태롭게 걸어 나온 오빠가 결혼 축하한다는 말을 하자, 그녀는 결국 눈물을 터뜨리며 오빠를 끌어안았습니다. 그런 오누이를 바라보며 하객들은 아무 말 없이 눈시울을 붉혔습니다.

결혼 후 첫 이사를 하게 되었습니다. 맞벌이 부부였기에 이사 갈 집은 시간이 좀 더 자유로운 남편이 알아보았고, 이내 남편은 집을 계약했다고 했습니다. 그녀가 어느 동네냐고 물어보자 남편은 "가보면 안다!"고만 했습니다. 그녀는 더 이상 물어보지 않았습니다. 속마음 같아서는 친정과 가까우냐고 물어보고 싶었지만 그럴 수 없었습니다.

이사 가는 날, 짐을 모두 차에 싣고 그녀는 남편의 차에 올랐습니다. 남편은 이삿짐 차 기사에게 가는 길을 설명하고 먼저 보낸 뒤 승용차에 탔습니다. 그녀는 조금만 지나면 어디로 이사 가는지 알 것이었지만 조바심을 참지 못했습니다.

"어디로 가는데?"

시동을 거는 남편의 대답은 변함이 없었습니다.

"가보면 안다. 좀 멀리 가니까 한숨 자라!"

그녀는 정말 피곤했기에 곧 잠이 들었습니다. 얼마나 지났을까. 남편의 목소리가 들렸습니다.

"다 왔다! 일어나라!"

주변을 둘러보던 그녀는 동네가 익숙하다는 느낌이 들었습니다.

"여기 어디서 많이 본 것 같은데?"

"니 바보 아이가? 저기 친정집 안 보이나?"

그녀는 그제야 이삿짐 차를 기다리고 서 있는 엄마와 오빠를 발견했습니다.

"당신 미쳤어? 어떻게 나한테 말 한마디 없이……"

그녀는 목이 메어 더 이상 말을 잇지 못했습니다. 남편은 처갓집 근처로 이사 온 이유를 설명했습니다.

"나는 니가 결혼식 때 울던 모습을 잊을 수가 없다. 오빠를 생각하는 니 마음을 내가 와 모르겠노? 세상은 살기 힘한 곳이다. 목발 짚고 살기는 더 어렵제! 이제 니가 오빠 다리가 돼야 하는 기라!"

그녀는 한동안 차에서 내릴 수가 없었습니다. 남편의 어깨에 기대어 결혼식 날 오빠를 끌어안고 울었던 것처럼 소리 내어 울었습니다.

그녀는 어릴 때부터 그렇게 미워하던 오빠에게 다시 돌아온 것입니다. 그것도 든든한 남자 심부름꾼을 하나 데리고……. 그녀는 이제 두 남자를 뒷바라지하며 살아야 하지만 그것도 그리 나쁜 일은 아니라는 생각이 들었습니다.

그녀는 앞으로 남편이 어디를 가자고 해도 아무 말 없이 따라갈 것입니다. 남편은 이미 자신이 가장 가고 싶어 하는 곳이 어디인지 알고 있기 때문입니다.

아내를 사랑하는 남편은 아내가 어디로 가고 싶어 하는지를 아는 사람입니다. 아내의 마음을 알고 아내의 소원을 풀어주는 남편은 아내의 존경을 받을 수 있습니다. 그러나 아내의 생각을 무시하는 남편은 아내의 지지를 받지 못합니다. 남편이 아내를 사랑하지 않으면 아내도 남편을 신뢰하지 못합니다. 그리고 각자 다른 길을 가게 됩니다. 이렇게 다른 길을 가는 부부에게는 행복이란 있을 수 없습니다.

그리스 태생의 철학자 프로타고라스는 "인간이 만물의 척도다"라고 주장했습니다. 세상사 모든 사건과 사물은 절대적인 것이 아니라 상대적인 것이고, 그 상대적인 것에 가치를 부여하는 게 사람이라는 의미입니다.

나에게는 맛있는 음식이 남에게는 맛없는 음식일 수 있습니다. 나에게는 필요한 물건이 남에게는 필요 없는 물건일 수 있습니다. 그래서 '아나바다아껴 쓰고, 나눠 쓰고, 바꿔 쓰고, 다시 쓰자'라는 말이 만들어졌고, 재활용이나 물물교환의 개념이 탄생한 것입니다.

프로타고라스는 세상 모든 것의 가치는 사람에게 얼마나 유익한가에 의해 결정되므로 세상의 기준과 만물의 가치를 결정하는 존재가 사람이라고 말한 것입니다. 즉, 사람에게 유익한 것은 좋은 것이고 해로운 것은 나쁜 것이 됩니다.

사물뿐 아니라 일과 행동에서도 마찬가지입니다. 지금 내가 하고 있는 일이 좋은 일인지 아닌지는 나와 타인에게 좋은 결과를 주는 것인지를 생각하면 쉽게 알 수 있습니다.

음주 운전이 나쁜 이유는 사람을 해치는 사고로 이어질 수 있기 때문입니다. 싸움이 나쁜 이유는 사람을 다치게 하고 불쾌하게 만들기 때문입니다.

남편이 하는 일을 바르게 평가하는 기준은 아내입니다. 아내의 일을 평가할 수 있는 기준은 남편입니다.

어디로 이사 가는 게 최선일까요? 어느 곳으로 여행 가는 게 가장 좋을까요? 어디서 외식하는 게 제일 근사할까요?

남편은 아내가 가고 싶은 곳, 아내는 남편이 가고 싶은 곳으로 가는 게 정답입니다. 부부가 행복하기 위해서는 같은 길을 가야 합니다. 험한 산길을 지나더라도 함께 가는 길은 행복합니다. 아무리 예쁜 꽃길일지라도 혼자 가는 길에는 외로움만 있을 뿐입니다. 부부는 한길을 가기 위해 만난 짝입니다. 결혼은 서로 양보하겠다는 결심이며, 자기 길을 포기하고 함께 갈 길을 선택하겠다는 다짐입니다.

남편이 아내가 가고 싶어 하는 곳을 알고, 먼저 그곳으로 아내를 데려간다면 그 후에 아내는 남편이 가자고 하는 그 어떤 길도 기쁘게 따라갈 것입니다. "가보면 안다"는 말은 당신이 가고 싶은 곳으로 가는 중이라는 의미입니다.

이번엔 아내가 가고 싶은 곳으로 가고, 한 번만 아내가 먹고 싶은 것을 먹고, 이번 한 번만 아내가 하고 싶은 일을 하고, 딱 한 번만 아내가 원하는 것을 해주세요. 내가 하고 싶은 일을 하고, 내가 먹고 싶은 것을 먹고, 내가 가고 싶은 곳만 간다면 거기에 무슨 보람이 있겠습니까?

뭔가를 줄 대상이 있고, 진정으로 나눌 사람이 있다는 것보다 행복한 일은 없습니다. 그것을 함께할 사람이 있다는 것보다 더 큰 기쁨은 없습니다.

07

너를 돕는 것이 나를 돕는 것이다

묵자 / B.C. 480?-390?

얼마 전부터 사람들 사이에서 회자되기 시작한 유머가 있습니다. 처음 이야기를 접하고는 많은 사람이 공감할 만한 내용이라고 생각되어 주변 사람들에게 알려주면서 함께 배꼽을 잡고 웃었습니다. 유머의 제목은 '부인과 오리'입니다.

Q. 살림 잘하고 웬만해선 밖을 나가지 않고 늘 집 안에 머물러 있는 부인은?

A. 집오리.

Q. 살림 잘하고 자녀교육도 잘해서 가정의 분위기를 화목하게 하는 부인은?

A. 청둥오리.

Q. 살림 잘하고 자녀교육도 잘하고 밖에 나가서 돈까지 잘 버는 부인은?

A. 황금오리.

Q. 살림 못하고, 자녀교육도 관심 없고, 돈도 안 벌고, 잔소리 많고, 집 밖에 애
인까지 둔 부인은?

A. 어찌하오리.

이야기의 앞부분을 들을 때는 오리 시리즈인 줄 알았습니다. 그런데 마지막 답은 사람들 사이에 있을 법한 골칫덩이에 대한 것이었습니다. 이야기를 듣는 사람들이 함께 배꼽을 잡고 웃은 이유는 그들 주변에도 어찌할 수 없을 정도의 골칫덩이가 한두 명씩은 다 있기 때문입니다.

특히 어찌할 수 없는 사람들의 안타까운 특징은 가까운 사이라는 것입니다. 먼 사람이면 더 이상 만나지 않으면 그만입니다. 그러나 골치 아프게 하는 사람이 친인척이라면 멀리할 수도 없고 만나지 않을 수도 없습니다. 더욱이 매일 함께 밥을 먹고 어디를 가도 함께 가고, 무엇을 해도 함께해야 할 배우자라면 문제는 더 심각해집니다. 배우자를 멀리하거나 만나지 않을 수는 없으니까요.

행복은 곁에 있는 사람들과의 관계를 통해 만들어집니다. 특히 가장 가까이에 있는 배우자를 통해 인생의 행복 대부분이 만들어집니다. 아내가 행복하려면 남편을 행복하게 해야 하고, 남편이 행복하려면 아내를 행복하게 해야 합니다. 서로에게 '어찌하오리'가 되면 그 부부는 인생 대부분을 불행하게 보내야 합니다.

유교 사상이 팽배한 시대에 묵자는 혈연관계를 중시하는 유교에 반감을 가진 사람이었습니다. 모든 사람이 가족을 소중히 여기는 것은 당연한 일이지만 묵자는 그 당연한 인식의 부작용을 발견했습니다. 가족만을 특별히 사랑하는 것으로 인해 그 외의 사람들이 소외를 당하는 사회적 현상을 인식한 것입니다.

이를 두고 묵자가 중시한 것은 모든 사람을 똑같이 사랑해야 한다는 겸애兼愛였습니다. 이것은 19세기 서양 철학자들이 주장한 공리주의와 통하는 개념입니다.

국가의 지도자가 자신의 가족만을 위하지 않고 모든 사람을 똑같이 대할 수만 있다면 세상은 평화로울 것이고 전쟁도 불평등도 생겨나지 않을 것이라는 이론입니다. 묵자의 핵심 화두인 "내가 복숭아를 받으면 나는 그에게 자두를 줄 것이다"라는 말은 누구에게 무엇을 받든 받은 만큼 돌려줄 것이라는 뜻입니다.

묵자의 말을 한마디로 정리한다면 준 대로 돌려받게 된다는 것입니다. 세상의 인간관계에서 이 원리는 가장 보편적이며 상식적이고 정당한 거래의 원칙이 됩니다.

세상엔 공자와 묵자의 생각이 함께 공존하고 있습니다. 가족을 특별히 생각하는 가치와 모든 사람을 동등하게 여겨야 한다는 생각이 동행하고 있는 것이죠.

원래 묵자의 생각은 가족관계를 일반적 관계로 끌어내리려는 게 아니라 일반적 관계를 가족관계로 끌어올리려는 것이었습니다. 그런데 많은 사람은 반대로 가족관계를 일반적인 관계로 끌어내리는 실수를 저질렀습니다.

아내와 남편은 묵자의 원래 의도를 따르는 관계가 되어야 합니다. 보편적 관계의 원칙을 따르는 대상이 아닌, 다루기 쉬운 사람이 돼야 합니다. 남들에게는 정당한 거래를 하는 것이 관계를 지속하는 비결이지만 아내와 남편에게만은 손해 보는 거래를 할 수 있어야 합니다.

남들에게는 까다로운 사람이 될 수도 있습니다. 정당한 요구를 통해 정당한 대우를 받을 수 있다면 그리 나쁘지 않습니다. 그러나 배우자에게만은 너그러운 사람이 돼야 합니다. 지조 없는 사람이 되고, 줏대 없는 사람이 돼도 괜찮습니다. 남편의 손해가 아내의 손해가 되고, 아내의 이득이 남편의 이득이 되기 때문입니다.

아내와 남편은 세상의 모든 이해관계를 초월할 수 있는 유일한 대상입니다. 두 사람이 서로에게 일반적이거나 상식적인 요구를 하기 시작하면 더 이상 행복한 부부로 살기는 어렵습니다.

남들에게 하는 것보다 아내에게 더 잘해야 하고 남편에게 더 정성을 들여야 합니다. 남들은 헤어지면 언제 볼지 알 수 없지만 아내와 남편은 조금 후에 다시 볼 사람입니다. 남들에게 하는 정도로는 부족합니다. 지금 당장 화가 나더라도 조금 후를 생각해서 화를 참아야 합니다. 그러면 정말 조금 지난 후에 참기를 잘했다는 생각이 들 것입니다. 두고두고 잘했다는 느낌을 가질 것입니다.

남편을 가장 잘 도울 수 있는 사람은 아내입니다. 남편을 가장 행복하게 할 수 있는 사람도 아내입니다. 마찬가지로 아내를 도울 수 있는 사람은 남편이고 아내를 행복하게 할 사람도 남편입니다.

행복한 혹은 불행한 가정 여부는 부부가 서로에게 어떻게 하느냐에 달려 있습니다. 아내와 불화하는 사람이 세상 모든 여자와 화목한들 그게 무슨 의미가 있겠습니까? 남편과 싸운 아내가 다른 남자를 만나 활짝 웃는다고 해서 행복할 수 있을까요? 지금 나와 함께 있는 사람이 불편하면 나도 불편합니다. 옆사람이 불편한데 나 혼자 편할 수는 없습니다.

사람은 분위기의 영향을 가장 많이 받는 존재입니다. 분위기는 심리 상태와 연결되어 있습니다. 따라서 분위기는 저절로 형성되는 게 아니라 함께 있는 사람과 같이 만들어가는 것입니다. 내 분위기는 나의 기분에 남의 기분이 더해질 때 만들어집니다. 그러므로 내 분위기를 위해서는 나의 기분뿐만 아니라 남의 기분도 조절할 수 있어야 합니다.

남의 기분을 좋게 해주는 것이 내 기분을 좋게 하는 것입니다. 남을 돕는 것이 나를 돕는 것입니다. 너를 돕는 것이 곧 나를 돕는 것입니다. 남편을 위하는 것이 아내를 위한 것이고, 아내를 위하는 것이 남편을 위한 것입니다.

08

아내가 밥을 안 하는 이유?

데모크리토스 / B.C. 460?-370?

아내는 밥을 하는 걸 좋아하지 않는 모양입니다. 남편이 밤늦게 들어와서 밥을 달라고 하면 밥이 없다고 합니다. 어쩌다 남편이 집에서 쉬는 날, 밥 먹을 때가 돼도 알아서 밥을 차리지 않습니다. 남편이 밥을 먹자고 하면 그제야 밥을 하기 시작합니다. 그럴 때마다 남편은 조금 지나면 나아지겠지, 살다 보면 알아서 밥을 하는 날이 오겠지, 하며 참고 지나갔습니다.

언젠가 한번 분명하게 짚고 넘어갈 생각을 가지고 있던 남편에게 기회가 찾아왔습니다. 오랜만에 잡동사니를 정리하며 집 안 정리를 하다 보니 배가 고파오기 시작했습니다.

'내가 이렇게 힘들게 집 안 정리를 하고 있으니, 때가 되면 푸짐한 상을 차려놓고 밥 먹으라고 하겠지? 안 그러면 오늘은 한번 따끔한 소리를 해야겠어.'

이런 생각으로 남편은 밥때를 기다렸습니다.

‘혹시’가 ‘역시’의 조짐을 보일 무렵, 남편은 슬슬 화가 나기 시작했습니다. 아내는 밥때가 훨씬 지났는데도 밥상을 차릴 생각을 하지 않았습니다. 그저 일하는 남편을 졸졸 따라다니며 집 안에 흩어져 있는 물건들을 기웃거리기만 했습니다. 남편은 더 이상 참지 못하고 아내에게 호통 쳤습니다.

“당장 밥 차리지 않으면 밖에 나가서 밥 사 먹고 들어온다!”

남편의 큰 소리에 아내가 바로 대답했습니다.

“오 분만 기다려!”

아내의 말을 들은 남편은 깜짝 놀라며 속으로 생각했습니다.

‘오 분? 그렇다면 이미 밥을 다 준비했다는 건데? 내가 밥 달라고 할 때를 기다린 건가?’

남편이 아내에게 물었습니다.

“오 분만 기다리면 밥이 다 된다는 거야?”

“아니! 오 분이면 옷을 다 갈아입을 수 있으니까 같이 나가자고! 나도 남이 해주는 밥 한번 먹어보게! 평생 외식 한번 못하고 사는 사람은 나밖에 없을 거야!”

“인간은 하나의 작은 우주와 같다”고 말한 데모크리토스는 현대 물리학의 기초를 이루는 원자론을 최초로 제기한 사람입니다. 그의 시대는 전자현미경은커녕 돋보기조차 없던 시대입니다. 그런 시대에 그는 철학적 사고를 통해 세상은 더 이상 나눌 수 없는 미세한 물질의 조합으로 이루어졌다고 주장했습니다. 그리고 그 물질을 원자原子라고 불렀습니다.

데모크리토스에 따르면 세상에는 셀 수 없이 많은 다양한 물질이 있지만 그 만물은 원자의 다양한 결합을 통해 제각각의 모양을 하고 있다는 것입니다. 즉, 사람이 알 수 없고 인식할 수 없지만 만물의 내면에는 다양한 조화와 결합이 있다는 것입니다. 그중에서도 사람은 가장 복잡한 결합체이기 때문에 작은 우주라고 정의했습니다.

2,500여 년 전에 제기된 원자론은 20세기에 이르러서야 과학적으로 증명되었습니다. 사람의 생각과 상상력은 과학으로 평가할 수 없는 놀라운 능력을 가지고 있습니다. 데모크리토스의 말처럼 사람은 작은 우주 이상의 놀라운 존재입니다. 그런 사람의 내면을 누가 다 알 수 있겠습니까?

앞의 이야기에서 아내가 밥을 하지 않았던 이유는 남편과 함께 외식을 하고 싶었기 때문입니다. 다른 남편들은 주말마다 아내와 함께 맛집도 찾아가고 분위기 좋은 곳을 데려가지만 그녀의 남편은 한 번도 아내와 함께 외식을 한 적이 없었습니다. 그래서 아내는 언제쯤 남편이 자신을 데리고 외식하러 나갈까를 기다리고 있었던 것입니다.

'혹시 오늘이 그날인가?' 하며 밥을 하지 않고 기다리기를 수없이 반복했지만 눈치 없는 남편은 단 한 번도 아내에게 맛있는 거 먹으러 가자는 말을 하지 않았습니다. 하지만 아내는 '언젠가 한 번은 그런 날이 오겠지?' 하며 기다리고 또 기다렸던 것입니다.

남편은 아내가 밥을 잘 하지 않으니 남편 대접을 받지 못한다고 생각했지만 정작 대접을 받지 못한 사람은 아내였습니다. 친구들이 남편과 함께 호텔 레스토랑에서 식사를 했다거나 맛있는 요리를 먹고 왔다는 이야기를 들으면, 한 번도 외식을 해본 적이 없는 아내는 친구들 앞에서 한마디도 할 수가 없었습니다.

정말 남편을 잘못 만나서 외식 한번 못하는 팔자라는 탄식이 터져 나

왔습니다. 친구들이 말하는 맛집은 고사하고 동네 식당조차 가본 적이
없었기에 밥 사 먹으러 나간다는 남편의 말에 5분이면 외출 준비를 할
수 있다고 대답한 것입니다.

사람들은 모두 자신이 가장 힘들다고 합니다. 남편은 자신이 제일 힘
들다고, 아내는 자신이 가장 힘들다고 합니다. 남편은 남편 대접을 못 받
고 산다고 생각하고, 아내는 아내 대접을 받지 못한다고 생각합니다.

위에 있는 사람은 윗사람이라서 힘들다고, 아래에 있는 사람은 아랫
사람이라서 힘들다고 합니다. 앞에 있는 사람은 앞에 있어서 힘들다고,
뒤에 있는 사람은 뒤에 있어서 힘들다고 합니다.

이렇게 모든 사람이 힘들어하는 이유는 자기 입장에서만 생각하기 때
문입니다. 남이 힘든 것은 조금도 생각하지 못하고 자기 힘든 것에만 빠
져 있기 때문입니다. 세상살이는 누구에게나 힘들고 어렵습니다. 아이
도 아이 수준에서 감당할 수 없을 만큼 힘들고, 어른도 저마다 자기 수준
에서 감당하기 힘들만큼의 어려움 가운데 살고 있습니다.

아내가 어느 날부터 밥을 하지 않는다면 분명 이유가 있을 것입니다.
머리를 감지 않고 화장도 하지 않고 움직이는 것을 싫어한다면 말은 안
하지만 뭔가 어려운 일이 있기 때문입니다. 자기 입으로 말할 수 없는 것
일 수도 있습니다.

남편이 어느 날부터 달라졌다면 사는 게 힘들어졌기 때문입니다. 남
편의 입장에서 아내를 보면 아내에게만 문제가 있고, 아내의 입장에서
남편을 보면 남편에게만 문제가 있어 보입니다. 그러나 반대 입장에서
보면 다 그럴 만한 이유가 있음을 알게 됩니다.

변호사의 입장에서 보는 것과 검사의 입장에서 보는 것이 다르고, 피
해자의 입장에서 보는 것과 가해자의 입장에서 보는 것이 다릅니다. 정

말 문제를 해결하고 관계를 회복하고 싶다면 나만의 입장이 아닌 상대의
입장에서 볼 수 있어야 합니다.

나와 너에 대한 시 한 편을 적어보았습니다.

나보다 힘든 너

나보다 더 힘든 너

나보다 더 아픈 너

나보다 더 잘난 너

그것을 나만 모르고 살았다.

나만 힘든 줄 알았는데 나보다 너는 더 힘들었다.

"힘들지?"라는 한마디를 못해서

나는 내 자리에 너는 네 자리에 멈춰 있었다.

내 아픔만 알아주길 바랐는데

너는 나보다 더 아파서 나를 바라볼 힘도 없었다.

그래도 조금 덜 아픈 내가 너를 돌봐야 했는데

그러지 못해서 나와 너는 서로의 아픔에 빠져 있었다.

나보다 조금 더 아픈 너를 위해

이제 나의 아픔에서 빠져 나와야지.

09

잠 못 이루는 밤

소크라테스 / B.C. 469?-399

불면증으로 밤마다 잠을 설치는 남편이 의사를 찾아갔습니다. 검사를 마친 의사가 남편에게 처방을 내려주었습니다.

"절대 걱정거리를 가지고 침대로 가면 안 됩니다. 잠자리에 들 때 모든 근심과 걱정거리를 내려놓으세요. 그렇지 않으면 불면증에서 해방될 수 없습니다."

의사의 처방에 남편이 고개를 좌우로 흔들며 대답했습니다.

"선생님! 그건 좀 무리입니다. 그 말씀은 지키기 어려워요!"

"절대 어렵지 않습니다. 마음을 조절하는 방법을 연습하면 됩니다."

"마음을 조절해도 근심을 잠자리 밖에 내려놓는 건 안 될 것 같은데요?"

"제가 알려드리는 대로 하면 됩니다."

"선생님, 제 아내는 절대로 혼자서는 자려고 안 할 거예요."

남편의 대답을 들은 의사는 수면에 도움이 되는 약 몇 가지를 처방해주고 진료를 마쳤습니다.

철학자들의 명언 중 최고를 고르라면 많은 사람이 소크라테스의 '너 자신을 알라!'를 꼽을 것입니다. 이 말은 소크라테스의 말이 아니라 그가 가장 좋아했던 말로, 그가 자주 가는 델포이의 아폴로 신전 비문에 적힌 말이었습니다.

소크라테스가 "너 자신을 알라"는 말을 사용한 의도는 "사람이 알면 얼마나 알겠어?"와 같은 뜻입니다. 즉, 자기 자신을 포함해서 제대로 아는 사람이란 한 명도 없다는 것이 그의 결론이었습니다.

그나마 소크라테스가 자기 자신이 가장 현명한 사람이라고 생각한 이유는 사람이 알 수 있는 것은 아무것도 없다는 사실을 알고 있는 사람이 자기뿐이었음을 발견했기 때문입니다.

소크라테스의 철학적 사고법은 계속 질문하는 것이었습니다. 끝없는 그의 질문에 끝까지 대답할 수 있는 사람은 없었습니다. 그가 그토록 집요하게 물어보는 이유는 질문을 통해 자신을 돌아보고, 반성할 수 있었기 때문입니다.

실제로 그가 가장 중시한 인생의 과제는 '자기반성'이었습니다. 스스로 반성할 줄 모르는 사람은 바르게 살 수 없다는 결론을 얻고 난 후 만나는 사람들을 바른 삶으로 인도하기 위해 끝없이 질문을 던진 것입니다. 소크라테스에게는 세상에서 반성할 줄 모르는 사람보다 더 큰 문제란 없었습니다.

의사를 찾아간 남편의 가장 큰 근심거리는 아내였습니다. 남편이 잠을 자기 위해 자리에 누우면 아내는 걱정거리들을 꺼내기 시작합니다.

피곤해서 모든 것을 잊고 잠을 자고 싶지만 아내의 이야기가 시작되면 남편은 뜻밖의 고민에 빠져 잠을 설치다가 아침을 맞습니다.

남편에게 아내는 살아 있는 근심덩어리였습니다. 어디를 가도 아내는 걱정스런 표정으로 따라다닙니다. 밥을 먹을 때도 텔레비전을 볼 때도, 차를 마시거나 과일을 먹으면서도 끊임없이 근심거리들을 꺼내놓습니다. 잠자리에 들면 가족들에겐 말하지 못하는 은밀한 걱정거리들을 털어놓습니다. 그렇기에 남편에게 아내는 떨쳐버릴 수 없는 가장 큰 짐이었던 것입니다.

모든 사람의 인생에는 항상 문제가 일어납니다. 누구나 평온한 인생을 살고 싶지만 문제없는 인생이란 없습니다. 남편은 남편의 문제로, 아내는 아내의 문제로 시달리며 살아갑니다. 이미 충분한 고민과 근심을 가진 남편과 아내에게 더 이상의 짐을 줘서는 안 됩니다.

남편의 짐을 덜어줄 수 있는 사람은 아내뿐이고, 아내의 짐을 덜어줄 수 있는 사람 역시 남편뿐입니다. 그런 아내와 남편이 서로에게 근심거리가 된다면 그 사이엔 잠 못 이루는 밤의 고통이 자리 잡게 됩니다. 살면서 당하는 모든 문제는 시간이 지나면 해결되지만 불평하는 배우자는 해결할 수 없는 문제가 됩니다.

살다 보면 예상하지 못한 문제를 만날 수 있습니다. 그때 배우자의 태도가 문제 이상으로 커져서는 안 됩니다. 문제는 시간이 지나면 작아지고 해결되지만 문제보다 커진 사람은 계속 문제로 남아 있게 됩니다.

가까운 사람에게 입은 마음의 상처는 대부분 문제의 시기에 만들어집니다. 어려울 때 사람에게 받은 상처는 어려운 시기가 지나도 여전히 남습니다. 그리고 비슷한 어려움이 다가오면 아무 연관도 없는 과거의 상처가 현재의 작은 문제를 큰 문제로 인식시켜 쉬운 문제를 어렵게 만들어버립니다.

　어려운 시기에 남편과 아내는 서로에게 어려움이 되어서는 안 됩니다. 힘든 시기가 다가오면 남편과 아내는 평소에 하던 것보다 더 조심스럽게 말하고 행동해야 합니다. 그때는 사소한 갈등도 중대한 실수가 될 수 있고, 손짓 하나 눈짓 하나가 큰 상처가 될 수 있기 때문입니다. 문제는 별것 아닌데 문제로 인한 부부의 반응이 문제를 키울 수 있고, 아무것도 아닌 일을 죽을 만큼 괴로운 일로 만들 수 있습니다.

　아내가 남편에게 숨기는 문제가 있거나 남편이 아내에게 숨기는 것이 있다면 굳이 밝히려고 하지 마세요! 숨긴다는 것은 그 내용보다 배우자의 반응을 더 두려워하기 때문입니다. 사실대로 말해봐야 혼만 난다면 누가 사실을 이야기하겠습니까?

　궁금한 것을 캐내기 전에, 숨기는 것을 밝히기 전에 자신이 얼마나 두려운 사람이 되었는지를 반성해야 합니다. 남편에게 아내는 아무런 걱정거리가 되지 않아야 하고, 아내에게 남편도 문젯거리가 되지 않아야 합니다. 부부는 적어도 편히 잠잘 수 있는 사이가 되어야 합니다.

10

절대 잊지 말아야 할 것

플라톤 / B.C. 427–347

"이 집에서 나가!"

말다툼을 하던 남편이 성질을 참지 못하고 아내에게 소리쳤습니다. 남편의 호통에 화가 치민 아내도 같이 소리를 질렀습니다.

"내가 못 나갈 줄 알아! 그래, 나 없이 잘 살아봐라!"

아내는 가방에 소지품을 담았습니다. 짐을 싸는 아내의 모습을 보며 남편은 '집을 나가라는 말은 실수였다고 취소한다고 해볼까?' 생각했지만 자존심을 지켜야 할 것 같아서 더 이상 아무 말도 하지 않았습니다. 아내는 짐을 싸며 남편의 마음이 바뀌기를 기다렸습니다. 말없이 아내는 짐을 다 쌌고 남편도 더 할 말이 없었습니다. 어색한 순간이 흐르고 아내가 문을 닫고 나가버렸습니다.

"흥! 내가 갈 데가 없어서 당신하고 사는 줄 알아?"

아내가 박차고 나간 문 틈새로 후회가 밀려들었습니다.

'정말 안 들어오면 어떻게 하지? 이거 참, 동네에 소문이라도 나면 어

떻게 얼굴 들고 다니지? 그보단 친정 식구들이 알면 무슨 창피야? 지금이라도 따라가서 데려올까?'

남편이 복잡한 심정으로 벽만 바라보고 있는데 문 열리는 소리가 들렸습니다. 고개를 돌려보니 나갔던 아내가 가방을 들고 서 있었습니다. 제 발로 들어오니 반가웠지만 반가운 표정을 지을 수는 없었습니다.

"왜 다시 들어왔어?"

"중요한 걸 두고 가서 가지러 왔어!"

"뭔데?"

"몰라도 돼!"

다시 들어온 아내는 이 방 저 방을 오가며 무언가를 열심히 찾았습니다. 집 안을 다 돌아다녀도 찾는 걸 발견하지 못했는지 이번에는 안방과 거실, 주방과 화장실에 있는 수납장 전부를 들쑤셨습니다.

아내가 집 안을 돌아다니고 있는 동안 남편은 어떻게 하면 아내를 말릴 수 있을지를 생각했습니다. 온 집 안을 샅샅이 뒤지고 다니던 아내가 남편이 앉아 있는 거실로 오더니 남편 주위를 빙빙 돌며 소파 아래까지 살펴보았습니다.

"찾는 게 뭔데 그래?"

남편의 질문에 아내가 남편을 빤히 바라보며 소리쳤습니다.

"당신! 당신을 가지러 왔어! 왜 내가 혼자 나가야 돼? 집을 나가려면 같이 나가야지?"

아내의 대답에 남편은 큰 소리로 웃으며 아내에게 이야기했습니다.

"당신은 이혼할 때도 아마 나를 위자료로 청구할 거야!"

소크라테스의 제자인 플라톤은 변하지 않는 원본을 찾기 위해 평생을 보낸 철학자입니다. 많은 사람이 서로 다른 의견을 갖는 이유는 원본이 아닌 사본을 가지고 있기 때문이라고 생각했습니다. 즉, 사람들이 가진 지식은 진짜가 아닌 모조품과 같기에 의견이 통일되지 않는다는 것이었 습니다.

강아지의 생김새가 다 제각각이지만 우리가 강아지로 인식하는 이유 는 그 강아지들이 이상의 세계에 존재하는 원래의 강아지 모습을 조금씩 가지고 있기 때문입니다. 한 장의 원본으로 수십 장의 사본을 만든 것과 같은 의미입니다.

이처럼 세상에 존재하는 모든 것은 원본이 아닌 사본이기에 사람마다 다른 의견을 가지고 있고, 같은 물건일지라도 다른 면이 있다는 것입니 다. 그러므로 플라톤에게 철학의 목적은 세상 모든 것의 원본을 찾아내 는 일이었습니다. 그에게 모든 원본은 부정적인 면이 하나도 없는 항상 좋기만 한 것입니다.

세상에 많은 남편과 아내가 있지만 그 모습은 다 제각각입니다. 플라 톤의 생각에 따르면, 그 많은 모습은 단 하나의 절대적인 대상을 모방한 것이기에 완전한 모습을 찾아가는 과정이 진짜 남편과 아내가 되는 길이 라고 할 수 있습니다.

완전한 아내와 남편은 모든 부부의 마음속에 소중한 대상으로 자리 잡고 있습니다. 이상 속에 있는 남편과 아내의 참모습은 항상 선하고 아 름답고 착하고 진실한 가장 완전한 사람입니다.

부부가 한평생을 함께하면서 한 번도 안 싸울 수는 없습니다. 그러나 싸우는 중에라도 무엇이 중요한지는 분명히 알고 있어야 합니다. 순간 화를 참지 못해서 소리치고 다툴 수는 있지만 그 순간에도 남편과 아내보다 중요한 것은 없습니다. 한순간의 기분과 한평생을 함께 살 사람은 비교 대상이 되지 않습니다. 그런데 우리는 자주 순간의 기분을 참지 못해서 평생의 동반자에게 아픔과 상처를 주며 살고 있습니다.

사람에게 가장 가치 있는 것은 사물이 아니라 사람입니다. 사람보다 소중한 것은 세상에 없습니다. 사람과 싸우고 있는 중이라도 싸우는 원인보다 싸우는 대상인 사람이 더 크고 중요하다는 것을 망각해서는 안 됩니다. 그렇지 않으면 그 싸움은 비극으로 끝나게 됩니다.

세상의 모든 비극은 사물이나 사건이 사람보다 중시될 때 발생합니다. 무엇이 중요한 것인지만 알고 있어도 극단적인 비극은 막을 수 있습니다. 사람에 대한 인식이 추락하면 세상은 비극으로 치닫습니다.

돈을 버는 이유는 사람을 돌보기 위한 것입니다. 사람을 위해 돈을 쓰면 돈은 좋은 것이 됩니다. 그러나 돈을 위해 사람을 쓰면 돈은 악한 것이 됩니다. 현대 사회의 많은 문제가 돈과 사람의 가치를 착각하기 때문에 일어나고 있습니다. 남편이 돈을 버는 이유는 아내 때문이고, 아내가 돈을 함부로 쓰지 않는 이유는 남편 때문입니다.

일하는 이유도 역시 사람을 위한 것입니다. 일이 사람을 위해 있는 것이지 사람이 일을 위해 있는 것이 아닙니다. 그럼에도 많은 일터에서 사람보다 일, 성과, 성장이 우선시됩니다. 일하다가 사람에게 화를 내지 마세요! 그런 일은 아무리 잘해도 잘한 것이 아닙니다. 정말 일을 잘하는 이는 사람을 위해 일할 줄 아는 자입니다.

먹을 때나 마실 때나 일할 때나 놀 때나 심지어 싸우고 있을 때라도 반드시 기억해야 할 것은 사람이 결론이라는 것입니다. 아내의 결론은 남편이고, 남편의 결론은 아내입니다. 사람이 남으면 잘한 것이고 사람이 떠나면 실패한 것입니다.

점 하나 차이

아리스토텔레스 / B.C. 384-322

5와 4.5는 둘도 없는 친구였습니다. 4.5는 자신보다 0.5 많은 5를 형님으로 깍듯이 모시며 예의를 다했습니다. 5는 그런 4.5를 동생으로 여기며 돌봐주었습니다. 그런데 어느 날부턴가 4.5의 태도가 달라졌습니다. 5가 나타나도 인사를 하지 않고, 가까이 있으면서 말도 걸지 않았습니다. 뭔가 속상한 일이 있어서 그러려니 했지만 4.5의 태도는 계속 5의 마음을 아프게 했습니다.

5는 시간이 지나서 철들면 좋아질 거라고 생각했지만 4.5는 점점 더 5를 무시하는 태도를 보였습니다. 처음엔 잘 다가오지 않더니 이젠 말도 함부로 하고 까불며 대들기까지 했습니다. 보다 못한 5가 4.5를 불렀습니다.

"야! 4.5! 너 요즘 태도가 영 마음에 안 든다?"

"내가 왜 당신 마음에 들어야 하는데?"

"어쭈! 이것 봐라? 이제 대놓고 덤비네?"

"덤비긴 누가 덤빈다고 그래? 너나 말조심해!"

"야! 4.5! 이게 보자보자 하니까 죽으려고 환장을 했구나!"

"하! 거, 참! 말 함부로 하네!"

4.5의 전혀 달라진 태도에 5는 더 이상 참지 못하고 4.5를 똑바로 쳐다보며 엄포를 놓았습니다.

"너! 진짜 맛 좀 볼래?"

근엄하게 꾸짖는 5를 보며 4.5가 우습다는 표정으로 대답했습니다.

"까불지 마, 인마! 나, 점 뺐어!"

아리스토텔레스는 플라톤의 제자입니다. 20년간 플라톤의 철학학교 아카데미Academy에서 교육을 받았습니다. 그는 당연히 자신이 플라톤의 후계자가 될 거라고 생각했으나 다른 사람이 후계자로 지명되었습니다. 그러자 그는 그곳을 떠나 야생의 세계와 동물들을 연구하며 스승인 플라톤과는 상반된 자신의 철학을 형성합니다.

플라톤은 세상 만물의 완전한 모델은 이상의 세계에 있다고 생각하며 이성적인 접근을 통해 진리를 얻을 수 있다고 했습니다. 하지만 동식물계를 세밀히 관찰하던 아리스토텔레스는 관찰과 반복적 학습을 통해 사물의 참 모습을 인식할 수 있다고 주장했습니다. 플라톤의 철학에서 세상의 모든 강아지는 원본을 복사한 존재라고 인식한 반면, 아리스토텔레스는 다양한 강아지의 모습을 관찰함으로써 강아지가 어떤 특성을 가지고 있는지를 알 수 있다고 했습니다.

그러한 연구를 통해 아리스토텔레스는 현대에까지 영향을 미치고 있는 생물학적 분류법의 기초를 다집니다. 또한 관찰을 통해 만물의 형상에는 반드시 그것의 목적이 있다는 것을 밝혀내, 목적론적 인식을 주장했습니다. 새의 깃털은 보온과 비행을 위해 있고, 물고기의 비늘과 지느러미는 자기보호와 물속에서의 생활을 위한 것처럼 존재하는 모든 것은 의미와 가치, 목적을 가지고 있다는 것입니다. 그러므로 세상에 있는 모든 것은 각기 존재의 목적을 가지고 태어난 것이라는 말입니다. 하물며 사람이야 얼마나 더 중요한 가치를 가지고 세상에 존재하겠습니까?

4.5가 점을 빼면 45가 됩니다. 45와 5는 아홉 배나 차이가 납니다. 5는 그동안 0.5의 차이로 형님 대접을 받았지만 점을 뺀 4.5는 5보다 40이나 높은 수가 된 것입니다. 감히 5로서는 바라볼 수도 없을 정도의 높은 가치를 갖게 된 것이죠.

사람의 가치도 그렇게 달라질 수 있습니다. 점 하나만 빼면 미스코리아가 될 수 있고, 옷만 바꿔 입어도 거지가 왕자가 될 수 있습니다.

부부도 그렇습니다. 아무것도 할 줄 모르는 여자라고 평생 아내를 무시하고 살던 남편이 나이 들어서 아내의 덕으로 근근이 살아가는 신세가 되기도 하고, 무능한 사람이라고 구박을 받던 남편이 아내를 귀부인으로 만들어주기도 합니다.

지금 함께 살고 있는 배우자에게 내 마음에 들지 않는 것이 있을 수 있습니다. 그러나 그 사람은 그것 하나만 빼면 정말 괜찮은 배우자입니다. 내 마음에 들지 않는 그 하나만 빼면 다른 것에서는 흠 잡을 데 없는데도 그 하나로 모든 것을 평가하고 있지는 않습니까?

그것 하나를 빼면 그는 나와 살 사람이 아닐 수도 있습니다. 그나마 내가 이만큼 살고 있는 이유는 배우자의 그 단점 때문인지도 모릅니다. 애벌레가 허물을 벗으면 하늘로 훨훨 날아가듯, 내 마음에 들지 않는 배우자의 그 단점 하나가 사라지면 그는 다른 세상으로 훨훨 날아갈지도 모릅니다.

4.5가 5보다 더 많은 가능성을 가지고 있었듯이 내 마음에 들지 않는 점을 가진 배우자가 나보다 더 많은 가능성을 가진 사람일 수 있습니다. 다만, 내가 그 가능성을 알아채지 못하고 있을 뿐입니다. 사람의 가능성과 가치는 우리가 평가하고 있는 것 이상입니다. 점 하나만 빼면 전혀 다른 사람이 될 수 있고, 조금만 지나면 내가 기대하는 것 이상의 사람이 될지도 모릅니다.

배우자는 밖에 있는 또 다른 나입니다. 내 안에 있는 나는 내가 볼 수 없지만 밖에 있는 나는 잘 보이기 때문에 단점도 보이는 것입니다. 세상엔 내가 볼 수 있는 것보다 볼 수 없는 것이 더 많은 것처럼 내 눈에 보이는 배우자의 단점보다 내가 볼 수 없는 나의 단점이 더 많습니다. 다만, 내 눈에 보이지 않는다는 것뿐이죠.

부부는 일심동체입니다. 한 사람이 아프면 결국 두 사람이 같이 아프게 됩니다. 나를 위해 배우자를 아프게 하면 안 되고, 배우자를 위해 내가 아파도 안 됩니다. 단점은 내 것이든 배우자의 것이든 감수하고 적응하는 것밖에 다른 비결이 없습니다. 그리고 특별히 노력하지 않아도 그냥 시간이 지나면 익숙해져서 저절로 적응하게 됩니다.

내 마음에 드는 것이 하나도 없다는 느낌이 들 때 좀 더 자세히 살펴보세요! 분명 그 사람이 세상에 있어야 할 이유, 내 옆에 있어야 할 이유를 찾을 수 있을 테니까요. 너무 성급하게 순간의 감정으로 판단하지 말고 조금만 기다리세요! 점 하나 빼면 4.5 같은 배우자가 45가 될지도 모르겠죠?

12

차보다 중요한 것

에피쿠로스 / B.C. 342?–271

건물 주차장에서 승용차 두 대가 접촉사고를 일으켰습니다. 막 주차한 차를 초보운전자 주부가 들이받았습니다. 생전 처음 교통사고를 낸 아주머니는 어떻게 해야 할지 몰라 차 안에서 덜덜 떨고 있었습니다. 피해를 입은 차에서 내린 남자가 다가와 창문을 두드리며 나오라고 손짓했습니다. 그제야 차 문을 열고 나온 주부는 창백해진 얼굴로 미안하다고 사과했습니다.

"사과한다고 될 문제는 아니고요! 어떻게 하실 거예요?"

"어떻게 하면 되는데요?"

"운전하신 지 얼마나 됐어요?"

"일주일 정도……."

"주차 요령을 좀 배워서 나오시지! 차 서류 있어요?"

"남편이 준 서류는 있는데…… 이건가?"

"줘보세요!"

남자는 주부가 건넨 서류봉투를 열어 살펴보았습니다. 서류 맨 위에는 백지가 있었고, 그 위에 커다란 글씨가 적혀 있었습니다.

'이 서류를 보고 있다면 당신은 무사하겠구려. 아무 걱정하지 말고 보험회사에 연락해요. 그리고 나한테도 전화해요. 차는 좀 부서져도 괜찮소. 원래 그러면서 타는 거니까. 정말 중요한 건 차가 아니라 바로 당신이라는 것을 기억해요! 당신만 안전하다면 문제될 거 하나도 없으니 아무 걱정하지 말고!'

남자는 글을 보며 자기 앞에 있는 여인의 남편이 어떤 사람인지 알 수 있었습니다. 그는 서류를 주부에게 건네주었습니다. 서류를 받은 주부가 남편의 글을 읽으며 조금씩 안정을 되찾았습니다. 남편의 글을 다 읽은 주부가 남자를 바라보며 말했습니다.

"보험회사에 연락할게요."

그러자 남자가 말했습니다.

"됐어요, 그냥 가세요! 앞으로 조심하시구요. 참 좋은 남편하고 사시네요!"

에피쿠로스는 쾌락주의 철학자로 알려진 인물입니다. 그로 인해 방탕하고 타락한 생각이나 생활을 했던 사람으로 오해받는 사람이기도 합니다. 그가 말하는 쾌락은 오늘날의 행복과 같은 의미입니다. 즉, 쾌락주의자라는 말 대신 행복주의자라는 말이 더 어울리는 사람이죠.

그는 '무엇이 사람을 불행하게 하는가?'에 대한 생각을 정리한 철학자입니다. 그 이전까지 철학의 목적은 우주적이고 전체적이었습니다. 에피쿠로스는 각 개인에게는 뜬구름 잡는 것 같은 당시의 철학적 주제들을 개인의 행복이라는 관점으로 돌려놓은 사람입니다.

그는, 삶의 목적은 진리를 알고 우주의 원리를 밝히는 것보다 마음의 평화를 얻는 데 있다고 생각했습니다.

'평화롭고 안정된 삶을 주는 것이 무엇인가?', '무엇이 사람에게 고통을 주는가?', '근심과 염려의 중심에는 무엇이 있는가?' 등등 이런 것들이 그가 풀고자 하는 철학적 주제였습니다.

그는 결국 사람들의 마음에서 평화를 빼앗아가는 고통 중에 가장 큰 것이 죽음임을 발견했습니다. 그리하여 죽음을 극복하는 마음만 있으면 누구라도 행복한 삶을 살게 될 것으로 결론 내렸습니다.

그리고 죽음은 모든 감각을 상실하게 만드는 것이므로 죽음 이후엔 어떤 고통도 느낄 수 없으니 죽음은 두려워할 게 아니라고 했습니다. 사람에게 가장 큰 고통과 슬픔을 주는 죽음을 두려워하지 않는 사람은 더 이상 어떤 것도 두려울 이유가 없으니 근심걱정을 하며 살 이유가 없다는 것이 그가 말하는 쾌락주의입니다.

우리는 무엇을 염려하고 있습니까? 물건 때문에 싸운 적이 있나요? 먹는 것 때문에 싸운 적이 있나요? 가고 싶은 곳이 달라 싸운 적이 있나요? 그 물건이 그렇게 중요한 걸까요? 함께 있는 사람의 기분을 망가뜨릴 만큼?

한 번 망가진 기분은 평생을 가기도 합니다. 조금 지나면 쓸데없을 물건 때문에 평생 아픈 가슴으로 살게 하지 마세요. 안 먹어도 그만인 것으로 아내를 힘들게 하지 마세요. 가봐야 피곤하기만 한 곳을 가자고 우기지도 마세요. 놀러 다니고 구경 다니는 것도 집을 나갈 때만 좋지 나가면 별것 없다는 걸 다녀온 사람은 다 알고 있습니다.

남편이 정말 신경 써야 할 것은 자동차가 아닙니다. 차는 망가지면 다른 차로 바꾸면 되고 더 좋은 차를 사면 그만입니다. 하지만 배우자는 바꿀 수 없고 하나를 더 마련할 수도 없습니다. 차가 많은 것은 자랑거리가 되지만 아내가 둘이거나 남편이 둘이라면 고개를 들고 다닐 수 없는 사람이 됩니다. 다시 구할 수도, 더 마련할 수도 없는 배우자를 자동차보다 못하게 대접하고 있지는 않습니까?

새로 산 차에 작은 흠집이 생겼다고 거금을 들여 전체를 도색하는 사람이 있습니다. 차 문이 상처 입을 것을 염려해서 흠집 방지 장치를 붙이고 다니는 사람들도 많이 있습니다. 조금 지나면 반짝이는 윤기도 사라지고 얼룩지고 여기저기 긁히고 찌그러질 자동차를 대하는 만큼만 함께 살고 있는 아내를 대하세요. 한 번도 싸우지 않고 평생을 살 수도 있을 것입니다. 남편이 정말 잘해야 할 대상은 자동차가 아닙니다. 늘 옆에 있어서 얼마나 중요한지를 잃어버린 아내입니다.

아내가 정말 소중하게 다루어야 할 대상은 새로 산 신발이나 명품 가방이 아닙니다. 가방의 얼룩을 지우기 위해 아끼던 콜드크림을 듬뿍 바르고도 상처가 날까 살살 문지르듯 남편을 대해야 합니다. 아무리 소리치고 거칠게 다뤄도 저녁마다 집으로 들어오니까 막 대해도 된다고 생각하면 안 됩니다.

거친 남자의 가슴속엔 누군가에게 보살핌을 받고 싶어 하는 어린아이와 같은 여린 마음이 들어 있습니다. 험한 세상 속에서 살아남기 위해 거친 것을 잘 이겨내기는 하지만 아내의 거친 행동과 다듬어지지 않은 말을 결코 좋아하지 않습니다. 남편이라는 위치에 있기에 참고 살 뿐입니다.

어린아이들은 할머니와 할아버지를 친근하게 따릅니다. 엄마에게 혼나면 할머니에게 달려가고 아빠에게 혼나면 할아버지에게 달려갑니다. 아이들과 노인들의 모습은 전혀 어울릴 수 없는 외모를 가지고 있습니다. 하지만 천사 같은 아이들이 마귀할멈처럼 주름 가득한 노인의 품 안에서 안식을 얻고 평화를 누립니다. 할머니의 외모는 아이들에게 조금도 고려의 대상이 못 됩니다. 다만, 아이들을 대하는 측은지심과 전폭적인 사랑이 둘 사이에서 무한한 신뢰와 행복을 만들어냅니다.

부모와 자녀 사이의 행복도 외모로 만들어지지 않습니다. 아이들은 부모의 외모에서 행복을 얻는 것이 아니라 부모의 사랑과 관심에서 행복을 얻습니다. 부모의 외모가 자녀의 행복의 조건이 되지 않듯 부부의 행복도 마찬가지입니다. 잘생기고 못생기고, 크고 작고, 잘나거나 못난 것은 부부의 행복 조건이 아닙니다. 그런 것은 젊을 때, 연애 시절에나 필요한 액세서리 정도의 소비성 행복입니다. 진정한 존재적 행복, 인생의 행복은 서로를 향한 사랑과 배려입니다.

부부에게 정말 중요한 것은 '무엇이 있다', '얼마나 가졌다', '어디를 가서 무엇을 먹었다' 같은 것이 아니라 죽을 때까지 함께할 아내와 남편이 항상 옆에 있다는 것입니다. 내 옆에 항상 내 편이 될 사람이 존재한다는 것보다 더 큰 안정감을 주는 것은 없습니다.

다만, 항상 옆에 있기 때문에 그 가치를 간과하고 살 뿐입니다. 아내에게 가장 소중한 것은 남편이고, 남편에게 가장 중요한 것은 아내입니다. 죽음 외엔 갈라놓을 것이 없기 때문이죠. 그 외의 모든 것은 있으면 좋고 없으면 그만인 것들입니다. 그런 것들 때문에 삶을 불행하게 만들지는 마세요!

13

여인의 가치

디오게네스 / B.C. 400?-323

하와이 원주민들 사이에 전해져 내려오는 한 여인에 대한 이야기입니다. 일찍 돌아가신 어머니 대신 첫째는 어릴 때부터 집안의 모든 살림을 책임져야 했습니다. 꽃다운 청춘의 시기도 가사노동과 함께 흘러갔습니다. 첫째 언니 덕에 동생들은 청순한 모습으로 성장할 수 있었습니다.

남자들은 마음에 드는 신붓감을 데려오기 위해 처가에 소를 주어야 합니다. 보통은 소 한 마리가 필요하지만 신붓감이 빼어나면 두 마리 혹은 세 마리를 줄 때도 있습니다. 살림을 사느라고 햇볕에 그을리고 투박해진 언니에겐 청혼이 들어오지 않고 동생들에게 청혼이 들어왔습니다. 아직 첫째가 청혼을 받지 못했다고 이야기하자, 신랑들은 소를 더 줄 테니 청혼을 받아달라고 했습니다. 아버지는 동생들이라도 먼저 시집을 보내기로 결정했습니다.

동생들은 언니 덕에 소를 세 마리씩 받고 청혼을 받았습니다. 동생들이 신랑을 따라 다 떠나고 세월이 흘렀지만 언니에게는 청혼이 들어오질 않았습니다. 너무 고된 가사노동으로 여인의 매력을 잃어버렸기 때문입니다.

마음이 다급해진 아버지는 동네 총각들에게 장녀가 살림을 얼마나 잘하는지, 성격이 얼마나 좋고 착한지, 엄마 대신 살림을 하기 전에는 얼마나 고왔는지를 이야기하고 다녔습니다. 그리고 누구라도 소 한 마리만 주면 청혼을 허락하겠다는 말도 흘렸습니다.

그렇게 소문을 내고 다녀도 아무런 소식이 없던 어느 날, 멀리서 소문을 듣고 찾아왔다는 남자가 나타나서 큰딸을 데려가겠다고 했습니다. 큰딸에 대한 소문을 들었고, 와서 보니 마음에도 든다고 했습니다. 아버지는 가까운 마을로 보내고 싶었지만 이번 기회를 놓치면 영영 큰딸을 시집보낼 수 없을지도 모른다는 생각에 청혼을 받아들이기로 했습니다.

신랑이 처가에 주는 소의 숫자는 여인과 가문의 자존심이기도 했습니다. 평소에 소 한 마리만 주어도 청혼을 받아들인다고 소문을 낸 아버지였지만 혹시라도 소를 더 받을 수는 없을까 하는 생각으로 남자에게 소는 준비되었느냐고 물어보았습니다.

남자가 대답했습니다.

"네. 따님의 소문을 듣고 와서 만나보니 제 마음에 딱 드는 신붓감입니다. 소 열 마리를 청혼의 값으로 드리겠습니다!"

소 열 마리를 준다는 이야기에 가족들은 깜짝 놀랐습니다. 아직까지 그렇게 비싼 대접을 받은 여인은 없었기 때문입니다. 아버지는 그동안 고생한 큰딸이 그 정도 대접은 받아도 된다고 생각했지만 현실적으로는 너무 과분한 대접이었습니다. 혹시 다른 속셈이 있는 것은 아닐까 하는 생각이 들었지만 앞으로도 그 이상의 대접은 받을 수 없을 것이라는 생각에 혼인식을 준비하기로 했습니다.

결혼식을 마치고 큰딸과 사위는 신혼여행을 떠났습니다. 딸이 떠난 후 1년이 지나 친정에 인사를 드리러 온다는 소식에 모든 가족이 한자리에 모였습니다. 멀리서 걸어오는 큰딸과 사위가 보였습니다.

1년 만에 돌아온 사위는 그대로였지만 큰딸은 전혀 다른 사람이 되어 있었습니다. 목소리나 행동거지는 영락없는 큰딸이었지만 얼굴과 피부색과 표정은 성에 사는 공주와 다를 바 없었습니다. 달라진 큰딸은 소 100마리도 아깝지 않은 빼어난 모습의 여인이었습니다. 사위는 그런 큰딸의 참 모습을 알아보고 소 열 마리를 주고 신부로 맞아들였던 것입니다.

큰딸이 살림만 하며 집 안에 머물러 있을 때, 그녀가 처한 환경은 그녀를 투박하게 만들었습니다. 그러나 그녀의 숨겨진 아름다움을 발견한 남자에 의해서 새로운 환경이 주어지자 그녀의 아름다움이 꽃을 피운 것입니다.

"가장 적은 것으로 만족하는 사람이 가장 부요한 사람이다."

그리스 철학자 디오게네스의 말입니다. 그는 모든 것으로부터 자유롭기 위해서는 아무것도 소유하지 않아야 한다는 생각을 가진 사람이었습니다. 그러한 생각을 말로만 한 것이 아니라 직접 실천했습니다. 자신의 재산을 다 정리하여 나누어준 후 누더기 차림으로 살며 사람들을 가르쳤습니다. 알렉산드로스 대왕이 찾아와서 "무엇이 필요한가?" 하고 물었을 때도 "해를 가리고 계시니 비켜주기나 하세요!"라고 대답했습니다.

사람들은 더 많은 것, 더 좋은 것, 더 큰 것을 가지려고 합니다. 그래야 행복할 것이라고 믿습니다. 그러나 행복은 크고 작은 것이나 좋고 나쁜 것에 있지 않고 만족하는 마음에 있습니다. 작은 것이라도 만족하면 행복하고, 큰 것에도 만족하지 못하면 불행합니다. 남에게 받으려는 생각을 하지 않는 사람은 작은 것으로도 고마워하지만 받고 싶은 생각이 많은 사람은 쉽게 실망합니다.

만족할 줄 아는 이가 환경을 바꿀 수 있는 사람입니다. 어색한 분위기를 화목한 분위기로 바꾸고, 난처한 상황을 유쾌한 분위기로 바꿉니다. 대접을 받기보다 남을 대접할 줄 아는 사람입니다.

사람은 누구나 천덕꾸러기 대접을 받으면 천덕꾸러기가 되고, 바보 대접을 받으면 바보가 되고, 1등 대접을 받으면 1등이 됩니다. 사람은 대접을 받는 대로 행동하게 됩니다.

멀쩡한 사람에게 "어디 아파요?" 하고 물어보면 처음엔 괜찮다고 이야기하지만 여러 명이 똑같이 물어보면 스스로도 아픈 사람이라고 생각하게 됩니다. 그러고는 아프냐고 물어보는 사람에게 "응! 요즘 몸이 좀 안 좋은 거 같아!" 하고 대답합니다.

사람은 환경에 지대한 영향을 받습니다. 공주도 하녀 대접을 받으면 하녀가 되고 하녀도 공주 대접을 받으면 공주가 됩니다. 남편과 아내가 서로를 머슴과 하녀로 대접하면 그 가정은 천한 사람들이 모여 사는 몰상식한 가정이 됩니다. 남편은 힘만 쓸 줄 아는 무식한 사람이 될 것이고 아내는 예의도 범절도 모르는 부엌데기가 됩니다.

왕이 되고 싶다면 먼저 아내를 왕비로 대접하면 됩니다. 아내가 왕비가 되면 남편이 왕이 되는 것은 당연한 결과입니다. 왕비가 되고 싶다면 남편을 왕으로 대접하면 됩니다. 왕의 아내가 왕비 아니면 뭐겠습니까?

많은 부부가 왕과 왕비로 살지 못하는 이유는 혼자만 왕이 되고 왕비가 되려고 하기 때문입니다. 자신은 왕 대접을 받고 싶지만 아내는 하녀로 부리며 살고, 아내는 왕비로 살면서 남편은 머슴으로 대하며 살고 있습니다. 왕과 하녀가 함께 사는 집, 왕비와 머슴이 함께 사는 집의 분위기는 왕궁일까요? 아니면 하인들의 숙소일까요?

못난 남편은 아내 책임이고 형편없는 아내는 남편 책임입니다. 배우자가 그렇게 된 것의 일차적인 원인은 바로 자기 자신입니다. 부모의 책임도 있고 형제들이나 친인척의 책임, 사회 환경의 책임도 물론 없지 않습니다. 그러나 내 남편과 내 아내가 지금의 상태가 된 것은 나 때문입니다. 내가 그렇게 대접했기 때문에 그런 사람이 된 것입니다. 아니라면 누구 책임일까요? 결혼해서 가정을 이루기 전까지는 부모와 형제들의 책임이었습니다. 그러나 부부가 된 후 함께 세월을 보낸 만큼은 아내와 남편, 서로의 책임이 됩니다.

어린 시절 무시를 받고 자란 사람이라도 배우자에게 귀한 대접을 받으면 신사가 되고 숙녀가 됩니다. 누가 남편 잘 만나 팔자 고쳤다는 말을 우리는 흔히 듣습니다. 반대로 아내 잘 만나서 사람 됐다는 남자들의 이야기도 있습니다. 예전엔 사람 구실도 못하던 것이 결혼하고 나선 사람 되었다는 말이죠!

무엇이 사람을 그렇게 달라지게 만들었을까요? 배우자의 대접입니다. 사람 같지도 않은 사람을 데려다가 사람 대접을 하면 사람이 되는 것입니다. 건달을 데려다가 건달 대접을 하면 더 지독한 건달이 되지만 신사로 대접하면 결국엔 신사가 됩니다.

아내가 어떤 인생을 사느냐는 남편을 어떻게 대접하는가에 달렸고, 남편의 인생도 아내를 어떻게 대접하느냐에 달려 있습니다. 배우자를 원망하고 비난만 해서는 행복한 가정을 만들 수 없습니다.

못해도 잘했다고, 괜찮다고 하면 잘하게 되고 괜찮아집니다. 잘했어도 못했다고 하면 결국 아무것도 못하게 되고 어떤 것도 하지 않으려 할 것입니다. 아무렇게나 막 대접하면 막 사는 인생이 되고 잘 대접하면 잘 사는 인생이 될 것입니다.

남편은 절대 설탕을 찾을 수 없다

아니키우스 보이티우스 / 480?—524

아내가 아파서 살림을 할 수 없는 상황이 되었습니다. 아내가 회복되기까지 남편은 집안일을 대신할 수밖에 없었습니다. 부엌은 엉망이 되었고 집 안에는 먼지가 가득하고 빨랫감이 산더미처럼 쌓였습니다. 평소에 남편은 아내가 하루 종일 집에서 대체 뭘 하고 지내는지 궁금했습니다. 아내가 집안일을 하지 못하게 된 후에야 비로소 아내가 집에서 얼마나 많은 일을 하는지를 알게 되었습니다.

집안일이 어느 정도 익숙해졌을 무렵, 저녁 설거지를 끝낸 남편은 커피 생각이 났습니다. 컵에 커피 두 스푼을 넣고 설탕을 찾았습니다. 고춧가루, 후춧가루, 참깨, 들깨, 소금……. 갖가지 양념 통 사이에서 설탕이 담긴 통은 찾을 수 없었습니다.

"도대체 어디에 둔 거야?"

양념 통들을 하나씩 차분히 다시 확인해보았지만 설탕이 담긴 통은 여전히 보이지 않았습니다. 남편은 아내에게 물어보려다가 설탕 하나 못 찾는다고 면박을 당할까 봐 관두었습니다.

"이 사람이 설탕을 어디에 숨겨놓은 거야? 설탕이 몸에 안 좋다고 아예 치워버렸나?"

커피 잔에 부어놓은 물이 다 식을 정도가 되도록 설탕을 찾지 못한 남편은 결국 방에 누워 있는 아내에게 눈 딱 감고 물어보았습니다.

"설탕을 어디에 둔 거야? 도대체 찾을 수가 없어!"

짜증이 가득 담긴 소리를 들은 아내가 비슷한 투로 남편에게 소리쳤습니다.

"거기! 바로 앞에 있잖아요!"

"바로 앞 어디? 안 보여!"

"아이 참! 눈앞에 있는 걸 하나 못 찾고 그래요?"

"보여야 찾지! 아무리 찾아도 안 보인단 말이야!"

"양념 통 첫 칸에 고춧가루라고 적힌 후춧가루 통에 설탕 있잖아요!"

아내의 마지막 말을 듣고서야 남편은 눈앞에 있는 설탕 통을 찾을 수 있었습니다. 아내에겐 너무도 찾기 쉬운 설탕이었지만, 남편에겐 도저히 찾을 수 없는 것이었습니다. 아내에겐 익숙한 것이 남편에겐 아주 낯설고 생소한 것이었습니다.

아니키우스 보이티우스는 중세 기독교 철학자로서 자유의지에 대한 답을 최초로 제시한 사람입니다. '신이 사람의 미래를 알고 있다면 사람은 과연 자유의지를 가졌다고 할 수 있는가?'라는 문제를 전통적인 행동 위주의 해석에서 시간 위주의 개념으로 바꾸어 설명했습니다.

과거, 현재, 미래의 시각으로 사람의 행동을 관찰하면 사람은 자유의지를 가진 존재가 아닌 필연의 운명을 가진 존재가 됩니다. 그러나 현재라는 한 가지 시각으로 관찰하면 인간은 무엇이든 결정할 수 있는 자유로운 존재가 됩니다. 신은 현재의 시각으로 과거와 현재와 미래를 보고, 인간도 현재를 살고 있기에 인간은 신 앞에서도 자유의지를 간직한 존재라는 것입니다.

사람은 자유로운 존재입니다. 몸은 물론이고 생각은 더욱 그렇습니다. 때로는 몸과 마음이 다를 때도 있습니다. 몸은 피곤해서 쉬고 싶지만 마음은 쉬지 않고 새로운 일을 하고 싶어 하는 경우가 그렇습니다. 심지어 마음속에 두 마음이 공존할 때도 있습니다. 그때 사람들은 말합니다.

"내 마음을 나도 모르겠어!"

"내 마음을 나도 어떻게 할 수가 없어!"

사람은 이렇게 자기 자신조차 마음대로 할 수 없는 존재입니다. 하물며 옆에 있는 나 아닌 사람을 어떻게 다 알 수 있겠습니까?

아내가 생각하기엔 너무도 당연한 것이 남편에겐 상상할 수도 없는 것일 수 있습니다. 남편이 생각하기엔 세상 모든 사람이 다 아는 상식일지라도 아내에겐 꿈도 꿀 수 없는 것일 수 있습니다. 아내의 생각과 일상은 남편이 도저히 알 수 없는 것일 수 있고 남편에겐 지극히 평범한 것이 아내에겐 아주 특별한 경우가 되기도 합니다.

수십 년을 함께 살면 말 안 해도 알고 뒷모습만 봐도 뭐가 필요한지 알 수 있지만, 그렇지 않은 것들도 있습니다. 자세히 설명하지 않으면 알아듣지 못하는 것이 있고, 하나하나 짚어주지 않으면 절대로 소통할 수 없는 것도 있습니다.

매일 양념 통을 사용하는 아내에게 설탕 통은 당연히 가장 앞에 있어야 합니다. 눈앞의 것을 꺼내서 한 번만 열어보면 바로 찾을 수 있는 게 설탕이었습니다.

하지만 남편에겐 눈앞에 있는 것들은 정체를 알 수 없는 한 무리의 통이었습니다. 가장 찾기 쉬운 곳에 설탕을 두었으리라고는 생각도 하지 못했고, 열어볼 생각도 하지 못했습니다. 무엇인지 확인하기 위해 뚜껑을 열어본다는 것은 남편의 사고방식이 아니었습니다.

소통은 두 사람의 생각이 맞아떨어질 때 이루어집니다. 아무리 오래 살아도 남편은 남자의 사고방식으로 살아가고, 아내는 여자의 사고방식으로 살아갑니다. 남녀의 공통분모가 되는 영역에서는 말하지 않아도 소통할 수 있습니다. 그러나 각기 다른 영역에서는 알아듣게 설명하지 않으면 소통할 수 없습니다.

주방은 아내의 영역이고 회사 일은 남편의 영역입니다. 아무리 오래 살아도 주방 일을 도운 적이 없는 남편에게 주방은 생소한 곳이고, 남편의 사업을 함께하지 않은 주부에게 회사 일은 미지의 영역입니다.

"그렇게 오래 살았으면 남자가 밖에서 얼마나 힘든지 좀 알 때도 되지 않았어?"

"평생을 함께 살아놓고도 여자가 얼마나 힘든지 몰라?"

이런 말을 하면 안 됩니다. 여자는 남자의 영역을 알 수 없고, 남자도 여자의 삶을 이해할 수 없습니다. 서로를 이해하기 위해서는 시시콜콜한 것까지 설명하고 콕콕 짚어가며 그 하나하나가 어떤 의미를 가지고 있는지를 이야기해야 합니다.

'말 안 해도 다 알겠지?'

이런 생각으로 모든 게 편안해지면 좋겠지만 어떤 것들은 지나칠 정도까지 자세히 설명해야 합니다. 남편은 고춧가루라고 적힌 후춧가루 통에 담긴 설탕을 죽었다 깨어나도 찾을 수 없습니다. 그런 남편에게 답답한 사람이라고 해봐야 아무 소용없습니다.

답답하다는 건 말하는 사람과 듣는 사람이 서로 다른 것을 생각하고 있기 때문입니다. 아내든 남편이든 상대가 충분히 이해할 만큼 자세히 설명하지 않으면 오해는 계속 쌓입니다. 그러다가 어느 날 쌓인 것이 한 번에 폭발하면 그야말로 큰일이 납니다. 큰일을 당하지 않으려면 평소에 설명을 잘해야 합니다.

"대충 이 정도면 알아들었겠지?"

아닙니다! 콕콕 짚어서 확인시켜주지 않으면 절대로 평생 알아듣지 못합니다.

15

세상 모든 남편이 앓고 있는 아주 큰 질병

토마스 아퀴나스 / 1225?-1274

집안일이 얼마나 많은지 알게 된 남편이 아내를 도와주기로 했습니다. 아내는 남편에게 딱 한 가지만 도와주면 된다고 했습니다. 쓰레기를 모아놓으면 종류별로 동네 입구에 있는 분리수거 쓰레기통에 버리는 일이었습니다. 그런데 남편은 그 일도 늘 잊어버리기 일쑤였습니다. 아내는 남편을 볼 때마다 쓰레기를 버리라고 채근했습니다.

일찍 귀가한 남편은 저녁식사 뒤 모처럼 느긋하게 야구 중계방송을 보고 있었습니다. 부엌에서 설거지를 하던 아내가 거실로 나오더니 남편에게 타석에 서 있는 선수는 어떤 기록을 가졌는지 물었습니다. 평소 스포츠에 전혀 관심이 없던 아내가 야구 질문을 하자 남편은 "드디어 스포츠에 관심이 생겼군?" 하고는 선수에 대해 자세히 설명해주었습니다.

"타율 삼할 사푼 삼리. 그리고 타율이라는 것은……. 홈런 스물셋, 타점 백십삼. 타점이라는 것은……."

남편은 아내가 알아듣기 쉽게 최대한 자세히 설명해주었습니다. 자신의 야구 지식을 드디어 아내가 알아줄 것이라고 생각한 남편은 설명을 마치고 반응을 살피기 위해 아내의 얼굴을 가만히 쳐다보았습니다. 그러자 아내는 남편을 향해 씩 웃으며 말했습니다.

"그렇게 기억력이 좋으면서 쓰레기 버리는 건 왜 그리도 잘 잊어? 병이야, 아주 큰 병! 아마도 불치병인 거 같아! 쯧쯧쯧!"

토마스 아퀴나스는 철학과 종교를 결합한 인물입니다. 그 이전까지 종교는 철학, 물리학, 천문학과는 거리를 두고 있었습니다. 서로 통합할 수 없는 인식의 괴리가 있었기 때문입니다. 하지만 토마스 아퀴나스는 철학적인 방법으로 종교를 이야기했고, 물리학으로 창조를 설명했으며, 천문학을 통해 인간을 이야기했습니다.

그의 연구와 작품은 현대 학자들도 무시할 수 없을 만큼의 논리를 가지고 있으며 기독교인과 일반인을 아우르는 역사적 가치를 가지고 있습니다. 하지만 그는 삶을 정리하기 직전 자신의 모든 연구와 업적이 지푸라기와 같다는 평가를 내린 후 갑자기 모든 연구를 중단한 채 무료한 시간을 보내다가 49세의 나이로 인생을 마쳤습니다.

그가 왜 자신의 모든 연구를 중단했는지는 알려지지 않았습니다. 다만, 누구에게도 이야기할 수 없는 신비한 종교적 체험을 했다는 사실만 알려져 있습니다. 아마도 그는 남은 연구를 자신이 아닌 다른 사람이 해야 할 것으로 판단한 것 같습니다. 즉, 자신이 남은 연구를 하지 않아도 누군가 그의 일을 대신할 것이라는 생각을 갖게 된 거죠.

대부분 사람이 하는 모든 일은 누군가 대신할 수 있는 일들입니다. 내가 아니면 절대 할 수 없는 일이라는 생각이 들 때 사람들은 건망증에 걸리지 않습니다. 반드시 그 일을 하게 됩니다. 하지만 나 말고도 그 일을 할 사람이 있다는 생각이 들면 가능한 한 그 일을 하지 않으려고 합니다.

같은 맥락으로, 아내가 있는 한 남편은 집안일을 제대로 할 수 없습니다. 아내가 해줄 걸 알고 있고, 믿고 있기 때문입니다. 그것은 세상의 모든 남편이 앓고 있는 큰 병입니다. 고치는 약도 없고, 고칠 수 있는 의사도 없습니다. 아마 의사도 그 병에 걸려 있을 것이 분명합니다. 그런 남편의 병을 고치는 유일한 방법은 매일 쓰레기를 버리고 오라는 설득의 약을 먹이는 방법뿐입니다.

가사를 도와주겠다는 남편의 말은 진실입니다. 그냥 해본 말이 아닙니다. 그러나 하루가 지나면 남편은 자기가 한 말을 잊어버립니다. 아내가 쓰레기를 치우라고 말하면 그제야 비로소 자신이 한 약속을 기억해냅니다.

어린아이들은 한 단어를 200번 들어야 그 말을 기억해낸다고 합니다. 그러나 남자들은 200번 정도도 부족한 것 같습니다. 365번 정도 들으면 아마 기억하지 않을까요? 자신이 집 안에서 무엇을 해야 하는지를 1년 정도 반복해서 알려주면 시키지 않아도 할 수 있게 되겠지요. 그 전까지는 때마다 알려주어야 합니다.

세상의 모든 사람은 병을 가지고 있습니다. 자기 책임이 아닌 것은 잊어버리는 병, 누군가 대신해줄 사람이 있으면 절대 알아서 하지 않는 병, 내가 하지 않아도 누군가 할 사람이 있을 거라고 생각하는 병을 앓고 있습니다.

특히 집안일에 대해서 남자들이 더 그렇습니다. 그러니 남편이 아내의 일을 도와주지 않는다고 혼자 괴로워하지 마세요! 병 때문입니다. 병든 사람에겐 호통 대신 부드러운 말로 대하듯 남편에게도 부드럽게 부탁해보세요! 약 먹이듯 남편이 해야 할 일을 알려주세요! 좋은 선물을 건네주듯 쓰레기 봉지를 손에 쥐어주세요! 그렇게 1년 정도 반복하면 조금씩 병세는 호전될 것입니다. 2, 3년쯤 지나면 완치되어서 평생 같은 병으로 시달리는 일은 없을 것입니다.

16

남자는 죽어도 여자가 될 수 없다

니콜로 마키아벨리 1469-1527

실수로 바람을 피운 아내가 매일 남편에게 맞으며 사는 내용의 드라마를 부부가 함께 보고 있었습니다. 드라마를 보고 있던 아내가 한숨을 쉬며 남편에게 이야기했습니다.

"바람 한 번 피웠다고 저렇게 때릴 수 있는 거야?"

단 한 번의 실수로 매일 맞고 사는 여자가 불쌍해서 남편도 그렇게 생각하는 줄 알았습니다. 아내의 말을 들은 남편이 허공을 쳐다보며 대답했습니다.

"맞을 짓을 했으면 맞아야지!"

남편의 말에 아내가 서운한 투로 이야기했습니다.

"어쩌다가 실수로 그런 건데 평생 맞고 살아야 한다고?"

"그게 아니라, 부인이 잘못했다는 거지!"

"그렇다고 매일 때리는 남편은 잘하는 건가?"

"잘했다는 게 아니라 부인이 원인을 제공했다는 거야!"

"그게 그 말이잖아?"

"이 사람이 왜 이렇게 흥분하고 그래?"

아내는 맞고 사는 여자의 심정을 이해 못하는 남편이 서운했습니다.

"남자들은 못된 짓 더 많이 하면서 여자들은 어쩌다 실수 한 번 하면 큰 죄인 취급하잖아!"

남편은 따지듯 들이대는 아내의 얼굴을 밀어냈습니다. 그러자 아내는 옆에 있던 파리채를 집어서 남편을 때리며 소리쳤습니다.

"당신도 다른 남자들이랑 똑같은 속물이야!"

아내에게 파리채로 얻어맞은 남편은 아내의 파리채를 빼앗기 위해 몸을 일으켰습니다. 남편과 아내는 파리채를 차지하려고 다투기 시작했습니다. 아내는 파리채를 빼앗기지 않기 위해 벌떡 일어나 방으로 도망쳤습니다. 남편이 쫓아오자 아내는 들고 있던 파리채를 창밖으로 던져버렸습니다.

더 이상 파리채를 빼앗을 수 없게 된 남편은 화를 참지 못하고 파리채 대신 손으로 아내를 후려쳤습니다. '설마 때리기야 하겠어?' 하는 생각으로 서 있던 아내는 남편의 손찌검에 중심을 잃고 쓰러졌습니다. 그러면서 아내는 냉장고 모서리에 머리를 박았습니다.

화가 풀리지 않은 남편은 넘어진 아내에게 빨리 일어나라고 호통쳤습니다. 하지만 아내는 꼼짝도 하지 않았습니다.

"엄살 피우지 말고 빨리 안 일어나?"

"……."

"혼나기 싫으니까 안 일어나고 있는 거 다 알아!"

"……."

"아무리 그래도 안 속는다. 더 맞기 전에 빨리 일어나!"

아내를 향해 한참을 소리치던 남편은 움직임이 없는 아내에게 다가가서 어깨를 흔들어보았습니다. 아무리 흔들어도 아내는 깨어날 생각을 하지 않았습니다. 아내는 숨도 쉬지 않았습니다. 드라마를 보다가 시작된 싸움으로 아내가 죽고 만 것입니다.

겁에 질린 남편은 아내를 그대로 두고 집을 나가버렸습니다. 동네 사람들의 신고로 출동한 경찰이 집 뒤 나무 그늘에 숨어서 떨고 있는 남편을 살해범으로 체포했습니다.

니콜로 마키아벨리의 『군주론』은 당시 정치권력을 가진 군주를 위해 쓴 책입니다. 그는 군주의 미덕과 일반인의 미덕은 같을 수 없다고 이야기했습니다. 국가를 운영하고 국민을 통치하기 위해서는 양심과 도덕만으로는 충분하지 않고, 기독교 정신도 적당하지 않다고 보았습니다. 많은 사람의 유익을 위해서 군주는 작은 부덕을 넘을 수 있어야 하고, 정당한 목적을 위해서는 부당한 방법을 사용할 필요도 있다고 했습니다. 즉, '목적은 수단을 정당화한다'는 논리입니다.

군주론에 의하면 군주에게는 반역자들을 다루기 위한 사자의 사나움이 있어야 하고, 상대의 의중을 떠보기 위한 여우의 교활함도 있어야 합니다. 하지만 이러한 그의 주장 전체가 진심이라고 볼 수만은 없습니다. 그 이유는 그의 다른 작품에서는 군주제가 아닌 공화제를 주장하고 있고, 군주 아래서 충성해야 하는 사람들의 고충을 이야기하고 있기 때문입니다.

군주론에 실린 내용이 진심이든 아니든 그의 책은 그 후로 많은 사람에게 영향을 끼쳤습니다. 그중 가장 핵심적인 내용이 통치자와 일반인의 행위를 구분하는 이중 잣대입니다. 일반인으로서는 할 수 없는 일, 해서는 안 되는 일을 정치인으로서는 할 수도 있는 일로 만든 것입니다.

그로 인해 일반인들의 사고에도 이중적인 기준이 생겨났습니다. 즉, 정치적 상황에서만 적용해야 할 이론이 일상생활에 적용되는 부작용이 탄생한 것입니다. 이쪽에서 보면 안 되는 일이 저쪽에서 보면 되는 일이 되고, 아래서 보면 나쁜 일이 위에서 보면 그럴 수 있는 일이 되는 것입니다. 안타깝지만 이러한 인식은 현대에 와서 보편적인 사고방식 중 하나가 되어버렸습니다.

앞의 이야기는 2004년 어느 일간지에 보도된 안타까운 실제 사건입니다. 드라마를 보던 부부가 의견 차이로 불상사를 일으켰습니다. 그렇다면 드라마를 만든 사람에게 책임을 물어야 할까요? 싸운 부부에게 전적인 책임이 있는 것일까요? 양쪽 모두 책임이 있다면 어느 쪽의 책임이 더 클까요?

정답을 내릴 수는 없습니다. 다만, 만든 사람보다 바라보는 사람이 다수이기에 시청자의 입장에서 정리해보겠습니다. 부부의 잘못은 드라마의 상황을 현실로 끌어들였다는 것입니다. 그리고 남자와 여자의 입장이 다르다는 것을 인식하지 못한 것입니다.

남자는 죽어도 여자가 될 수 없습니다. 결혼해서 10년쯤 지나면 남편도 여자를 이해할 것이라고 생각하지만 남자는 여전히 여자를 이해할 수 없습니다. 여자 역시 남자가 될 수 없습니다. 수십 년을 남자와 산다고 해도 여자는 남자처럼 생각하지 못하고 남자처럼 행동할 수 없습니다. 여자이기 때문입니다.

여자는 나이 들면 할머니가 되고 남자는 늙으면 할아버지가 됩니다. 남편이 오랜 세월 아내와 함께 살았으니 세상 모든 여자를 이해하진 못해도 아내 한 사람 정도는 이해할 것이라고 생각하지만 아닙니다. 남자는 죽어서도 여자를 이해할 수 없고 여자도 남자를 다 알 수 없습니다.

아내는 여자이기 때문에 여자의 시각으로 세상을 보고, 남편은 남자이기 때문에 남자의 시각으로 세상을 바라봅니다. 남녀가 결혼해서 한 가정을 꾸리고 살아가지만 남편은 여전히 남자 그대로이고, 아내도 여전히 여자 그대로입니다. 그래서 아내는 여자로서 여자의 이야기를 하고, 남편은 남자로서 남자의 이야기를 할 수밖에 없는 것입니다.

이런 두 사람이 함께 살기 위해서 아내는 남편의 말을 그저 남자의 이야기로 들어야 하고, 남편은 아내의 말을 여자의 이야기로 들어야 합니다. 대부분의 부부싸움이 서로 다르다는 것을 인식하지 못한 데서 시작됩니다.

아내가 남편의 마음을 다 알지 못하는 것은 당연합니다. 아내는 죽었다 깨어나도 남편이 될 수 없기 때문입니다. 남편 또한 아내의 마음을 다 알 수 없습니다. 남편 역시 열 번을 죽었다가 깨어나도 아내가 될 수 없기 때문입니다. 지금 내 옆에 있는 남편과 아내는 부부이기 전에 남자와 여자로 태어난 사람입니다.

세상에서 가장 큰 차이가 바로 남자와 여자의 차이입니다. 그 차이는 군주와 국민의 차이보다 큽니다. 군주는 국민이 될 수 있고, 국민도 군주가 될 수 있습니다. 하지만 남녀는 절대 바뀌지 않습니다. 한평생을 살아도 없어지지 않는 자연의 법칙입니다.

이렇게 서로 다른 차이를 극복하는 첫 번째 비결은 서로 같지 않다는 사실을 아는 것, 인정하는 것입니다. 다르기 때문에 참고 양보하고 못 본 척하는 것이 필요합니다. 부부가 잘 살기 위해서는 다른 것을 억지로 같게 하는 것이 아니라 다른 것에 적응하는 법을 찾아내는 일입니다.

17

유효 기간의 차이

미셸 몽테뉴 1533-1592

결혼 25주년을 맞이한 부부가 대화를 나누고 있었습니다. 신혼여행의 추억에서부터 다양한 결혼 생활의 이야기를 하다 아내가 남편에게 물어보았습니다.

"한 가지 궁금한 게 있는데, 왜 당신은 나에게 사랑한다는 말을 하지 않는 거야?"

아내는 평소 남편이 자신에게 사랑한다는 말을 해주지 않아 서운했습니다. 물론 남편은 아내를 사랑하고 있었고 어떤 일로든 서운하게 한 적도 없었습니다. 그렇지만 결혼 후에는 아내에게 사랑한다는 말을 한 번도 한 적이 없었습니다.

아내의 말을 듣고 남편이 덤덤하게 대답했습니다.

"당신, 이십오 년 전 우리가 결혼하기 전날 말이야. 내가 당신에게 사랑한다고 했던 거 기억나?"

"기억하지! 당신이 나에게 결혼해줘서 고맙다고도 했잖아!"

"그럼 됐어! 내 입장에 변화가 생기면 다시 말해줄게!"

『수상록』으로 유명한 미셸 몽테뉴는 군중과 개인의 관계를 집중적으로 연구했습니다. 개인의 평화는 군중을 이끌거나 군중이 원하는 행동을 따르려는 욕구를 얼마나 버릴 수 있느냐에 달려 있다고 했습니다. 다른 사람들을 통해 얻는 공공의 영광이나 인기를 멀리할 수 있는 능력을 기르는 것, 즉 고독을 선택할 수 있는 능력을 가진 사람만이 진정한 평화를 누릴 수 있다는 것입니다.

반면에 주위 사람들의 시선을 의식하고 그들의 요구에 끌려다니는 사람은 타락하거나 이치에 맞지 않는 행동을 하게 됩니다. 결국 군중 속에 머물러 있는 사람은 그들의 포악성을 따르거나 그들을 증오하거나 둘 중 하나를 선택할 수밖에 없을 것이라고 했습니다.

몽테뉴의 생각을 남편과 아내 사이에 적용해보면, 아내는 남편을 통해 영광을 얻으려는 사람과 같습니다. 남편의 긍정적인 한마디에 기쁨을 얻고, 무표정한 태도로 실의에 빠집니다. 물론 남편 또한 그런 면이 전혀 없다고는 할 수 없습니다.

그렇다면 아내와 남편 사이에서 두 사람이 함께 평화를 얻는 비결은 무엇일까요? 둘 사이에 차이가 있음을 이해하는 것입니다. 그리고 각각의 위치에서 어느 정도의 고독을 선택할 수 있어야 합니다.

남편은 25년을 살면서 결혼 전에 아내를 사랑한다고 했던 것으로 충분하다고 생각하고 있었습니다. 그런데 아내는 날마다 사랑한다는 이야기를 듣고 싶어 했습니다. 아내는 매일 사랑한다는 말을 주고받으며 사랑을 확인해야 안심이 되지만, 남편은 25년 전의 사랑 고백을 기억하며 오늘도 그때와 변함없다고 생각하고 있었습니다.

아내에게 사랑의 고백 유효 기간은 하루였지만 남편에게 유효 기간은 25년 이상, 그러니까 평생이었습니다. 아내는 날마다 확인하고 싶었지만 남편은 특별히 변한 것이 없으니 다시 확인할 필요가 없었습니다. 그 차이를 인식하는 것입니다.

남자는 한 번 말하면 그것으로 끝입니다. 다시 말하는 것은 잔소리가 되고 간섭이 됩니다. 하지만 아내는 하루가 지나면 다시 이야기하고 재차 확인해야 합니다. 여자가 남자보다 같은 말을 많이 하고 자주 반복하는 이유는 감성의 유효 기간이 짧기 때문입니다. 왜 그런지는 알 수 없습니다. 그냥 그렇습니다.

급한 성격을 가진 사람에게 왜 그러냐고 물어봐야 답을 얻을 수 없는 것과 같습니다. 본인은 급하고 싶어서 급하겠습니까? 그렇게 타고난 걸 어쩌겠습니까? 다만, 주위 사람들이 급한 성격으로 실수하지 않도록 도와주거나 그러려니 하고 넘어가주는 것 외에는 다른 방법이 없습니다.

남녀의 차이도 마찬가지입니다. 서로 다른 정서를 가지고 있는 것은 고칠 수 없는 문제입니다. 아내가 같은 이야기를 반복하는 것은 잔소리 하는 것이 아닙니다. 그저 다시 확인해야 하는 타고난 여성의 특성 때문입니다.

친구와 동료와 옆집 남편에게 아내가 어떤지 물어보세요! 거의 같은 대답을 할 것입니다. 그러므로 아내가 그런 건 아내 한 사람의 문제가 아니라 세상 모든 여자의 공통된 문제입니다.

남편도 마찬가지입니다. 아내가 바라는 만큼 말해주거나 사랑한다는 표현을 하지 않는 것은 남편 한 사람만 그런 것이 아니라 세상 모든 남자들의 특징입니다. 많은 학자가 남녀의 차이를 연구하지만 왜 차이가 나는지는 규명할 수 없습니다.

　모든 연구의 결과는 남자와 여자는 다르다는 것입니다. 남자의 유효 기간은 입장에 변화가 생길 때까지이고, 여자의 유효 기간은 하루입니다. 그러므로 가능한 한 남자는 날마다 이야기하는 연습이 필요하고, 여자는 남자의 말을 기억하는 연습이 필요합니다. 여자가 잔소리를 히는 이유는 사랑하기 때문이고, 남자가 말하지 않는 이유 역시 여전히 사랑하고 있기 때문입니다.

18

교가와 애국가

데시데리위스 에라스뮈스 1466-1536

할머니들의 동창회가 열렸습니다. 오래된 이야기들을 주고받으며 행복한 추억을 떠올리고 있었습니다.

"우리 교가나 한번 부를까?"

"넌 그걸 아직도 기억하니?"

"기억이 안 나긴 하는데, 누구 기억하는 사람 없니?"

할머니들은 오래된 교가를 떠올리기 위해 골똘히 생각에 빠졌지만 선뜻 나서는 사람이 없었습니다. 구석에 얌전히 앉아 있던 할머니가 일어섰습니다.

"에이, 한심한 것들! 어떻게 날마다 부르던 교가를 잊어버려?"

"쟤는 학교 다닐 때도 공부 잘하더니 늙어서도 머리가 좋아!"

"그러게 말이야! 아직도 교가를 기억하고 있나 봐!"

"그러면 한번 불러봐라! 그럼 우리도 따라 할게!"

"그래, 이것들아! 잘 듣고 따라들 해!"

얌전하게 앉아 있던 할머니가 일어서서 노래를 부르기 시작했습니다.

"동해물과 백두산이 마르고 닳도록……."

할머니의 노래를 듣고 있던 친구들이 따라 불러야 할지를 망설이고 있을 때 옆에 있던 할머니가 소리쳤습니다.

"이야! 쟤 정말 대단하다! 하나도 안 까먹었네! 이제 나도 기억나는 거 같아!"

"그래, 기억난다! 기억나! 다 같이 다시 시작!"

"동해물과 백두산이 마르고 닳도록 하나님이 보우하사……."

할머니들은 박수치며 애국가를 교가로 부르고는 즐겁게 동창회를 마치고 집으로 돌아갔습니다. 처음 노래를 시작한 할머니가 집으로 돌아가서 할아버지에게 동창회에서 있었던 일을 자랑했습니다.

"영감! 오늘 내가 동창회에서 아무도 기억 못 하는 교가를 불렀다는 거 아냐!"

"그래? 대단하구먼! 어디 한번 해봐!"

"동해물과 백두산이……."

할머니의 노래를 듣던 할아버지가 말했습니다.

"어디서 많이 듣던 노래 같은데?"

"그래? 그때는 교가가 다 비슷했을 거야!"

"비슷한 게 아니고 똑같아! 우리 학교 교가야!"

"그럼 잘됐네! 영감도 같이 불러!"

"그럴까? 하느님이 보우하사 우리나라 만세!"

그날 이후 할머니와 할아버지는 함께 교가를 불렀고, 가끔 텔레비전에서도 교가가 나오는 것을 신기해했습니다.

데시데리위스 에라스뮈스는 세상에서 가장 행복한 사람을 바보라고 했습니다. 그는 자신의 저서 『우신예찬』에서 바보스러운 사람이 얼마나 행복한지를 설명하고 있습니다. 신앙이라는 전제로 나무 조각이나 성자들의 손톱, 발톱, 머리카락 하나로 행복해하는 종교인들의 모습을 보며 바보가 얼마나 행복한지를 발견합니다.

또한 사냥개와 함께 다니며 사냥개처럼 냄새를 맡고 냄새로 짐승을 분간하고, 개처럼 뛰고 달리며 짐승의 본능을 갖게 된 것을 행복해하는 사람들이 얼마나 자신을 대단한 존재로 여기는지를 이야기하며 행복해 지려면 바보가 되어야 한다고 했습니다. 반면에 지식은 남을 평가하고, 편을 가르고, 해서는 안 될 일들을 정해서 사람을 제한하며, 사회규범으로 인간의 본능을 외면하므로 불행이 될 수 있다고 했습니다.

알려면 제대로 알아야 합니다. 제대로 아는 것은 문제를 일으키거나 시비를 일으키는 것이 아니라 그런 것들이 일어나지 못하게 하고, 잠잠하게 만드는 것입니다. 그렇지 못하면 차라리 모르는 것이 낫습니다.

할머니의 노래가 교가인지 애국가인지는 중요하지 않습니다. 그저 교가로 생각하고 즐겁게 부르면 그만입니다. 다 같이 틀리면 행복하고 혼자 틀리면 불행합니다. 세상이 바뀔 만큼 중요한 문제이거나 누군가에게 막대한 피해를 입힐 만한 것은 틀리면 안 됩니다. 하지만 맞거나 틀려도 상관없는 것은 굳이 따질 필요가 없습니다. 오히려 틀린 것보다 틀렸다고 혼내는 것을 통해 만사가 틀어지기 시작합니다.

할머니의 노래를 듣고 "이 정신나간 할망구야! 그건 애국가잖아! 동네방네 다니며 집안 망신 다 시키고 있어! 정신 차려!" 한다면 그날 후로 할머니는 병으로 앓아누울 게 분명합니다.

동창회에서든 집에서든 애국가든 교가든 즐겁게 부르면 그만입니다. "야! 야! 그거 틀렸잖아!" 하면 그때부터 모든 관계는 불행으로 치닫습니다. 그냥 넘어가도 아무 문제 생기지 않을 것은 넘어가는 게 좋습니다.

부부가 행복하기 위해서는 옳고 그른 것을 너무 따지면 안 됩니다. 누가 잘하고 누가 잘못한 것은 법원에나 가서 따질 일입니다. 함께 살고 있는 사람을 불행하게 할 일이라면 옳은 것도 그른 것도 그냥 덮어야 할 때가 있습니다. 아내의 잘못이나 남편의 실수를 다 알 필요도 없고, 명백하게 밝힐 필요도 없습니다. 모르는 것이 나을 때는 알아도 모르는 척하고, 말하려 해도 말하지 못하게 하는 것이 낫습니다. 진실을 말해서 불행할게 분명하다면 진실을 가리는 것은 그리 좋은 일이 아닙니다.

법에서는 진실이 우선이나 삶에서는 행복이 우선입니다. 법 앞에선 진실해야 하지만 인생 앞에서는 사랑해야 합니다. 사업상 거래는 한 치의 오차도 있어서는 안 됩니다. 정당하게 주고받아야 합니다. 그러나 부부 사이에서는 거래가 아닌 사랑이 있어야 합니다. 진실보다 행복을 따라가야 합니다.

죄를 지은 남편을 숨기는 아내는 법으로도 처벌을 받지 않습니다. 법에서도 부부 사이는 법을 초월한 예외관계로 인정하고 있기 때문입니다. 그러니 아내와 남편의 잘못이나 실수를 너무 밝히려 하지 마세요! 최대한 덮을 수 있으면 다 덮으세요! 과거를 알려고 하지 말고 말하지 않으려는 것을 캐내지 말고, 우연히 알게 된 배우자의 허물은 모른 척하세요.

다 알고 불행한 것보다 모르고 행복한 것이 낫습니다. 애국가를 교가라고 부르면 틀렸다고, 아니라고 하지 말고 그냥 따라 부르세요! 콩을 팥이라고 해도 믿어주고 닭을 오리라고 해도 믿어주세요! 그것이 한 번도 싸우지 않는 행복한 가정의 비결입니다.

악마의 속삭임,
더 좋은 사람을 만날 수 있었다?

싸움은 틀린 것 때문에 시작되지 않습니다.
오히려 맞는 것 때문에 시작됩니다.
다투는 사람들이 하는 말을 잘 들어보면 알 수 있습니다.
세상의 어떤 사람도 "내 말이 틀리잖아!" 하면서 싸우지 않습니다.
틀린 것으로는 싸움이 시작되지 않습니다.
자신이 틀린 것을 알면 사과하거나 미안해하면서 끝납니다.
하지만 자기 생각이 분명히 옳다고 생각하면
양보하지 않고 상대의 말을 수긍하지도 않습니다.
오히려 자기 생각을 관철하기 위해
죽음도 불사할 듯 끝까지 밀어붙이며 달려듭니다.
이것이 잘못하지 않은 사람, 실수하지 않은 사람,
잘나고 똑똑한 사람들의 어리석음입니다.
지금 상대에게 "내 말이 맞잖아!" 하고
소리치고 싶다면 그때가 정말 조용히 있어야 할 때입니다.
세상의 모든 다툼이 바로 그 맞는 말 때문에 시작되기 때문입니다.
평화로운 가정에서 살고 싶은 사람은
진실 싸움을 시작해선 안 됩니다.
누구 말이 맞든 한 사람이 양보하지 않으면
진실이든 거짓이든 다툼과 갈등을 일으키고 상처와 아픔을 남깁니다.

19

도둑이 부러운 남편

프랜시스 베이컨 1561-1626

집에 도둑이 들었다는 아내의 연락을 받고 남편이 서둘러 귀가했습니다. 아내가 낮잠을 자는 사이 도둑이 문을 따고 들어와 귀중품을 훔쳐 간 것이었습니다. 없어진 물건들은 그리 대단한 것들은 아니었습니다. 아내가 자고 있던 안방은 문만 열어보았고, 거실과 건넌방에 있는 것들 중 값이 나갈 만한 것들을 훔쳐 갔습니다.

혹시 잡을 수 있을까 해서 신고를 했는데, 얼마 뒤 도둑을 잡았다는 연락이 왔습니다. 없어진 물건이 맞는지 확인해야 한다는 말에 남편은 파출소를 갔습니다. 물건을 확인한 남편이 도둑을 만나게 해달라고 했습니다. 경찰관은 피해자가 범인을 직접 만나는 것은 규정상 불가능하다고 거절했습니다.

"개인적인 보복이나 추가 사건을 막기 위해 범인과 피해자는 만날 수 없습니다."

"아니! 물어볼 게 좀 있어서 그래요."

"범인 얼굴을 알아서 좋을 거 하나 없어요."

"얼굴을 알려는 게 아니라 꼭 확인하고 싶은 게 있어서 그럽니다."

"저에게 말씀하시면 대신 확인해드리겠습니다."

"대신할 것까지는 없고, 개인적인 호기심 정도라서! 부끄러운 것이기도 하고요."

"뭔지 모르지만 부끄러워하실 건 없고, 피해자로선 당연한 권리긴 하죠."

"그냥 간단한 건데……. 얼굴은 안 보고 뒤돌아서서 물어보면 안 될까요?"

"뭔지 말씀하시면 대신 알아봐 드린다니까요?"

"거, 참! 대신할 만한 게 못 돼서 그런다니까요?"

"괜찮아요. 뭐든지 말씀해보세요."

남편은 한참을 망설이다가 이야기를 꺼냈습니다.

"제가 물어보고 싶은 건 어떻게 아내 모르게 집에 들어올 수 있었는지 하는 거예요. 내가 술 마시고 한밤중에 들어가면 아내는 깊은 잠에 빠졌다가도 벌떡 일어나서 호통을 치거든요. 그런데 어떻게 밤잠도 아닌 낮잠을 자는 아내가 깨지 않을 정도로 문을 딸 수 있었는지, 그 기술을 좀 배우고 싶어서요."

"지식은 실험과 경험을 통해서만 쌓을 수 있다."

영국의 철학자 프랜시스 베이컨이 주장한 이론입니다. 그는 경험을 통해 얻은 지식이 가장 큰 힘이 된다고 했습니다. 사람이 세상과 사물의 이치를 알기 위해서는 경험보다 중요한 것이 없다고 생각했으며 과학적 실험을 중시했습니다. 그로 인해 베이컨은 경험주의와 합리주의의 선구자가 되었습니다.

그는 무엇이든 실험해보고 경험해봐야 한다는 생각으로 일상적인 것들에서도 다양한 실험을 했습니다. 과학자는커녕 과학과 연관된 일을 한 적도 없지만 과학 발전에 기여한 인물이 된 것은 과학적 접근이 새로운 지식을 얻는 가장 좋은 비결이라는 명제를 남겼기 때문입니다.

베이컨은 기관지염에 걸려 사망한 것으로 알려져 있습니다. 식품보존 실험의 일환으로 죽은 닭의 몸속에 눈을 채우는 일을 직접 하다가 기관지에 염증이 발생했습니다. 그럼에도 쉬지 않고 연구를 계속하다가 염증으로 인한 합병증으로 사망한 것입니다.

이처럼 현대인들이 누리는 모든 지식은 과거에 그 지식을 얻기 위해 죽음을 불사할 정도의 열의를 가진 사람들 덕분입니다. 그들의 경험과 실험이 후대에 지식으로 전해졌습니다. 아는 것이 얼마나 큰 힘이 되는지는 오늘날 우리가 사용하는 수많은 첨단기기와 의료기기들을 보면 쉽게 알 수 있습니다.

부부가 행복하기 위해서도 역시 경험을 통해 서로를 잘 알아가야 합니다. 알면 행복하고 모르면 불행합니다. 부부가 함께 사는 것은 서로를 알아가는 지식을 쌓는 과정입니다. 아내와 남편의 의도, 성격과 습관을 아는 만큼 편한 관계를 유지할 수 있습니다.

남편이 도둑에게 물어보고 싶었던 것은 어떻게 아내 몰래 집에 들어갈 수 있었는가 하는 것이었습니다. 조금만 늦어도 벌떡 일어나서 호통치는 아내, 한밤중에 몰래 들어갔다가 새벽에 일찍 나오고 싶어도 결코 눈감아주지 않는 아내가 남편은 무서웠습니다. 그래서 남편은 잃어버린 물건을 다시 찾는 것은 뒷전인 채 도둑에게서 자기 집을 몰래 들어가는 기술을 배우고 싶었던 것입니다.

남편이 집에 들어오는 게 괴로운 일이 되어서는 안 됩니다. 아내는 남편이 집에 들어와서 편히 지낼 수 있게 해주어야 합니다. 집 밖의 세상은 전쟁터입니다. 경쟁 상대와 줄다리기하는 업무 스트레스, 인간관계의 갈등, 위치에 맞는 행동을 해야 한다는 강박관념, 어디서도 위로받지 못하는 환경 속에서 불안하게 살고 있습니다. 그 모든 일상을 마치고 남자가 집으로 들어가는 이유는 편안함을 위해서입니다.

그런데 집에서 편안함을 얻지 못하면 남자는 악마의 속삭임에 시달리기 시작합니다.

'결혼을 잘못했어.'

'이럴 줄 알았으면 혼자 살걸!'

'어디론가 떠나고 싶어. 내가 원한 건 이런 인생이 아니었어.'

아내의 잔소리가 커지면 악마의 속삭임도 커집니다. 아내의 잔소리가 쓰면 쓸수록 악마의 소리는 더 달콤해집니다. 결국 달콤한 소리가 나는 쪽으로 남편의 마음이 기웁니다. 남편을 악마의 속삭임에서 빼내기 위해선 아내는 악마보다 달콤한 소리를 내야 합니다.

남자들이 집으로 들어가는 이유는 근본적으로 두 가지입니다. 쉬기 위해서 혹은 갈 곳이 없기 때문입니다. 쉬기 위해 집으로 들어가는 남자는 행복한 사람입니다. 반면에 갈 곳이 없어서 집으로 들어가는 남자는 불행한 사람입니다. 그는 갈 곳만 생기면 집으로 들어가지 않습니다. 집으로 들어가지 않아야 할 이유가 생기면 기분이 좋습니다. 아내의 쓴소리를 듣지 않을 수 있기 때문입니다.

집으로 들어오는 남편의 표정을 잘 살피면 알 수 있습니다. 집에 들어오지 못하는 남편의 이유를 잘 생각해봐도 알 수 있습니다. 지금 남편이 어떤 소리를 듣고 있는지, 악마의 속삭임에 끌려가고 있는지를 말입니다. 악마의 소리에 끌려가는 남편은 그럴싸한 이유만 생기면 집으로 들어오지 않습니다. 달콤한 악마의 소리가 좋기 때문입니다.

아내의 마음엔 남편에게 하지 못한 말이 남아 있어야 합니다. 차마 할 수 없는 내용을 간직하고 있어야 합니다. 할 말을 다하고 살면 속은 후련할지 모르나 두 사람 사이엔 금이 가기 시작합니다.

남편의 마음에도 아내에게 하지 못한 말이 담겨 있어야 합니다. 마음에 있는 말을 한마디도 남김없이 다 해버리면 마음은 시원할지 모르나 인생은 답답해집니다.

'더 나은 사람 만날 수 있었는데!'

'차라리 혼자 사는 게 나을 뻔했어!'

'이렇게 사느니 다 끝내버리면 편할 거야!'

'누굴 만나도 지금보단 낫겠지?'

이런 악마의 속삭임은 힘들 때마다 반복됩니다. 아내와 남편이 힘들어하고 있다는 것을 어떻게 알 수 있을까요? 내가 힘들 때는 배우자에게도 힘들 때입니다. 아내가 힘들면 남편도 힘들고 남편이 힘들면 아내도 힘듭니다. 그때는 악마의 속삭임이 메아리치는 시기입니다.

힘들고 어려울 때일수록 정말 달콤한 소리가 필요합니다. 어떻게 달콤한 소리를 내야 하는지 잘 알 수 없다면 힘들 때 아무 말도 하지 않으면 됩니다. 그러면 조금 지나서 악마의 속삭임이 사그라질 것입니다.

남의 막말을 귀담아듣지 마라

르네 데카르트 / 1596-1650

거리에서 점을 치는 점쟁이가 손님이 없자 지나가던 사람을 아무나 불러 세웠습니다. 점쟁이의 손짓에 호기심이 발동한 남자는 무슨 말을 하려는지 들어보기 위해 천막 안으로 들어섰습니다. 점쟁이는 남자의 마음을 끌기 위해 근엄한 표정으로 남자에게 점괘를 던졌습니다.

"당신은 두 아이의 아버지로군!"

아무에게나 일단 말을 던지고 나서 솔깃하게 들으면 성공이고 아니면 또 다른 사람을 찾으면 그만입니다.

남자는 세 아이를 가진 사람이었습니다. 점쟁이의 찔러보기에 걸려들지 않은 남자는 우습다는 듯 대답했습니다.

"하하! 시작부터 틀렸어! 나는 세 아이의 아버지요!"

남자의 말을 들은 점쟁이는 불쌍하다는 표정을 지으며 남자에게 말했습니다.

"그건 당신 생각이고! 당신은 두 아이의 아버지가 될 팔자야!"

점쟁이의 말을 들은 남자가 다시 대답했습니다.

"참, 나! 나는 아이가 셋이란 말이요!"

남자의 말에 점쟁이가 씩 웃으며 대답했습니다.

"그건 당신 생각이 그럴 뿐이라니깐?"

점쟁이의 계속되는 말에 기분이 상한 남자는 천막을 나서며 생각했습니다.

'참, 별 이상한 점쟁이가 다 있네! 세 아이를 가진 사람에게 두 아이의 아버지라니……'

몇 발짝을 걸어가던 남자의 마음에 이상한 생각이 떠올랐습니다.

'내가 두 아이의 아버지가 될 팔자라고? 그러면 하나는 뭐야? 혹시?'

"나는 생각한다. 고로 나는 존재한다."

이 말을 다르게 표현하면 '나만 빼고 세상에 있는 모든 것은 믿을 만하지 않다'라고 할 수 있습니다. 프랑스 철학자 르네 데카르트는 세상의 모든 것을 의심했던 학자입니다. '나는 누구인가?'에서부터 '하늘과 땅, 산과 바다, 바람과 구름이 과연 실제로 존재하는 것인가? 그렇다면 그것들을 증명하는 건 무엇인가?'를 끝없이 생각했습니다. 그리고 결국 세상의 모든 것은 의심의 대상이라고 했습니다.

그러나 그가 단 한 가지 의심할 수 없는 것이 있었는데, 그것은 바로 자기 자신이었습니다. 세상의 모든 것을 의심하는 자기 자신이라는 존재만큼은 부인할 수 없는 사실이었습니다. 그러므로 데카르트의 결론은 자기 자신 외에 모든 것은 존재의 여부를 밝힐 수 없다는 것입니다.

어제 좋았던 것이 오늘 싫어지고, 오늘 맛있는 음식이 내일 맛없어질 수도 있습니다. 어제 있던 것이 오늘 없어지고, 오늘 없는 것이 내일은 생깁니다. 모든 것은 변하다가 없어지고, 없다가 생겨나기도 합니다.

물질뿐만 아니라 사람의 생각과 지식도 마찬가지입니다. 좋았던 사람이 싫어지고, 싫어했던 사람이 좋아집니다. 어제의 맞는 말이 오늘 틀린 말이 됩니다.

데카르트의 결론은 내가 존재하는 것 외에는 어떤 것도 영원한 진리가 될 수 없다는 것입니다. 만일 그런 것이 있다면 그것이 바로 신神이라고 했습니다.

데카르트의 생각대로라면 우리가 알고 있는 진실은 진실이 아닐 수 있고, 내가 알고 있는 사실은 사실이 아닐 수 있습니다. 우리 주변에서 일어나는 수많은 오해와 갈등, 다툼과 시비가 사실은 그럴 만한 문제들이 아닐 수 있습니다. 그리고 실제로 아닌 경우가 대부분입니다.

점쟁이의 말을 들은 남자는 그날 있었던 일을 아내에게 말할 수 없었습니다. 점쟁이의 말을 듣고 한순간 아내를 의심했기 때문입니다. 그리고 '하나가 내 아이가 아니라면 누구의 아이일까? 셋 중 어느 아이가 다른 사람의 아이일까?' 하는 생각이 들었기 때문입니다.

남들은 나에 대해서 아무렇게나 이야기합니다. 자신들의 말이 어떤 결과를 가져올지 아무런 책임감도 없이 함부로 말합니다. 그런 말에 귀를 기울이기 시작하면 나는 그들의 한마디에 평생 괴로운 인생을 살 수도 있습니다.

장사가 안 돼서 아무나 불러놓고 떠들어대는 점쟁이의 말에 의미를 두기 시작하면 남자는 아내를 의심하게 됩니다. 그리고 세 아이 중 하나가 자신의 아이가 아니라는 생각을 떨쳐버리기 위해 친자 확인을 할지도 모릅니다. 그러면 그 아픔은 모든 가족에게 평생 지울 수 없는 슬픔이 될 것입니다.

함부로 말하고 아무렇게나 말하는 사람들의 막말에 귀를 기울이면 안 됩니다. 남이 무슨 말을 하든 그 말로 가까운 사람을 평가해선 안 됩니다. 그들의 말이 진실이고 사실일지라도 그들의 말은 그냥 해보는 소리입니다. 문제를 발생시킬 뿐 해결하지 못하는 말이고, 아픔을 만들어낼 뿐 치료하지 못하는 말입니다.

타인의 막말은 개 짖는 소리만도 못합니다. 개는 밖에 사람이 오거나 지나간다는 신호이고 밤에는 누군가 집 근처를 서성인다는 것을 알려주기라도 하지만, 함부로 말하는 사람들의 소리는 아무런 도움이 되지 않습니다.

그런데 우리는 무책임한 남의 말에는 예민하게 반응하면서도 애타게 호소하는 가까운 사람들의 말에는 무덤덤한 경향을 보입니다. 남들이 재미로 떠드는 말을 듣고 집에 와서 화를 내거나 제삼자의 말을 듣고 당사자를 판단하지는 않습니까? 그렇다면 우리는 개 짖는 소리만도 못한 소리에 인생을 맡기고 있는 것입니다. 그런 소리에 귀를 기울이는 순간 불행을 선택하는 결과를 낳게 됩니다.

불행한 소리는 진실일지라도 외면하는 게 낫습니다. 세상의 많은 진실은 외면하고 살면서도 왜 우리를 불행하게 만드는 소리엔 집착하는지 알 수 없습니다. 행복을 위해서는 바른 말이라도 필요하지 않으면 듣지 않는 것이 낫고, 속아주는 게 좋을 거 같으면 바보처럼 속아주는 것도 괜찮습니다. 너무 똑똑하고 너무 잘나면, 오히려 행복을 놓치는 진짜 바보가 될 수 있습니다.

혼자서 빨리 가지 마라

조지 버클리 1685-1753

교차로에서 신호가 바뀌기를 기다리고 있는 차 옆으로 오토바이 한 대가 다가왔습니다. 가죽 점퍼를 입은 남자의 허리에 어린아이 하나가 매달려 있었습니다. 얼마나 빠르게 달렸는지 아이의 머리는 형편없이 헝클어졌습니다. 오토바이가 멈추자 아이가 아빠를 잡았던 손을 놓고 눈을 가린 머리카락을 정리했습니다.

아이가 손을 놓고 머리를 만지는 순간 빨간불이 꺼지고 파란불이 들어왔습니다. 신호등이 바뀌기가 무섭게 오토바이는 쏜살같이 앞으로 튀어나갔습니다. 갑자기 튀어나간 탓에 아이는 오토바이에서 떨어져 굴렀습니다. 그 광경에 깜짝 놀란 운전자들이 경적을 울리며 후방 차들이 출발하지 못하게 했습니다.

바로 옆에서 그 모습을 본 운전자 한 명이 얼른 문을 열고 아이를 차에 태웠습니다. 그러고는 뒤에서 무슨 일이 벌어졌는지를 모른 채 앞만 보고 달려가는 오토바이를 따라갔습니다. 다행히 오토바이는 다음 신호등

앞에 섰습니다.

아이를 태운 운전자가 오토바이 옆에 차를 세우고 창문을 내렸습니다. 아이의 아빠는 아직도 무슨 일이 일어났는지 모른 채 신호등이 바뀌기만을 기다리고 있었습니다.

운전자가 창문을 열고 아이의 아빠가 들을 수 있게 경적을 울렸습니다. 두세 번 경적이 울리자 아이의 아빠가 고개를 돌려 자동차를 바라보았습니다. 아이를 가리키는 운전자의 손짓에 깜짝 놀라며 오토바이 뒷자리를 확인했습니다. 차 문을 열고 아이를 건네주자 아빠는 아이가 다쳤는지 살펴보지도 않고 다짜고짜 아이에게 소리쳤습니다.

"야! 엄마는?"

오토바이에는 아이의 엄마도 타고 있었습니다. 아내 사이에 아이를 태우고 달리던 중 아내는 이미 어디에선가 떨어져 굴렀는데 남편은 그것도 모르고 계속 빠른 속도로 달리기만 했던 것입니다. 그리고 결국 아이까지 떨어뜨리고 만 것이죠.

아내도 아이도 다 길에 떨어뜨리고 빨리 달려 집에 도착한들 남편은 뭘 할 수 있을까요? 간 길을 다시 돌아가 다쳐서 원망하는 아내와 울고 있는 아이를 찾아야 할 것입니다. 다 버리고 혼자 빨리 가는 게 무슨 의미가 있습니까? 목적지에 도착하면 아무도 없는데 왜 그토록 빨리만 가려고 했을까요?

혼자서 바람처럼 달려가면 내리는 순간 불행을 발견합니다. 빠른 것이 행복을 줄 것이라고 생각하지만 오히려 불행을 안겨줍니다. 가족과 부부는 함께 가지 않으면 아무리 빨리 가도 행복할 수 없습니다.

다른 사람은 준비도 하지 않았는데 빨리 가자며 서두르면 목적지에 도착해서 꼭 필요한 것이 없다는 사실을 알게 됩니다. 그리고 그 후로는 서로를 탓하며 계속 불행으로 치닫습니다. 준비가 다 된 후에 조금만 천천히 가보세요. 그러면 더딜지는 몰라도 적어도 불행에 시달리지는 않습니다.

"인식되지 않는 것은 존재하는 것이라고 할 수 없다."

영국의 철학자이자 성직자인 조지 버클리의 말입니다. '존재하는 것은 지각되는 것이다'는 말을 통해 그는 만물 그 자체보다 인식하는 존재 중심으로 사고를 옮겨놓았습니다. 세상이 존재하는 원인은 세상을 인식하는 사람이 있기 때문이고, 사람 중에서도 나라는 존재가 인식하고 있기 때문이라고 했습니다. 즉, 나를 통해 인식되지 않는 것은 존재의 가치가 없는 것이 됩니다.

또한 내가 인식하지 못하는 것들이 세상 곳곳에 존재하는 이유는 나 아닌 다른 사람들이 그것을 인식하고 있기 때문이고, 사람들이 인식하지 못하는 것들이 존재하는 이유는 그것을 인식하고 있는 신이 있기 때문이라는 것입니다.

그러므로 버클리의 말을 따르면, 세상에 존재하는 모든 것이 의미와 가치를 갖기 위해서는 누군가에게 인식되어야 합니다. 그렇지 않으면 세상에 있을 필요가 없고, 그렇게 존재한들 아무런 가치도 의미도 가질 수 없습니다. 한마디로 누군가에게 지각되지 않는 것은 천하에 쓸모없는 물건이 되어버립니다.

수많은 사람이 함께 사는 세상에서 혼자만 잘 사는 건 별 의미가 없습니다. 개인 경기에서 신기록을 내기 위해선 혼자만 잘해도 됩니다. 그러나 단체 경기에선 혼자 잘하는 것이 별 도움이 되지 않습니다. 같이 잘해야 합니다.

부모와 자녀는 자녀가 독립할 때까지, 부부는 죽는 날까지 단체입니다. 혼자 행복할 수 없고 혼자 행복해서도 안 되는 운명의 공동체입니다. 아이가 아픈데 부모가 즐거운 마음으로 외출을 할 수 있을까요? 그것도 시간에 맞춰 아이에게 약 먹이는 것도 잊은 채? 아이를 사랑하는 부모라면 그럴 수 없습니다. 아무리 재미난 일이 있어도 아픈 아이를 두고는 행복하지 않습니다. 옛 사람들도 집안에 우환이 있으면 남의 잔치에 참석하지 않는 것을 당연한 것으로 생각했습니다.

행복한 아내와 불행한 남편, 행복한 남편과 불행한 아내는 세상에 존재하지 않습니다. 둘 다 행복하든지 둘 다 불행하든지 하는 것이 부부입니다. 남편이 행복하기 위해서는 아내가 행복해야 합니다. 아내도 마찬가지입니다. 아이들이 행복하기 위해서는 부모가 행복해야 하고, 부모가 행복하기 위해서도 아이들이 행복해야 합니다. 반은 행복하고 반은 불행한 가족은 없습니다.

혼자서 너무 잘하려 하지 말고 혼자서 너무 빨리 가려 하지 말고, 혼자서 너무 서두르지 마세요! 혼자 너무 앞서 가려 하지 말세요. 혼자 잘난 건 바보나 다름없습니다. 너무 많이 아는 것도 좋은 게 아닙니다. 아는 만큼 사랑하지 않으면 그 아는 것으로 정죄하게 됩니다. 함께 있는 사람을 이해할 수 있을 만큼 아는 것이 가장 적당히 아는 것입니다.

혼자 너무 많이 알면 모르는 사람을 무시하게 되고, 혼자 너무 잘나면 조금이라도 못난 사람을 사람 취급하지 않는 실수를 저지르게 됩니다. 혼자서는 절대로 잘될 수 없습니다. 혼자 잘돼봐야 그걸 알아줄 사람이 없으면 무슨 소용이 있습니까? 적어도 나의 잘난 것을 알아줄 정도의 사람은 있어야 합니다.

삶은 등수로 이루어지지 않고 인수합병으로 이루어집니다. 잘난 사람이 못난 사람을 포용하고, 빠른 사람이 느린 사람을 이끌고, 위에 있는 사람이 아래 있는 사람을 끌어올려야 합니다. 혼자 빠른 것은 절대 빠른 것이 아닙니다. 혼자 잘하는 것도 절대 잘하는 것이 아닙니다. 혼자 행복한 것도 절대 행복한 것이 아닙니다. 그렇게 혼자 설치지 마세요!

큰일이란 없다

볼테르 1694-1778

7층에 사는 부부는 사이가 좋습니다. 한 번도 싸우는 일이 없고, 집 밖으로 큰 소리가 나간 적도 없습니다. 의견 차이가 없어서 말다툼 한번 하지 않았습니다.

8층 부부는 툭하면 싸웁니다. 이틀에 한 번 꼴로 소란이 일어나고 남편의 성난 목소리와 부인의 날카로운 목소리가 문 밖으로 새어 나와 계단에 퍼집니다.

어느 날 8층 남편이 7층 남편을 계단에서 만났습니다. 8층 남편이 7층 남편에게 물어보았습니다.

"아주머니가 참 상냥하세요."

"상냥하기는요, 뭘. 다 그렇죠."

"부부 사이가 아주 좋으신 것 같아요? 비결이라도 있나요?"

"좋기는요. 어느 집이나 마찬가지지……."

"아니에요. 아파트에 소문이 파다합니다. 화목한 집이라고! 싸우지 않는 비결이 뭐죠?"

"비결이라기보다는 그저…… 결혼 초에 아내와 제가 합의한 게 있습니다."

"무슨 합의를 하셨는데요?"

"함께 살면서 중요한 문제는 내가 결정하고, 사소한 문제는 아내가 결정하기로 했거든요. 그래서 싸울 일이 안 생기는 것 같습니다."

8층 남편은 7층 남편의 대답을 듣고 그 부부가 화목한 이유를 알았습니다. 크고 중요한 일은 남편이, 작고 사소한 일은 아내가 결정하도록 정한 부부간 약속이 화목한 가정을 만든 것입니다. 8층 남편이 고개를 끄덕이며 돌아서는데 7층 남편이 한마디를 더했습니다.

"그리고 결혼해서 지금까지 작은 일들은 참 많았는데 큰일은 단 한 건도 없었다는 겁니다. 그래서 모든 일은 아내 혼자서 결정했죠."

결국 화목한 7층 남자의 비결은 큰일과 작은 일을 구분한 것 때문이 아니라 아내가 하고 싶은 대로 다 했기 때문이었습니다. 7층 부부가 함께 살면서 큰일이 왜 없었겠습니까? 큰일이라도 작은 일로 생각하고 아내가 결정하게 하고, 남편은 그저 아내의 결정을 따라준 것이 싸우지 않고 사는 비결이었습니다.

아무리 작은 일도 큰일이라고 생각하면 큰일이 되고, 아무리 큰일도 작은 일이라고 생각하면 작은 일이 됩니다. 어떤 사람은 큰일을 당하고도 잘 살고 있는데, 어떤 사람은 작은 일만 당해도 허둥대고 방황하다가 큰 실수를 저지릅니다.

사람들이 싸우는 대부분의 이유는 큰일 때문입니다. 큰일이라는 생각이 들어서 절대 양보할 수 없다고 합니다. 그러나 지나고 보면 큰일이라고 생각했던 것들도 다 작은 일이었음을 깨닫습니다.

계몽기의 프랑스 철학자 볼테르는 무언가를 확신하는 것을 어리석은 일이라고 했습니다. 의심하는 일이 바람직하다고는 할 수 없지만 거의 모든 이론과 개념은 일정 시점에 이르면 수정되고 보완되기에 전적으로 확신하는 것은 있을 수 없다는 것입니다.

그의 견해로 볼 때 사람들이 사실로 여기는 것들은 실제로는 잠정적 가설에 불과합니다. 태어날 때부터 절대적 진리로 여기고 있는 삶의 원칙들이 사실은 자신이 속한 나라의 문화와 관습일 뿐 다른 곳에서는 진리가 아닐 수 있습니다.

그러므로 국가의 권력 또한 절대적으로 받아들여야 할 것이 아니라 의심해봐야 할 것이고, 종교적 권위 또한 의문을 제기할 수 있어야 합니다. 이러한 그의 견해는 그가 죽은 지 11년 후에 프랑스 혁명을 일으키는 철학적 바탕이 되었습니다.

우리가 생각하는 중요한 일들이 실제로는 중요하지 않을 수 있고, 사소하게 여기는 것들이 중요할 수 있습니다. 부부가 함께 사는 동안 큰일이란 없습니다. 부부가 서로의 마음에 상처를 남길 만큼 크고 중요한 일은 없고, 누군가의 마음에 원망을 쌓아도 될 만큼 큰일이란 없습니다. 다만, 바로 눈앞에 그 일이 있기 때문에 크다고 느낄 뿐입니다. 조금만 떨어져서 보면 절대 큰일이 아닙니다. 모든 일이 다 고만고만한 일들입니다.

세상엔 내가 알지 못하는 큰일들이 날마다 일어나고 있습니다. 그래도 내가 하루하루를 잘 살고 있는 이유는 내가 그 일들을 큰일이라고 인식하지 못하기 때문입니다. 내가 없는 데서 일어나는 일은 다 작은 일이고 내가 보는 데서 일어나는 일은 큰일이 됩니다.

그러므로 큰일이 났을지라도 내가 별것 아니라고 생각하거나 못 본 척하고 지나가면 사소한 일이 됩니다. 돌아서면 상대방에게 호통칠 일도 없고 얼굴 붉힐 일도 없게 됩니다.

세상 사는 동안 사람보다 큰일이란 없습니다. 어떤 문제도 사람 아래 있고 어떤 사건도 사람보다 중요하지 않습니다. 그러니 무슨 일이 생겨도 사람을 괴롭혀서는 안 되고 별것 아닌 일로 별것 중의 별것인 아내와 남편을 힘들게 해서는 안 됩니다. 세상엔 그만큼 중요한 문제란 없습니다. 다만, 그럴 것 같은 순간적인 착각이 있을 뿐입니다.

23

낭만의 대가

애덤 스미스 / 1723-1790

아내를 여의고 혼자가 된 할아버지가 시름에 잠겨 있었습니다. 술 한 잔하자는 친구들의 성화에 못 이겨 약속 장소로 나갔습니다. 친구들은 할아버지의 외로움을 달래줄 사람이라며 젊은 호스티스 한 명을 소개해 주었습니다. 집 안에서 혼자 외롭게 지내지 말고 자주 만나서 식사도 하고 말동무도 하면 생활에 활력소가 될 것이라고 했습니다. 친구들의 말대로 할아버지는 외로운 생각이 들 때마다 호스티스를 찾아가 술잔을 함께하며 살아온 이야기를 나누었습니다.

가족이 없이 외로운 인생을 살고 있는 호스티스와 혼자 사는 할아버지는 서로의 처지를 동정하게 되었습니다. 마침내 두 사람의 관계는 술친구 이상으로 발전했습니다. 호스티스의 처지를 충분히 알고 난 후 할아버지는 그녀와 남은 인생을 함께하고 싶은 생각이 들었지만 나이를 극복할 수 있을지가 관건이었습니다.

'이 나이에 수십 년이나 젊은 여자를 데려와도 될까? 남은 인생을 함께하자고 말하면 젊은 호스티스가 승낙을 할까? 그나마 어렵게 생긴 술 친구를 잃어버리는 것은 아닐까? 친구들이 알면 뭐라고 할까? 자식들에 겐 또 어떻게 설명하지?'

혼자 고민하던 할아버지는 주치의에게 물어보기로 했습니다. 정기 검사를 마친 의사가 할아버지에게 건강 상태가 양호하다는 판정을 내리고 는 좋은 일이 있냐고 물어보았습니다. 머뭇거리던 할아버지가 용기를 내어 의사에게 조언을 구했습니다. 그동안 있었던 일을 간단히 설명하 고 질문을 던졌습니다.

"자네가 생각하기엔 어떤가? 내 나이를 한 십 년쯤 깎아서 말하면 그 호스티스가 나와 결혼할 마음이 생길 거 같은가?"

할아버지의 이야기를 들은 의사가 잠시 생각하고는 입을 뗐습니다.

"정말 그 호스티스와 결혼하고 싶으세요?"

"괜히 해보는 소리가 아냐, 이 사람아!"

"그러시다면 십 년을 깎지 말고 더해서 말해보세요! 그러면 결혼할 가 능성이 훨씬 높아질 거예요!"

근대 경제학의 아버지로 불리는 애덤 스미스는 인간을 거래하는 존재 로 보았습니다. 인간의 행동 기저에는 이기심이 자리 잡고 있는데 그 이 기심은 손해를 보지 않으려는 확고부동한 태도를 갖게 합니다. 그로 인 해 사람은 각자의 이기심을 통해 타인과 거래를 하고 두 개의 이기심이 부딪치면서 거래나 흥정이 이루어집니다.

그렇게 형성되는 것이 효과적인 생산을 위한 분업과 자유시장입니다. 혼자 물건을 만드는 것보다 여러 명이 생산 공정을 나누면 전문성이 생 겨나고, 그로 인해 전문적인 기술자가 탄생합니다. 따라서 다 잘하는 팔

방미인보다 한 가지를 잘하는 전문가의 역할이 강화되고 그런 사람이 대접받는 사회가 형성됩니다.

이러한 모든 과정의 바탕을 이루는 것이 인간의 이기심과 흥정의 본능입니다. 그러므로 애덤 스미스는 이기심과 거래의 본능을 악한 것이 아닌 평등한 사회 건설의 기초라고 생각했습니다.

호스티스는 할아버지만을 동정하는 것이 아니라 술집의 매상을 올려주는 모든 사람을 동정합니다. 그녀의 호감은 장사를 위한 거래입니다. 그녀에게 할아버지는 많은 손님 중에 하나입니다. 다만 한 번에 한 사람을 상대하기 때문에 할아버지는 자신이 그녀가 대하는 유일한 사람일 것이라고 착각한 것입니다. 그녀에게 필요한 것은 할아버지가 지불하는 술값과 넉넉한 팁이었습니다.

그녀는 할아버지가 젊어지는 것에 관심이 없습니다. 만일 결혼해서 함께 산다고 해도 그녀의 관심은 할아버지가 아닌 할아버지의 재산입니다. 의사는 그것을 알기에 정말 결혼하고 싶으면 나이를 깎지 말고 올리라고 한 것이죠.

내 나이 그대로 나를 사랑할 수 있는 사람이 아니라면 많은 것을 기대해선 안 됩니다. 나의 현재를 이해할 수 없는 사람, 무언가를 감추고 속여야 할 사람에겐 진정한 사랑을 기대할 수 없습니다.

하루 저녁 낭만을 위해 만난 사람은 그 이상의 대가代價가 주어지지 않으면 언제라도 돌아설 사람입니다. 한순간 낭만의 대가는 비싼 메뉴와 디저트, 공연비와 팁입니다. 그것 없이는 낭만이 만들어지지 않습니다.

하지만 진정한 사랑은 낭만이 아닌 현실 수용입니다. 많은 비용이 들지 않습니다. 나이를 속일 필요도 없습니다. 낭만보다 비용을 계산하는 사람, 팁을 주지 않아도 이야기를 들어주는 사람, 좋을 때뿐만 아니라 힘들 때도 함께 있어주는 사람이 진정한 사랑입니다.

결혼 전에는 돈을 잘 쓰던 사람이 결혼하고 나서는 돈을 안 쓴다고 불평하는 사람들이 있습니다. 그것은 불평할 게 아니라 고마워해야 할 일입니다. 보이기 위한 사랑이 아닌 실속 있는 사랑이 비로소 시작된 것이기 때문입니다.

할머니를 먼저 보낸 할아버지가 친구들의 소개로 말이 통하는 호스티스를 만나서 생활의 활력소를 얻은 것은 다행스런 일입니다. 하지만 그렇게 만난 젊은 여인의 사랑을 얻기 위해 자신을 속이기 시작한다면 그것은 행복의 시작이 아니라 불행의 시작입니다.

내가 가진 것보다 나를 더 생각하는 사람, 진심으로 내가 건강하기를 바라고 젊어지기를 바라는 사람, 머리가 빠지고 이가 빠지고 주름이 늘어도 감출 필요가 없는 배우자가 옆에 있는 사람은 정말 행복한 사람입니다.

남편과 아내가 있는 사람은 세상에서 사람이 얻을 수 있는 가장 큰 행복을 가진 사람입니다. 서로를 거래의 대상이 아닌 운명으로 인식하기 때문입니다. 평생 함께할 운명의 배우자를 가진 사람에겐 더 이상 낭만이 필요하지 않습니다.

24

입만 뻥긋했어도

임마누엘 칸트 1724-1804

절벽 위에서 석양을 바라보던 노부부는 사람들이 하나둘 하산하는 것도 모른 채 손을 잡고 서 있었습니다. 한참을 지나 돌아보니 남은 사람은 둘뿐이었습니다. 저녁노을에 취해 한 걸음씩 앞으로 내딛은 발걸음이 절벽 바로 앞까지 와 있었습니다.

조심스럽게 돌아서던 남편이 미끄러지며 중심을 잃고 쓰러졌습니다. 아내가 남편의 옷자락을 붙잡으며 같이 넘어졌습니다. 다행히 남편은 벼랑 아래로 떨어지지 않고 아내 손에 매달릴 수 있었습니다. 하지만 아내의 힘으로는 남편을 끌어올릴 수가 없었습니다. 남편과 아내는 중력과 싸우며 누군가 도와주러 오기를 기다릴 수밖에 없는 상황이 되었습니다.

남편의 옷을 잡은 아내의 손에 힘이 빠지기 시작했습니다. 힘들어하는 아내를 올려다보며 남편은 자신을 놓으라고 말했습니다.

"이러다가 둘 다 죽어! 난 괜찮아! 이제 그만해도 돼!"

아내는 남편의 말을 듣고 손에 더욱 힘을 주었습니다. 하지만 아내의 손은 더 이상 힘이 들어가질 않았습니다.

"제발 그만해! 한 사람이라도 살아야지!"

아내는 남편의 말에 대답할 힘도 없었습니다. 대답하기 위해 턱을 움직였다가는 남편을 놓칠 것 같은 생각이 들었습니다. 아내는 무슨 생각이 들었는지 있는 힘을 다해 남편을 위로 끌어당겼습니다. 그리고 이로 남편의 옷소매를 물었습니다. 이의 힘이 빠지면 다시 손으로 잡고, 손의 힘이 빠지면 다시 이로 물기를 반복하던 아내는 팔 힘이 다 빠져버리자 이로 남편을 물고 두 시간을 버텼습니다.

아내의 입에서 피가 흘러 남편의 얼굴에 떨어졌습니다. 남편은 제발 그만하라고 아내를 설득했지만 아내는 말없이 입을 다문 채 남편을 보기만 했습니다. 그렇게 얼마의 시간이 흐른 뒤 노부부를 두고 떠났던 사람들이 돌아왔습니다. 해가 진 후 숙소에 들어간 사람들이 인원을 점검하던 중에 사람이 부족한 것을 발견하고 절벽 위로 돌아와서 두 사람을 구할 수 있었습니다.

그날 이후 아내는 이빨이 다 빠져버렸고, 기력을 너무 많이 쓴 탓에 휠체어를 타고 다니게 되었습니다. 남편은 그런 아내가 가고 싶어 하는 곳이라면 어디든 휠체어를 밀고 다닙니다. 주위에선 힘없는 노인이 너무 고생한다고 말하지만 남편은 사람들의 말에 아랑곳하지 않습니다. 그리곤 아내에게 말합니다.

"그때 당신이 입만 뻥긋했어도 나는 지금 세상에 없지!"

임마누엘 칸트는 평생 독신으로 살았던 철학자입니다. 그는 『순수 이성 비판』이라는 책을 통해 사람에게는 두 가지 인식 체계가 있다고 했습니다. 바로 직관과 개념입니다. 사물을 있는 그대로 인식하는 것이 직관이고, 그 사물의 외부에서 알 수 없는 내용을 인식하는 것을 개념이라고 했습니다.

직관을 통해서는 대부분의 사람이 비슷한 인식을 갖습니다. 모양이나 형태는 거의 같기 때문입니다. 하지만 사물에 대한 개념은 각기 다르게 인식합니다. 강아지를 좋아하는 사람에게는 강아지가 귀여운 동물이지만 강아지를 무서워하는 사람에게는 혐오스런 짐승일 뿐입니다.

이렇듯 모든 사람은 똑같은 물건을 향해 각기 다른 개념을 가지고 살아갑니다. 물건뿐만 아니라 사람이나 사건, 말이나 행동에 대한 개념도 각기 인식이 다릅니다. 좋은 개념을 가진 사람은 똑같은 말을 들어도 좋게 인식하지만 부정적인 개념을 가진 사람은 나쁘게 인식합니다.

남편과 아내에 대한 개념도 그렇습니다. 아내가 남편을 구하기 위해 남은 기력을 다 쓰고 이가 다 빠진 것을 아는 남편은 아내가 하는 어떠한 말이나 행동도 다 고마운 것으로 인식합니다. 하지만 그런 사실을 모르는 사람들에게는 휠체어에 앉아서 말을 함부로 하는 아내를 이상한 사람으로 인식합니다.

위기나 갈등에 대한 개념도 두 가지가 있습니다. 망할 징조로 보는 사람이 있고 잘될 기회로 보는 사람이 있습니다. 위기에 처했을 때 한 사람만 정신 차리면 많은 사람이 살 수 있습니다.

부부가 위기를 당해서 남편이 정신을 잃었다면 아내가 정신을 차리면 됩니다. 남편이든 아내든 한 사람만 포기하지 않으면 가정은 깨지지 않을 수 있고, 부부는 행복할 수 있습니다. 누구든 위에 있는 한 사람이 정신 차리면 두 사람 다 살 수 있습니다.

남편과 아내는 둘 중 한 사람이 입만 뻥긋해도 살 수 없습니다. 남편의 인생이 아내에게 달렸고 아내의 인생이 남편에게 달렸습니다. 그런 배우자가 입을 열지 않고 꽉 다물고 있기 때문에 오늘까지 안전하게 살고 있는 것입니다.

위기를 넘긴 사랑은 그 어떤 것도 깨뜨릴 수 없습니다. 함께 위기를 넘어서면 그 후로는 절대적인 믿음이 생기기 때문입니다. 그 후론 어떤 말실수나 오해나 갈등도 문제가 되지 않습니다. 두 사람의 사이를 이간질하는 남의 말도 웃어넘길 수 있습니다. 함께 넘은 위기의 순간을 기억하면 그 모든 것들은 인생의 양념 정도로 수용하게 됩니다.

위기는 기회입니다. 잘 넘기면 더욱 든든한 사이가 될 수 있고 어떤 말이나 행동, 실수와 잘못으로도 상처 입지 않는 천하무적의 부부가 될 수 있습니다. 주위에 오랫동안 어려움을 겪어낸 부부가 있다면 그들의 사는 모습을 잘 살펴보세요! 함부로 하는 말이나 상처가 될 만한 말을 들어도 웃고 마는 것을 발견할 수 있습니다. 그것이 위기를 함께 넘은 부부의 위력입니다.

위기가 오면 "이때가 기회인가?", "새 사람을 만나라는 하늘의 계시인가?"라고 하지 마세요! 하늘은 그런 부정적인 기회를 제공하지 않습니다. 그런 소리는 악마의 속삭임입니다. 어려운 때는 다 관둬야 하는 시기가 아니라 더 깊은 사랑을 만들어갈 절호의 찬스입니다.

25

천국으로 가는 숫자

에드먼드 버크 1729-1797

교통사고로 죽은 남자가 지옥에 도착했습니다. 지옥에서 깨어난 남자는 자신이 곧 재판을 받을 것이라는 이야기를 들었습니다. 재판일까지 휴식을 취할 수 있었기에 그는 여기저기를 다니며 지옥과 천국을 구경했습니다.

그곳에는 자신처럼 재판을 기다리는 사람들이 여럿 있었는데, 그들이 입고 있는 옷에는 앞뒤로 숫자가 기록되어 있었습니다. 그 숫자가 무슨 의미인지 궁금했던 남자는 문지기에게 물어보았습니다.

"여기 가슴에 적힌 숫자에는 무슨 뜻이 있습니까?"

"세상에서 네가 죽지 않기를 간절히 바라는 사람의 숫자다!"

"왜 그 숫자를 기록한 거죠?"

"그 숫자가 높을수록 천국에 갈 확률이 높지!"

남자의 가슴에는 '1'이 기록되어 있었습니다. 자신의 가슴에 적힌 숫자의 의미를 알게 된 남자가 한숨을 깊이 내쉬며 말했습니다.

"그래도 내가 죽지 않기를 바라는 사람이 한 명은 있군!"

그 한 사람이 누구일까를 생각해보니 아내 외에는 떠오르는 사람이 없었습니다.

"그렇게 많은 사람이 나를 생각하는 척하더니 결국 내가 잘 살기를 바라는 사람은 아내 한 명뿐이었군! 내가 잘못 살았어! 아내에게 좀 더 잘해줄걸. 여보 미안하오! 당신 때문에 내가 천국으로 갈 수 있는 숫자를 얻었소! 행복하게 살다가 다시 만납시다!"

후회하는 남자에게 문지기가 소리쳤습니다.

"착각하지 마, 이 사람아! 그 한 명은 보험사 직원이야! 오죽 남편 노릇 못했으면 아내도 죽기를 바랄까? 한심한 사람 같으니라고!"

영국의 보수주의 정치가 에드먼드 버크는 사회를 계약관계로 보았습니다. 현재를 살고 있는 모든 사람은 자신이 처한 시대와 불가분의 계약관계로 존재합니다. 그 계약의 정당한 이행을 통해 건강한 사회가 만들어진다는 것입니다. 그는 또 현재의 사회는 과거에 뿌리를 내리고 있기에 갑작스런 사회 변화 또한 바람직하지 않다고 보았습니다.

혁명이나 반란 같은 갑작스런 변화는 수많은 부작용을 유발하기 때문에 사회는 서서히 점진적으로 변해야 합니다. 역사와 문화, 예술과 미덕 등의 전통 가치는 현재를 풍요롭게 하는 유산이므로 과거를 단절하는 것은 계약을 위반하는 행위로 보았습니다. 그리하여 에드먼드 버크는 프랑스 혁명을 통해 왕이 처형되고 그 후 일정 기간 지속된 공포정치를 사회계약 위반이라고 비난했습니다.

그의 견해로 생각하면 모든 사람은 계약관계에 놓여 있다고 할 수 있습니다. 부모와 자녀도 서로의 위치에 맞는 본분을 다해야 할 관계로 게 약된 상태이고, 아내와 남편 또한 서로를 향한 인간적인 의무를 준수해야 하는 계약관계에 있습니다. 물론 인간관계를 계약관계로만 볼 수는 없습니다. 하지만 사람으로서의 도리와 책임 측면에서는 계약된 상태로 볼 수도 있습니다.

남자가 일생을 살면서 해야 할 역할은 아들로서의 역할, 남편으로서의 역할, 아버지로서의 역할입니다. 예외 사항이 있기는 하지만 이 세 가지 역할이 모든 남자의 삶에서 가장 중심을 이룬다고 할 수 있습니다.

그렇다면 이 세 가지 중에 가장 중요한 역할은 무엇일까요? 그런 일이 있어서는 안 되지만 셋 중에 하나를 선택해야 할 순간이 온다면 어떤 역할을 선택해야 할까요? 우선순위를 정한다면 어떤 것에 비중을 더 두어야 할까요?

남편의 역할입니다. 남자가 가장 잘해야 할 역할은 한 남편 노릇입니다. 공자는 "아내는 옷처럼 벗을 수 있는 대상이지만 부모는 혈육이기에 벗을 수 없다"고 했습니다. 공자가 정말 그렇게 이야기했을까요? 혹시 그의 제자들 중 한 사람이 추가한 이야기는 아닐까요?

역사는 아래로 흐르고 후대로 이어집니다. 한 남자의 부모와 그의 자녀, 즉 할아버지와 손자를 연결하기 위해 반드시 필요한 대상이 아내입니다. 아내 없이는 역사도 후손도 존재할 수 없습니다. 그 아내에게 남편 노릇을 하지 못하는 남자는 역사를 이을 수 없는 사람인 것입니다.

남남이 만나서 가족을 이루는 것이 결혼입니다. 결혼은 적당히 했다가 끝내도 되는 것이 아니라 남을 가족으로 연결하는 인류 최고의 관계 창조 행위입니다. 그 관계 창조, 가족의 창조가 남편과 아내의 역할을 통해 성취됩니다. 자식이 생기면 부모보다 자식에게로 기우는 것이 인류입니다. 그런 과정을 통해 인류의 명맥이 이어집니다. 그 명맥을 이어가는 인류의 발전 과정 핵심에 부부가 있습니다.

그러므로 남자의 최고 역할은 남편으로서의 역할이고, 여자의 최고 역할은 아내로서의 역할입니다. 그 단순한 관계가 세상을 존속시키는 유일한 방편입니다. 남자가 남편의 역할을 제대로 하지 못한다는 것은 인류와 역사의 흐름을 거스르는 행동입니다.

부모와 아내 사이에 갈등이 생기면 남자는 최종적으로 아내 편을 들어야 합니다. 둘 중 하나를 선택해야 하는 일이 생겨서는 안 되지만 그럴 수밖에 없는 상황에 처한다면 아내를 선택해야 합니다. 그것이 세상의 이치에 맞는 결정입니다.

성장한 자녀는 배우자를 만나 부모를 떠나게 됩니다. 그렇게 남는 것이 부부입니다. 그러므로 남자가 인생의 마지막까지 지켜내야 할 것은 남편의 역할입니다. 남자가 한평생 잘 살았는지 아닌지를 알 수 있는 잣대는 남편이 죽지 않고 오래 살기를 원하는지 아닌지 하는 아내의 바람에 달려 있습니다.

남편이 죽든 살든 관심 없는 아내라면 그것은 아내의 문제가 아니라 남편의 문제입니다. 남편이 제대로 살고 있지 않다는 뜻입니다. 세상의 모든 남편은, 죽어서 신의 재판을 기다리는 남자처럼 아내가 아닌 보험사 직원이 죽지 않기를 바라는 삶은 살지 않아야 합니다. 최소한 아내 한 사람의 숫자가 가슴에 적혀 있을 정도는 살아야 합니다.

26

이루어질 뻔한 아내의 소원

메리 울스턴크래프트 1759-1797

함께 여행을 떠난 부부가 소원을 빌면 이루어진다는 우물가에 도착했습니다. 아내가 먼저 몸을 기울여 동전을 던지고 소원을 빌었습니다. 남편도 동전을 던지고 소원을 빌기 위해 몸을 수그렸습니다.

아내보다 더 간절한 소원이 있었는지 남편은 아내보다 몸을 더 많이 수그렸습니다. 그러다가 미끄러져 넘어졌습니다. 순간적으로 일어난 일이라 사람들은 남편을 붙잡지 못했고, 남편도 경황이 없어서 그만 우물 속으로 빠지고 말았습니다.

남편이 우물에 빠지자 주위에 있던 사람들이 밧줄을 가져왔습니다. 우물 속에서 허우적거리던 남편은 사람들이 던져준 밧줄을 붙잡고 겨우 빠져나왔습니다.

다행히 남편이 살아서 우물 밖으로 나오자 아내는 안도의 한숨을 쉬었습니다. 그리고 조금 뒤 아내는 알 수 없는 미소를 지으며 혼잣말을 속삭였습니다.

"정말 소원이 이루어지나 봐. 큰일 날 뻔했네."

우물 앞에서 아내가 빈 소원은 남편에 대한 것이었습니다.

'정말 소원을 들어준다면 이 인간 좀 데려가세요!'

아내는 자신의 소원이 설마 이루어질까 했지만 남편이 진짜 우물에 빠지자 잘못 빈 소원이었다는 걸 깨달았습니다. 정말 이루어진다면 그렇게 빌지는 않았겠죠? 하지만 한순간이라도 아내가 그런 소원을 가지고 있었다면 남편은 도대체 어떤 사람이었을까요?

여행을 가서도 자기 마음대로 행동하고 자신이 가고 싶은 곳으로만 다녔다면 괜히 여행을 따라왔다고 생각한 아내가 우물 앞에서 남편 좀 데려가라고 할 수도 있겠죠! 화난 상황에서는 아내가 남편에게 불평할 수도 있고, 남편을 원망할 수도 있습니다. 그 정도라면 시간이 지나 정서가 안정되면 모든 게 제자리를 찾을 수 있습니다.

그러나 아내가 남편을 원망하는 것이 한순간이 아니라면, 남편은 차라리 없는 게 낫다는 생각을 끊임없이 반복하면, 문제는 심각합니다. 그런 생각을 들게 하는 남편은 잘못 살고 있는 사람입니다. 사회적으로나 직업적으로, 친구들 사이에서 성공한 사람이라는 평가를 받을지라도 그의 삶은 성공한 인생이 될 수 없습니다.

아내 한 사람을 만족시키지 못하는 사람이 누군들 만족시킬 수 있겠습니까? 가장 가까운 사람을 행복하게 해주지 못하는 사람이 어떤 사람을 행복하게 할 수 있을까요? 어떤 사람이라도 아내만큼 가까워진다면 다 머리를 흔들고 떠나갈 것입니다. 그의 주위에 사람들이 남아 있는 이유는 그를 잘 모르기 때문입니다. 남들이 아내가 아는 만큼 그를 알게 된다면 한 사람도 그의 곁에 남아 있지 않을 것입니다.

1759년, 근현대 여성운동의 정신적 바탕을 제공한 여성학자 메리 울스턴크래프트가 태어났습니다. 그녀는 여성이 사회적 지위를 갖지 못하고, 지적으로 열등한 상태에 머물러 있는 이유는 교육받을 기회를 박탈당했기 때문이라고 했습니다.

여성이 남성과 동등한 대접을 받는다면 남자 못지않은 사회적 공헌자가 될 것이므로 여성에게도 사회적, 법적, 정치적 권리를 행사할 수 있게 해야 한다고 말했습니다. 하지만 그녀가 활동하던 18세기에는 그 이야기에 귀를 기울이는 사람이 거의 없었습니다. 다만, 그녀가 뿌린 씨앗은 19세기 이후에 여성의 참정권 운동과 페미니즘의 기초를 이루는 사상이 되었습니다.

오늘날에 이르기까지 사회는 남성 위주로 구성되었고, 여성보다 남성이 사회의 중추적인 위치를 차지하고 있습니다. 또한 각 개인의 사고방식에서도 남자가 여자보다 우선이라는 견해를 가지고 있습니다.

그렇다면 남성은 역사적으로 여성의 보호자 역할을 해왔을까요? 남성이 여성보다 우월한 존재라는 것을 입증해왔다고 할 수 있을까요?

"그렇다"라고 단정할 수 있는 사람은 없을 것입니다. 세상의 모든 추악한 일과 심각한 범죄와 전쟁이 대부분 남성에 의해 만들어졌기 때문입니다. 힘을 가진 남성은 상대적으로 약한 여성을 보호하기보다는 억압하고 통제하기 위해 그 힘을 사용해왔습니다. 그로 인해 수많은 아내가 남편의 일방적인 행동으로 시달림을 받아야 했습니다.

다양한 사람을 만나서 이야기하다 보면 정말 아내에게나 가족에게 없는 것이 나을 성싶은 남자들이 있음을 발견합니다. 도움이 되기는커녕 방해하고 피해만 주는, 허수아비만도 못한 남편들이 있습니다. 남편이 살아 있는 한 행복할 수 없을 것이라고 말하는 아내도 있습니다. 그런 남자들은 무슨 생각으로 사는지 이해할 수가 없습니다.

세상에서 가장 사랑해야 할 사람, 가장 행복해야 할 사람의 눈에서 날마다 눈물이 흐르는데 어떻게 술에 취해서 폭력을 휘두를 수 있을까요? 술만 먹으면 아내와 아이들을 때리는 남편들의 머릿속엔 무엇이 들어 있을까요? 술이 깨면 미안하다고 사과하고 다시는 술 먹지 않겠다고 다짐을 하고선 또 술을 먹는 마음속엔 무슨 생각이 들어 있는 것일까요? 정말 궁금합니다.

아내가 어떤 소원을 가졌는지, 남편이 어떤 소망으로 살아가는지 잘 살펴보세요! 하지만 물어보거나 캐묻지는 마세요. 그런 내용을 어떻게 말로 표현할 수 있겠습니까?

차마 나에게는 말할 수 없는 소망을 가지고 살아간다면 빨리 정신 차려야 합니다. 우물가에 도착해서 불행한 소원을 빌기 전에 미리미리 소원을 들어주고 원하는 것을 해주어야 합니다. 세상에서 가장 소중한 사람에게 못해줄 것이 무엇입니까? 아내 한 사람의 소원을 들어주지 못하면서 세상을 구하고 사업을 성공해봐야 다 쓸데없는 일입니다.

남편이 남편답지 못하면 아내는 악마의 속삭임에 시달리게 되고, 아내가 아내답지 못하면 남편은 악마의 꼬임에 빠지게 됩니다.

27

너의 문제가 아니라 나의 문제다

블레즈 파스칼 / 1623-1662

아내의 귀가 어두워졌다고 생각한 남편이 의사 친구에게 전화를 걸었습니다. 친구는 어느 정도에서부터 안 들리는지 알아보라고 했습니다.

다음 날, 퇴근한 남편은 현관에서부터 아내를 부르며 저녁 메뉴가 뭔지를 물어보았습니다. 아내는 아무런 대답이 없었습니다. 아내의 대답이 없자 남편은 거실로 들어와서 다시 물어보았습니다.

"오늘 저녁, 뭐야?"

"……."

아내는 역시 대답이 없었습니다. 남편은 조금 걱정이 되기 시작했습니다. 거실 정도에서는 알아듣고 대답해야 하는데 아무런 대답이 없었습니다. 남편은 주방 입구로 가서 다시 물어보았습니다.

"맛있는 냄새가 나는데 뭔가?"

"……."

역시 대답이 없었습니다. 이 정도에서도 알아듣지 못할 정도라면 아내의 상태는 상당히 심각한 수준일 것이었습니다. 그것도 모르고 아내의 태도가 이전과 달라졌다고 생각했던 남편은 미안한 마음이 들었습니다. 남편은 근심스런 표정으로 음식을 만들고 있는 아내의 바로 뒤까지 다가가서 다정하게 손을 어깨에 올리며 큰 소리로 물어보았습니다.

"오늘은 뭘 그렇게 맛있게 만드시나요?"

남편의 소리를 들은 아내가 홱 돌아서며 대답했습니다.

"칼국수! 내가 칼국수라고 몇 번을 말해야 알아듣는 거야! 당신 귀먹었어?아니면 날 놀리기로 작정한 거야?"

아내의 말에 남편이 거실로 가서 친구에게 전화를 걸었습니다.

"내 귀가 좀 안 들리는 거 같아!"

"상상력은 아름다움과 행복을 만들어내고 정의와 진실을 밝히는 도구가 되기도 하지만 사람을 망치는 가장 위험한 요소가 되기도 한다."

이것이 상상력에 대한 블레즈 파스칼의 생각입니다. 그는 유고집『팡세』를 집필하며 인간의 상상력은 인간이 얻을 수 있는 가장 강력한 힘의 원천이 되기도 하나 그 상상력은 대부분 거짓으로 이어지고 실수를 낳는다고 했습니다.

그 예로 공식적인 예복을 차려입은 법관이 하는 말에는 귀를 기울이는 반면 허름하게 차려입은 노동자의 말은 외면하는 것을 들었습니다. 그리고 법관과 노동자가 옷을 바꿔 입는다고 해도 사람들은 역시 동일한 반응을 보인다는 것입니다. 이것이 눈에 보이는 것으로 보이지 않는 것을 상상하는 착각입니다.

인간이 만들어내는 모든 실수와 잘못은 허무한 상상력에서 나오는 것이므로, 현명한 사람은 스스로의 상상력을 통제할 수 있어야 한다는 것입니다.

아내의 귀는 아무 이상이 없었습니다. 남편의 질문에 꼬박꼬박 대답을 했지만 남편이 알아듣지 못한 것입니다. 현관에서 물어보는 남편의 말에 아내는 큰 소리로 "칼국수!" 하고 대답했지만 알아듣지 못한 남편은 계속 아내에게 물어보았습니다.

알아듣지 못하는 것은 아내가 아닌 남편이었습니다. 남편은 아내에게 문제가 있다고 상상했지만 문제가 있는 사람은 남편 자신이었습니다. 남편이 지적하는 아내의 문제는 아내가 아닌 남편의 문제였습니다. 아내가 지적하는 남편의 문제도 사실은 아내의 문제입니다.

상대에게 문제가 있다고 지적하지만 사실은 지적하고 있는 자신이 진짜 문제입니다. 우리는 많은 부분에서 자신의 문제를 상대의 문제라고 생각합니다. 나에게는 아무 문제가 없다고 생각하기 때문에 문제를 해결하지 못하는 경우가 허다합니다. 너 때문에 내가 못산다고 생각하지만 실제로는 나 때문에 '너'가 더 힘들어하고 있습니다.

내 주위에서 일어나는 문제들을 해결하기 위해서는 그것들을 '너의 문제'가 아닌 '나의 문제'로 인식해야 합니다. 배우자의 문제를 풀기 위해서 상대를 닦달해서는 안 됩니다. 오히려 상대를 그대로 두고 내가 할 수 있는 일을 찾는 것이 낫습니다.

너 때문이라고 생각하는 동안에는 아무것도 해결할 수 없습니다. 내 말을 듣고 자기가 문제라고 생각할 사람은 거의 없습니다. 남의 문제도 나의 문제로 인식하면 문제는 풀립니다. 하지만 남의 문제든 나의 문제든 너 때문이라고 생각하는 동안에는 결코 해결되지 않습니다. 대신 원망과 불평과 탄식만 생길 뿐입니다.

세상의 모든 문제, 내가 인식하는 문제들은 내가 아니면 아무도 풀 수 없습니다. 남들은 나처럼 인식하지 못하기 때문입니다. 남 때문에 일어난 일도 너 때문에 일어난 일도 내가 풀지 않으면 결코 풀리지 않습니다.

소통이 안 된다고, 말이 안 통한다고 답답해하지 마세요! 정말 안 통하는 사람은 바로 나입니다. 내가 그들과 소통할 능력이 부족하기 때문입니다. 상대가 알아듣지 못하는 것은 내가 알아듣게 설명하지 못하기 때문입니다.

아내에겐 아무 문제없습니다. 내가 문제입니다. 남편에게도 아무런 문제가 없습니다. 내가 문제입니다. 답답한 것도 속상한 것도, 화가 나는 것도 배우자는 아무 잘못 없습니다. 다 내 잘못입니다. 나만 잘하면 다 좋아질 수 있습니다.

28

20년 동안 한 번도 안 싸운 이유?

요한 고틀리프 피히테 / 1762-1814

30년 만에 동창을 만난 주부가 지난 추억을 나누고 있었습니다. 서로의 살아온 이야기를 하며 남편과 아이들 자랑도 늘어놓았습니다.

"우리는 결혼한 지 이십 년이 다 돼가거든."

"어머! 그러니? 우리도 그 정도 되었는데! 부부 사이는 좋아?"

"그럼! 이십 년이 다 되도록 한 번도 싸운 적이 없어."

"그래? 어떻게 그럴 수가 있지? 남편이 착한 사람인가 봐?"

"착하긴, 다 비슷하지."

"그래도 그렇게 안 싸우고 사는 비결이 있을 거 같은데?"

"비결이라기보다는……. 우리도 말다툼을 하기는 하는데 내 생각이 옳을 때 남편은 거의 내 생각을 따라주거든."

"그렇구나! 그럼, 남편의 생각이 옳을 때는 어떻게 하는데?"

"음, 지금까지 그런 경우는 한 번도 없었어."

생명을 가진 만물 중 인간은 가장 많은 선택권을 가진 피조물입니다. '무엇을 먹을 것인가?, 이리로 갈 것인가, 저리로 갈 것인가?'에서부터 '어떤 생각을 할 것인가?'까지 선택할 수 있습니다. 즉, 인간은 세상에서 가치관을 선택할 수 있는 유일한 생명체입니다.

인류가 존재하기 시작한 때부터 오늘날까지 사람들은 자신의 가치관을 선택하며 살아왔습니다. 우파와 좌파, 보수와 진보, 남자와 여자, 주체와 객체, 스승과 제자는 동일한 사건을 다르게 해석하고 인식합니다.

이러한 현상을 처음으로 설명한 철학자가 요한 고틀리프 피히테입니다. 그는 '인간이 어떻게 도덕적인 존재로 살 수 있는가? 인간은 과연 자유의지를 가지고 있는가?'에 대한 사색을 통해 개개인은 철학, 즉 생각을 선택할 수 있는 자유로운 존재라고 결론지었습니다. 그리고 사람이 '어떤 철학을 선택하는가?'는 '그가 어떤 종류의 사람인가?'에 달려 있다고 했습니다.

아내와 단 한 번도 의견 충돌을 일으키지 않을 정도의 남편이라면 훌륭하다 못해 거룩한 사람입니다. 그는 자신이 고를 수 있는 수많은 철학 중 아내와 다투지 않게 하는 철학을 선택한 사람입니다.

부부가 20년을 살면서 한 번도 틀린 생각을 한 적이 없다는 것은 있을 수 없는 일입니다. 세상에 한 번도 실수하지 않는 사람도, 항상 옳은 생각만 하는 사람도 없습니다. 두 사람이 다투고 있다면 둘 다 잘못하고 있을 확률이 99퍼센트입니다. 즉, 열 번을 싸우면 다섯 번은 본인의 잘못입니다.

이 부부가 20년 동안 한 번도 다투지 않고 의견 충돌이 없었다면 그것은 남편이 일방적으로 양보했기 때문입니다. 그리고 대부분 잘못 생각한 것은 남편이 아닌 아내일 것입니다. 자기가 전적으로 옳다는 생각을 하는 사람은 거의 틀린 생각을 하고 있을 가능성이 높습니다.

싸움은 틀린 것 때문에 시작되지 않습니다. 오히려 맞는 것 때문에 시작됩니다. 다투는 사람들이 하는 말을 잘 들어보면 알 수 있습니다. 세상의 어떤 사람도 "내 말이 틀리잖아!" 하면서 싸우지 않습니다. 틀린 것으로는 싸움이 시작되지 않습니다. 자신이 틀린 것을 알면 사과하거나 미안해하면서 끝납니다.

하지만 자기 생각이 분명히 옳다고 생각하면 양보하지 않고 상대의 말을 수긍하지도 않습니다. 오히려 자기 생각을 관철하기 위해 죽음도 불사할 듯 끝까지 밀어붙이며 달려듭니다. 이것이 잘못하지 않은 사람, 실수하지 않은 사람, 잘나고 똑똑한 사람들의 어리석음입니다.

지금 상대에게 "내 말이 맞잖아!" 하고 소리치고 싶다면 그때가 정말 조용히 있어야 할 때입니다. 세상의 모든 다툼이 바로 그 맞는 말 때문에 시작되기 때문입니다.

평화로운 가정에서 살고 싶은 사람은 진실 싸움을 시작해선 안 됩니다. 누구 말이 맞든 한 사람이 양보하지 않으면 진실이든 거짓이든 다툼과 갈등을 일으키고 상처와 아픔을 남깁니다.

옳고 그른 것은 법원에서 가리면 됩니다. 법원에 갈 만한 일이 아니라면, 아니 법원에 갈 만한 일이라도 조용히 끝내고 싶다면 맞는 말이라도 참아야 하고, 옳은 생각이라도 포기해야 합니다.

세상의 모든 갈등은 잘난 사람들에 의해 만들어집니다. 정의를 외치는 사람들에 의해 전쟁이 일어납니다. 바보는 갈등하지 않습니다. 자신이 틀린 것을 아는 사람은 대들지 않습니다. 틀려도 맞는 줄 아는 사람과 정말 맞는 사람, 틀린 걸 이용해 먹으려는 사기꾼만 끝까지 밀어붙여서 싸움을 일으킵니다.

20년이고 30년이고 싸우지 않는 가정을 바라는 사람은 배우자의 모든 것을 그냥 수용하면 됩니다. 주인의 말이 옳지 않아도 무조건 따랐던 옛날 머슴이나 하녀처럼 일방적으로 수용하면 평화로울 수 있습니다. 아내를 위해서, 남편을 위해서 서로의 생각을 수용해주는 것은 가정의 평화를 위한 최고의 선택입니다.

29

아내는 힘의 원천

아르투르 쇼펜하우어 / 1788-1860

아내의 사진을 항상 지갑에 넣고 다니는 남편이 있었습니다. 남자는 힘든 일이 있을 때마다 아내의 사진을 꺼내 보며 힘을 얻었습니다. 친구들은 그를 못 말리는 애처가라고 불렀습니다. 하지만 남편은 자신이 애처가는 아니라고 했습니다. 남편의 친구들을 통해 그 소식을 전해들은 아내는 남편에게 고마운 생각이 들었습니다. 다른 집 남편들은 힘들어도 아이들 때문에 참고 산다는 말을 하는데, 자신의 남편은 아이들이 아닌 자신을 보고 힘을 얻고 있다는 것이 자랑스러웠습니다.

남편이 일찍 들어온 날, 아내는 외식을 하자고 말했습니다. 식사를 마치고 남편과 함께 호프집을 찾은 아내는 취기가 오른 남편에게 물어보았습니다.

"당신, 내 사진을 지갑에 넣고 다닌다며?"

"그럼! 내 지갑엔 항상 당신이 있지!"

"왜 아이들 사진이 아니고 내 사진을 가지고 다녀?"

"그건 말이야! 당신 사진을 보면 힘이 생기거든!"

"결혼한 지 십오 년도 넘었는데 아직도 내가 좋아?"

"좋다기보다는 그냥!"

"그냥 뭐? 말해봐! 괜찮아!"

"그래? 내가 어떻게 힘을 얻는지 알고 싶어서 그런 거야?"

"내 사진을 보면 어떻게 힘이 생기는데?"

"응. 어려운 일이 있을 때, 참기 힘든 일이 생길 때, 당신 사진을 가만히 보고 있으면 힘이 생기지! '그래. 참자, 참아! 이것보다 더 큰 문제가 어디 있겠어? 이만하면 괜찮아!' 하고 힘을 얻지!"

"사람은 자기인식의 한계를 인류의 한계로 생각한다."

고통의 철학자 아르투르 쇼펜하우어가 남긴 말입니다. 그는, 사람은 각기 자신의 시각과 한계를 가지고 있고 그 한계 이상을 넘어서지 못한다고 했습니다. 그러므로 같은 세상에 살고 있지만 서로를 이해할 수 없는 대상이 있고, 대화가 통하지 않는 사람들이 있는 것입니다.

그런 사람들과 소통하기 위해서는 절대적 연민이 필요하다고 했습니다. 그가 의미하는 연민은 모든 사람에게 동일하게 주어진 안타까운 현실과 불행의 가능성입니다. 인식 한계가 작아서 타인을 이해하지 못하고 살아가는 인생, 넓은 세상을 비좁게 살아가는 현실의 모습들에 시각을 고정하면 어떤 사람이라도 동정할 수 있습니다. 그러기 위해서는 각 개인의 성격이나 태도, 행동이나 외모 등을 보면 안 되고 그가 안고 있는 고통에 집중해야 한다는 것입니다.

쇼펜하우어는, 모든 인간은 고통 속에 태어나고 고통으로 살다가 고통으로 인생을 마친다고 보았습니다. 그 고통을 인식하는 시야를 가져야 모든 사람을 포용할 수 있다는 것입니다. 그러면 그들이 가진 부정적인 것조차도 안타깝게 인식하게 되는 것이죠!

아내의 사진을 보며 힘을 얻는 남편은 부정을 통해 긍정을 인식하는 쇼펜하우어 같은 사람이었습니다. 그에게 아내는 정말 힘의 원천이었습니다. 아내는 어떤 문제도 아내보다 크지 않다는 것을 알려주는 자극제이기 때문이죠!

"이런 사람과도 잘 살아왔는데 누군들 못 참아내겠어!"

"세상에서 가장 큰 문제덩이를 안고도 이만큼 살고 있는데 뭘 못하겠어?"

"그래. 이 정도면 살 만한 거야!"

아내의 기대와는 다르게 남편은 아내에 대한 부정적 인식을 통해 힘을 얻고 있었습니다. 남편이 아내를 사랑하는 마음으로 힘을 얻는다면 좋았겠지만 안타깝게도 정반대였습니다. 하지만 긍정적이든 부정적이든 남편은 아내를 통해 힘을 얻고 있었습니다.

아내를 통해 얻은 힘으로 아이들을 보살피고, 아내를 통해 사회 활동을 할 수 있는 힘을 얻고, 다시 아내를 사랑할 수 있으면 됩니다. 하지만 남편이 아내를 향해 자기 인생을 망친 대상으로 여기고 모든 관계를 끝내려고 한다면, 그것은 힘의 원천이 아니라 붕괴의 원천이 될 것입니다.

비평가들은 다른 사람을 비난하는 것을 통해 살아갈 힘을 얻습니다. 그리고 사회는 그들의 비판정신을 통해 발전하고 성숙합니다. 반대로 대부분의 사회 구성원은 긍정적 반응을 통해 살아갈 힘을 얻습니다.

우리는 이 두 가지 중 어느 한 가지를 통해 세상 사는 힘을 얻습니다. 어느 것이 더 낫다고 말할 수는 없습니다. 그것은 개인적인 취향과 사회적 위치, 상황에 따라 다르기 때문입니다.

우리 중엔 두 종류의 사람이 있습니다. 함께 있는 사람들과 조화를 이루며 좋은 관계를 유지하는 사람, 한 발 물러서서 늘 비난하지만 더 멀어지지도 가까워지지도 않게 관계를 유지하는 사람……. 한쪽은 긍정적 반응으로 힘을 얻고, 다른 쪽은 부정적 반응으로 힘을 얻는 것입니다.

부부 사이에도 이 두 가지 반응이 존재합니다. 친구 사이에도, 업무적인 관계에서도, 사회관계 속에서도 부정과 긍정의 반응이 존재합니다. 그러므로 상대방에게 비난의 소리를 들었다고 해서 실망할 필요는 없습니다. 그는 부정적 반응을 통해 살 힘을 얻는 사람이기 때문입니다. 내가 나빠서도 아니고 나와 관계를 끝내기 위해서도 아닌, 그저 살아갈 힘을 얻기 위해 부정적으로 반응할 뿐입니다.

반대로 나를 칭찬하는 사람에게 너무 많은 기대를 할 필요도 없습니다. 그는 순수하게 나를 위해서만 칭찬하는 것이 아니라 자신이 살아갈 힘을 얻기 위해 긍정적 반응을 보이고 있는 것입니다. 어느 날 그의 정서가 부정으로 바뀌면 칭찬하던 것이 비난으로 바뀔 수도 있습니다.

아내가 혹은 남편이 밖에서 내 험담을 했다고 너무 실망하지 마세요! 대놓고 내 앞에서 나의 단점을 지적해도 속상해할 필요는 없습니다. 그렇게 이야기하는 것이 나와 살 생각이 없거나 끝내려는 생각을 보여주는 것은 아닙니다. 자신이 당한 상황을 모면하기 위해서나 어려운 일을 극복하기 위해 부정적 반응을 보인 것뿐입니다. 긍정의 반응이든 부정의 반응이든 다 살기 위한 방법입니다. 다만, "살려고 애쓰고 있구나!" 하고 지나가면 아무 일도 일어나지 않습니다.

30

무서운 아내

제러미 벤담 / 1748-1832

월급봉투를 안주머니에 넣고 술 한 잔 걸친 후 귀가하던 남자가 집 앞에서 강도를 만났습니다. 강도는 남자에게 칼을 들이밀며 속삭였습니다.

"돈 내놔!"

남자는 깜짝 놀랐지만 마음을 가라앉히며 대답했습니다.

"돈 없어! 사람 잘못 골랐어!"

그러자 강도는 칼을 남자의 얼굴에 갖다 대며 협박했습니다.

"다 알아! 너, 오늘 월급날이잖아!"

강도의 말을 들은 남자는 가슴에 있는 월급봉투를 두 손으로 잡으며 단호하게 소리쳤습니다.

"이건 안 돼! 차라리 날 죽여!"

"그깟 한 달 월급 때문에 죽겠다고? 그러지 말고 빨리 주고 들어가!"

남자는 더욱 세게 가슴께를 움켜쥐며 대답했습니다.

"진짜 안 돼! 너, 우리 마누라가 얼마나 무서운지 알아? 내가 집 앞에서 강도를 만나 월급을 다 빼앗겼다고 하면 믿을 거 같아? 술 먹고 들어와서 핑계 댄다고 할 거야!"

강도가 남자의 멱살을 움켜쥐며 말했습니다.

"야! 우리 마누라는 안 무서운 줄 알아! 내가 오늘 밤에 강도짓 하러 나와서 한 건도 못 했다고 하면 믿을 거 같아? 강도질해서 엉뚱한 데 다 쓰고 왔다고 할 거란 말이야!"

남자와 강도는 그렇게 한참 신경전을 벌이다가 결국 월급을 반씩 나누기로 했습니다.

현명한 결정이란 어떤 것일까요?

한평생 사람은 수많은 결정을 내리며 살아야 합니다. 가장 높은 자리에 앉아서 많은 사람의 시중을 받는 왕도 결정의 순간엔 고독합니다. 아무도 대신 결정해주지 않고, 어떤 것이 바른 결정인지를 확신할 수 없기 때문입니다.

무슨 일에서든, 어떤 상황에서든 가장 올바른 결정을 내리는 비결은 없을까요? 바로 이 질문에 해답을 준 사람이 영국의 철학자이자 법학자인 제러미 벤담입니다. 그에 의하면 모든 인간의 활동은 쾌락 추구와 고통 회피의 방편입니다. 그러므로 누가, 언제, 어디서, 무슨 결정을 내리든 그 결정은 최대 다수의 행복을 위한 것이 돼야 한다고 주장했습니다.

모두 또는 전체를 행복하게 할 수 있으면 좋겠으나 그럴 수 없다면 최대 다수를 위한 결정이 가장 올바른 결정이 된다는 것입니다. 그리고 모든 사람이 그러한 결정을 내릴 때 인류는 점점 행복으로 다가갈 것이라고 보았습니다.

부부가 행복하려면 한 사람을 위한 결정보다 두 사람을 위한 결정을 내려야 합니다. 아내가 말하거나 결정할 때 자기 한 사람이 아닌 두 사람을 위해 말하고 결정하면 가정은 행복해집니다. 남편 역시 마찬가지죠!

남편은 두말할 것도 없고, 아내는 남편에게 무서운 사람이 되어선 안 됩니다. 아내가 무서우면 남편들은 밖에 나가서 정신 나간 짓을 하고 다니게 됩니다.

귀신 잡는 해병대도 무서워하는 것이 딱 하나 있습니다. 눈을 치켜 뜬 아내입니다. 그 눈길이 무서워 해병대도 밤거리를 방황합니다.

남자가 집에 있어야 할 시간에 밖에서 하는 일은 대부분 쓸데없는 것들입니다. 남자를 쓸데없는 일에 빠지게 하는 것이 무서운 아내입니다. 집에 무서운 사람이 있는데 누가 들어가고 싶겠습니까? 무서운 아내와 함께 사는 남편은 밖에서 사소한 것에 목숨을 겁니다. 그러다가 어느 날 죽기 직전이 되어서 기어 들어올 수도 있습니다.

집에만 들어오면 기가 죽는 남편도 있습니다. 감정도 죽고 자신감도 죽습니다. 아내의 잔소리와 한숨이 남편의 감성을 병들게 합니다. 죽은 남편과 살면 무슨 재미가 있겠습니까? 남편이 즐거운 마음으로 집에 들어오게 하는 것은 아내의 역할입니다.

들어오기가 무섭게 불평을 시작하고 잘못한 것을 따지고, 속상한 이야기를 꺼내면 남편의 귀가 시간은 점점 늦어질 것입니다. 물론 일이 많아서 늦을 수도 있습니다. 하지만 일찍 들어올 수 있는 날에도 없는 일을 만들어 늦게 귀가할 것입니다.

남편이 거짓말을 해도 때로는 믿어주어야 합니다. 거짓말을 한다는 것은 잘 보이고 싶다는 생각을 가지고 있기 때문입니다. 잘 보이고 싶은 사람을 잘 봐주지 않으면 나중엔 볼썽사나워집니다. 그러면 부부는 둘

다 행복할 수 없습니다.

돌려서 이야기하면 같이 따라서 돌아주고, 핑계를 대면 핑계를 들어주고, 아니라고 하면 아닌 척해주고, 슬쩍 넘어가려 하면 같이 넘어가줘야 합니다. 그렇지 않으면 망신을 주게 되고, 그로 인해 싸움이 일어납니다.

아내에게 망신을 당하고 좋아할 남편이 어디 있겠습니까? 가장 가까운 사람에게 자존심을 깎이면 과연 정신을 차리게 될까요? 정신 차리기보다는 화가 치솟습니다. 그리곤 집에 들어가는 시간을 늦춥니다.

귀가할 시간이 지나도 들어오지 않는 남편은 어느 정도 아내의 책임이라고 할 수 있습니다. 아내들은 남자가 여자를 무서워한다는 것이 이해가 안 될지 모르지만 남편들은 귀신보다 아내의 잔소리를 더 무서워합니다.

남편이 아내와 함께 있는 것을 편하게 생각하지 않는다면, 남편은 점점 더 집 밖으로 나돌 것입니다. 잠자는 시간 외에는 집 안에 머물려고 하지 않을 것입니다. 집에 있어야 할 시간에 집 밖에 있는 남편, 아내와 함께 있어야 할 시간에 친구 찾는 남편을 집 안에 머물게 하는 비결은 부드러운 아내가 되는 것입니다.

한평생 함께 살아야 할 남편에게 무서운 아내가 되지 마세요! 무서우면 언젠가는 도망칩니다. 가까이 다가오지 못하고 멀리서 구경만 하는 사람이 될 수도 있습니다.

31

다 그놈이 그놈이여!

게오르크 헤겔 / 1770-1831

"다시 태어나도 지금의 남편과 결혼하겠습니까?"

주부대학에서 강연을 하던 교수가 청중에게 물어보았습니다. 주부들은 아무런 대답을 하지 않고 주위를 돌아보기만 했습니다. 선뜻 대답하기가 민망했기 때문입니다. 이윽고 서너 명이 소신 있게 자기 의견을 밝혔습니다.

"지금까지 산 것도 지긋지긋한데 또 어떻게 살아요?"

"이런 인간 다시 만나느니 혼자 사는 게 나아요!"

"혼자 사는 게 제일 편할 거 같아요!"

"딴 놈도 한번 만나봐야지!"

분위기가 무르익자 대부분의 주부가 공감하며 지금 남편이 아닌 다른 남자를 만나고 싶다고 했습니다. 일방적인 결론이 날 것 같은 생각에 교수가 다시 물어보았습니다.

"그러면 혹시 다시 태어나도 지금 남편과 결혼할 생각이 있는 분 손들어보세요!"

아무도 손을 들지 않는 가운데 제일 뒤에 앉은 나이 많은 할머니가 조용히 손을 들었습니다. 사람들은 할머니를 바라보며 감탄했습니다. 교수 역시 한 명이라도 지금의 남편을 선택할 사람이 있다는 것에 경의를 표하며 할머니에게 다가가서 물어보았습니다.

"할머니, 할아버지가 그렇게 좋으세요?"

"좋기는 뭐, 다 똑같지!"

선생님은 할머니가 질문을 잘 알아들었는지를 확인하기 위해 다시 물어보았습니다.

"다시 태어나도 지금 할아버지와 결혼하시려는 이유가 있어요?"

그러자 할머니가 퉁명스럽게 대답했습니다.

"이유는 무슨! 다 그놈이 그놈이여! 아무래도 길든 놈이 낫지!"

정正·반反·합合. 철학 역사에서 빼놓을 수 없는 게오르크 헤겔의 이론입니다. 헤겔은 현실을 피할 수 없고, 피해서도 안 되는 역사적 과정으로 보았습니다. 어제가 있기에 오늘이 있고, 오늘이 있기에 내일이 있는 것처럼, 모든 사람이 당면한 현재는 과거와 연결되어 있고, 마찬가지로 미래와 연결될 것이라는 의미입니다.

다만, 현재는 과거의 재판이 아니라 현 상태에 어울리게 변형된 과거이고, 미래 또한 과거와 현재의 바탕에서 탄생될 것입니다. 그것이 정·반·합 논리입니다. 헤겔의 철학적 관점에서 현재는 부정되어선 안 되고 부정할 수도 없는 발전의 과정이 됩니다.

더 나은 것을 얻기 위해 현재는 버려야 할 것이 아니라 가꾸고 다듬어야 할 재료입니다. 말을 잘하기 위해서는 먼저 말을 배워야 하고, 새로운

일을 시작하기 위해서는 이전에 하던 일이 있어야 합니다. 이전 것 없이
는 새로운 것이 만들어질 수 없는 것입니다.

인간은 맨손으로 시작하는 것이 아니라 주어진 환경이나 여건이 있어
야 무엇이든 시작할 수 있습니다. 막연히 더 좋은 것, 더 나은 것을 바라
는 것으로는 아무것도 얻을 수 없습니다. 지금 있는 곳에서, 지금 가진
것으로 더 나은 것을 만들어가야 합니다.

더 잘하고 싶고, 더 나은 것을 갖고 싶고, 더 높은 곳에 오르고 싶고, 더
나은 사람을 만나고 싶은 마음은 누구에게나 있습니다. 그러나 마음대
로 되지 않는 것이 현실입니다. 그래서 철이 들면 적당한 선에서 그치는
것이 현명하다는 사실을 알게 됩니다. 더, 더 하다간 있는 것까지 잃기
때문입니다.

배우자에 대한 생각도 마찬가지입니다. 모든 사람이 가지 않은 길에
미련을 가지고 살아가듯이 '이 사람 안 만났으면 더 좋은 사람 만났을 텐
데?' 하는 꿈을 가지고 있습니다.

이런 막연한 소망은 항상 근거 없는 긍정으로 기울어져 있습니다. 그
래서 '이 사람 안 만났으면 더 못난 사람 만났을 거야'라고는 생각하지
않습니다. 동화 속의 왕자와 남편을 비교하지 말고 선녀와 아내를 비교
하지 마세요! 그런 배우자는 세상에 없습니다. 동화 속의 왕자도 현실에
서 만나면 지긋지긋한 남편이 됩니다.

가지 않은 길은 두 가지의 가능성을 가지고 있습니다. 더 좋은 길일 수
도 있고 더 나쁜 길일 수도 있습니다. 배우자에 대한 막연한 기대도 마찬
가지입니다. 이 사람 아니면 더 좋은 사람을 만날 수도 있지만 아닐 수도
있습니다. 그 두 가지 가능성에서 대부분의 사람은 좋은 쪽일 거라고 상

상합니다. 그래서 현재의 배우자가 조금이라도 잘못할 때면 "당신 때문에 인생 망쳤어!", "당신 만나서 이 모양 이 꼴로 산다!"고 합니다.

아닙니다. 그나마 지금의 배우자를 만나서 이만큼이라도 살고 있는지 모릅니다. 다른 사람 만났으면 더 험악한 인생을 살았을지도 모릅니다. 다시 태어나면 반드시 더 나은 환경이 주어질 거라고 생각하는 것도 착각입니다. 막연한 긍정의 소망으로 현재의 상황을 불평하는 것은 인생살이에 아무런 도움이 되지 않습니다.

남자가 달라봐야 얼마나 다르겠습니까? 여자가 달라봐야 얼마나 다르겠습니까? 더 나은 남자는 없습니다. 더 나은 여자도 없습니다. 영화나 뉴스에 등장할 만큼 포악한 사람만 아니라면 이만한 사람 만나는 것도 쉽지 않습니다. 다시 태어나도 지금 살고 있는 할아버지와 결혼하겠다고 말하는 할머니처럼 다 그놈이 그놈입니다. 아무래도 익숙한 거보다 나은 건 없습니다.

잠자는 위치가 달라지는 것을 통해 세월의 흐름과 감성의 변화를 보여주는 부부 이야기가 있습니다.

20대 : 붙어서 잔다.

30대 : 마주보고 잔다.

40대 : 나란히 잔다.

50대 : 등 돌리고 잔다.

60대 : 다른 방에 가서 잔다.

70대 : 어디서 자는지 모른다.

80대 : 살았는지 죽었는지 모른다.

영화나 드라마에서는 남편의 팔을 베고 편안히 잠든 아내와 아내의 무릎을 베고 단잠에 빠진 남편의 모습을 화목한 부부의 장면으로 보여줍니다. 그래서 그 모습을 따라 하는 부부들이 있습니다.

그러나 의사들은 그런 자세가 위험하다고 말합니다. 팔다리를 베고 자는 것은 혈액순환에 방해가 되고 불편한 자세로 인한 후유증이 생길 수 있다는 것입니다. 그런 모습은 영화를 찍기 위해 연출된 자세일 뿐입니다. 잠은 떨어져서 편하게 자도 괜찮습니다. 자고 일어나서 싸우지나 마세요!

세월이 흘러서 남편과 아내의 태도가 달라진 것을 서운해할 필요는 없습니다. 세월이 흐르면 잠자는 위치가 달라지듯이 태도 역시 달라지는 것은 자연스런 현상입니다. 젊을 때 취하던 자세는 나이 들면 더 이상 불가능한 자세가 됩니다. 마음이 변해서가 아니라 살다 보니 그렇게 된 것입니다. 우리만 그런 것이 아니라 모든 사람이 그렇습니다.

젊을 땐 불편한 것을 이길 체력이 있었지만 나이 들면 편한 게 좋아집니다. 사랑 타령도 젊은 시절 한때입니다. 나이 들어서도 사랑 타령을 하면 오히려 부작용이 생깁니다. 남들보다 더 행복한 부부처럼 보이려고 하는 것도 힘든 일이 됩니다. 말썽 안 피우고 속 안 썩이면 아주 잘 살고 있는 것입니다. 서로에게 익숙해져서 서운한 것도 웃어넘길 정도가 되면 남은 세월은 아주 편안한 인생살이가 될 것입니다.

32

한밤중의 착각

쇠렌 키르케고르 / 1813-1855

한밤중 인기척에 잠을 깬 아내가 주위를 둘러보니, 남편이 일어나서 옷을 입고 있었습니다. 이상한 생각이 든 아내는 자는 척하며 남편의 행동을 유심히 살폈습니다. 남편은 누군가와 조용히 통화를 하고 있었습니다.

'이 밤중에 누가 전화를 했을까? 남편은 전화를 받고 어디를 가려는 것일까?'

무슨 내용인지는 알 수 없었지만 남편이 통화하고 있는 사람이 여자인 것만은 분명했습니다. 남편은 자고 있는 아내가 깨지 않도록 속삭이며 계속 통화를 하면서 서둘러 나가려고 했습니다.

아내는 이 야밤에 여자의 전화를 받고 저렇게 급하게, 그것도 자신 몰래 나간다면 분명 심상치 않은 일이라는 느낌이 들었습니다. 일이 커지기 전에 뭔가 분명한 조치를 취해야 할 것 같았습니다. 문을 열고 나가려는 남편에게 아내가 소리쳤습니다.

"어떤 년이야?"

깜짝 놀란 남편이 당황한 목소리로 엉겁결에 대답했습니다.

"어? 옆집 아줌마!"

옆집 아줌마라면 자신이 잘 아는 소영이 엄마였습니다. 소영이 엄마와 남편이 한밤중에 만나는 사이라니, 아내는 울화가 치밀었습니다. 벌떡 일어나서 문고리를 잡고 서 있는 남편에게 호통쳤습니다.

"이 나쁜 놈아! 왜 하필 소영이 엄마야? 내가 그년보다 못한 게 뭔데?"

남편은 별일 아니라는 듯 피식 웃으며 대답했습니다.

"자다 일어나서 뭐라는 거야? 그냥 자! 잠깐 나갔다 올게!"

아내는 능청스럽게 대답하며 문을 닫으려는 남편에게 최후의 통첩을 날렸습니다.

"뭐? 잠깐 나갔다 온다고? 지금 나가면 다신 못 들어올 줄 알아! 이 밤중에 왜 나가는 거야? 왜? 왜?"

"거, 참나! 차 빼달란다! 뭔 꿈을 꿨기에 저래?"

남편의 마지막 말에 아내는 터져나오는 웃음을 참고는 진짜 잠꼬대인 척 스르르 돌아누워서 입술을 꽉 깨물었습니다.

인간의 불안한 감정을 철학적으로 이해한 최초의 사람이 덴마크 철학자 쇠렌 키르케고르입니다. 그는 '무엇이 인간을 불안하게 만드는가?'에 대한 답으로 자유의지를 제시했습니다.

그는 위급한 상황에 놓인 인간은 부도덕한 결정을 내릴 수 있을 뿐만 아니라 끔찍한 일을 저지를 자유까지도 가지고 있다고 생각했습니다. 그로 인해 인간은 자신이 가진 한계 없는 자유를 통해 불안과 공포를 느끼게 됩니다. 그것을 불안이 주는 '자유의 현기증'이라고 했습니다.

반면에 그는 그러한 자유의 현기증에 의해 인간은 선택폭을 넓힐 수 있고, 수준 높은 도덕에 이를 수 있게 된다고 합니다. 즉, 사람은 무엇이든 할 수 있는 자유를 가지고도 부도덕한 일을 하지 않음으로써 성숙한 인간이 될 수 있다는 것입니다.

사람은 선택의 자유를 가지고 있습니다. 나쁜 짓도 할 수 있습니다. 하지만 그러한 선택의 자유를 스스로 제한함으로써 사회적 책임을 수행하고, 공동체를 유지할 수 있습니다.

의심하기 시작하면 모든 것이 의심스러운 것이 되고 이해하면 모든 것이 그럴 만한 것이 됩니다. 한 번 골이 생기면 물은 골을 따라 흐르듯 생각도 방향이 정해지면 같은 쪽으로 흐릅니다. '혹시?'라는 추측으로 생각의 방향을 결정하면 큰 실수를 저지르게 됩니다.

많은 부분에서 추측은 개인적인 피해 의식이나 감성적인 자극에 의해 시작됩니다. 또한 과거의 아픈 추억이나 가까운 사람들을 통한 간접 경험이 비관적인 시각을 주기도 합니다. 그때부턴 실제로 아무런 일이 없음에도 불구하고 사소한 일을 통해 최악의 결과를 상상하게 되고, 주변 사람들의 정상적인 행동을 이상한 눈으로 바라보게 됩니다.

내가 직접 보거나 당사자에게 들은 말이 아닌 것을 판단의 근거로 삼으면 안 됩니다. 소문을 듣고 제삼자를 평가하면 안 됩니다. '만약?'이라는 것을 전제로 어떠한 생각도 시작하면 안 됩니다. 그렇게 시작된 것은 잘해봐야 본전이 아닌 손해입니다. 만약으로 시작된 추측이 맞아떨어질 확률은 1퍼센트입니다.

잘 생각해보세요. 지금까지 살면서 미리 염려했던 일들 중 현실이 된 게 어느 정도입니까? 염려의 100퍼센트는 시간이 지나면서 흔적도 없이 사라진다는 사실을 발견할 것입니다. 추측은 근거도 없고 확률도 없는 그야말로 허무한 망상입니다. 사람들은 말합니다.

"남들이 다 그러더라!"

생각해보세요! 그 남들은 어떤 사람들입니까? 그들 중 정말 그런 꼴을 당한 사람이 몇 명입니까? 한 사람씩 붙들고 진위를 확인해보면 그렇게 말한 사람들 전부가 그냥 들은 얘기라고 할 것입니다. 그런 일을 당한 사람은 하나도 없습니다. 혹시 백 명 중에 한두 명 있을지도 모르겠습니다. 그렇다고 해도 아무 일도 없었던 대다수를 제쳐두고 그 한두 명에게 일어난 일로 내 인생을 추측하는 건 너무 심한 일 아닌가요?

왜 우리는 항상 최악으로만 상상하는 것일까요? 아마도 그런 상황이 오지 않기를 바라는 마음이 간절하기 때문인 것 같습니다. 맞습니다. 우리는 행복해지려는 간절한 소원을 가진 사람들입니다. 그러니 이제부터는 터무니없이 의심하는 버릇을 버리고 되도록 믿고 살기를 바랍니다.

아무 짓도 하지 않은 사람에게 눈치 주지 말고, 성질도 건드리지 말고, 함부로 소리치지도 마세요! 한밤중에 일어나서 전화를 받고 있는 남편은 이상한 짓을 하고 있는 것이 아니라 곤히 잠든 아내를 깨우지 않으려던 것입니다. 아내를 건드리지 않으려고 조심조심 살살 말하고 있는 남편을 불쌍히 여기지는 못할망정 나쁜 놈으로 생각해서야 되겠습니까?

최대한 아내를 편하게 해주려는 남편의 배려를 못된 짓하는 사람으로 생각하고, 살아보려고 애쓰는 사람에게 살 마음이 안 들게 하지 마세요! 의심은 아무리 잘해도 욕먹게 되고 믿음은 밑져야 본전입니다. 정말 망한다고 해도 의심하다 망하는 것보다는 믿다가 망하는 게 낫습니다.

33

남편이 없는 곳

카를 마르크스 / 1818-1883

남편에게 사랑을 받지 못하고 괴롭힘만 당하던 아내가 병이 들어 운명하고 말았습니다. 남편은 아내가 떠난 후에야 비로소 자신이 얼마나 못된 남편인지를 알게 되었습니다. 혼자 술을 마시며 고독한 저녁을 보내던 남편은 죽은 아내가 보고 싶었습니다. 자신의 잘못을 빌고 싶기도 했습니다. 착해서 천국에 갔을 아내가 편하게 지내고 있는지도 궁금했습니다.

아내를 그리워하는 마음을 달랠 길 없던 남편은 죽은 사람을 만나게 해준다는 심령술사를 찾아갔습니다. 남편이 최면에 걸려 무의식 상태가 되자 죽은 아내의 목소리가 들려왔습니다.

"여보! 당신 맞아?"

"그래요. 나예요! 내가 보고 싶어서 왔어요?"

"살았을 때 고생시켜서 미안해! 지금은 행복하지?"

"그래요, 행복해요!"

"나랑 살 때보다 행복해?"

"그럼요. 그때랑 비교할 수도 없죠!"

"그렇다면 당신은 천국에 있는 게 분명하군! 나도 당신 있는 곳으로 가야 할 텐데!"

"걱정 말아요. 당신도 죽으면 여기로 오게 될 거에요!"

"난 당신에게 못된 남편이었잖아! 내가 천국에 갈 수 있을까?"

"난 천국에 있지 않아요. 지옥에 있어요. 그래도 살았을 때보단 훨씬 좋아요!"

19세기 이후 전 세계는 공산주의 이론에 의해 몸살을 앓게 됩니다. 공산주의 이론을 창시한 카를 마르크스는 독일에서 태어나 법학을 공부한 후 신문사 편집장으로 일했습니다. 당시 군주제도의 반향으로 대중에게 호감을 일으키고 있던 민주주의를 옹호하는 그의 글이 프로이센 왕가에 의해 검열을 당한 후 그는 추방 명령을 받습니다.

권력자들에게 추방당한 그는 프리드리히 엥겔스를 만나 '공산당 선언'이라는 40쪽 짜리의 새로운 사회 이론을 세상에 내놓습니다. 신약성서의 사도행전에서 힌트를 얻었다고 하는 그의 이론은 현대에 이르기까지 수많은 추종세력을 얻게 됩니다.

하지만 그는 고국인 독일에서 혁명이 실패하는 것을 보고 고향을 떠나 런던에서 죽는 날까지 망명 생활을 했습니다. 아내와 함께 가난한 삶을 벗어나지 못했는데, 임종 때 그를 추모하고자 모인 사람은 열한 명뿐이었습니다.

마르크스는 세상의 역사를 투쟁의 연장으로 보았습니다. 고대의 주인과 하인, 중세의 영주와 농부, 근대의 고용인과 피고용인 등 모든 시대를 지배자와 피지배자로 구분했습니다.

그런 와중에 생겨난 사회계급을 부르주아자본가 계층와 프롤레타리아노동자 계층로 단순화했습니다. 두 계급은 항상 대립한 상태이고 혁명을 통해서만 새로운 계급이 탄생한다고 했습니다.

그로 인해 많은 젊은이와 서민 계층이 '공산당 선언'에 이끌리게 되었고, 피 흘리는 투쟁만이 사회를 개혁할 수 있다는 의식이 팽배해졌습니다. 결국 마르크스 이론에 의해 전 세계는 수많은 유혈혁명을 치러야 했습니다. 그리고 오늘날 그의 공산주의 이론은 많은 부작용과 인간 정신의 실종, 극심한 권력의 집중과 타락이라는 결과를 낳고 말았습니다.

어떠한 사회도 저절로 공평해지지는 않습니다. 공산주의, 사회주의, 민주주의 등등 사회제도가 인간의 삶을 평화롭게 하는 것이 아닙니다. 각 사회의 실권자와 구성원들의 가치관이 사회의 분위기를 결정합니다.

똑같은 제도 아래에 사는 사람도 각기 다른 상황에 처할 수 있습니다. 민주주의 사회에서도 독재자의 정신으로 사는 사람이 있습니다. 수많은 가정이 있지만 그 가정의 분위기는 다릅니다. 평화로운 가정이 있고, 싸우는 가정이 있고, 행복한 가정과 불행한 가정이 있습니다.

무엇이 가정의 분위기를 결정할까요? 가장과 가족들의 가치관이 가정의 분위기를 결정합니다. 남편은 가정을 지옥보다 더 못한 곳으로 만들 수 있는 가장 유력한 사람입니다. 그 이유는 가장 힘이 세기 때문입니다. 힘 센 사람의 핵심적인 위험성은 그 힘을 함부로 쓸 가능성이 많다는 것입니다. 가정의 평화와 행복은 대부분 힘 있는 사람의 태도에 달려 있습니다.

힘 있는 사람이 힘을 함부로 쓰거나 자기만을 위해 쓰거나 불공평하게 쓰면 가정은 지옥이 되거나 지옥보다 더 지독한 곳이 됩니다. 힘이 있어도 그 힘을 잘 쓸 수 없는 사람은 차라리 힘없는 사람이 되는 게 낫습니다. 그에게 힘은 자신을 타락시키고 주위 사람들을 괴롭히는 악한 것이 되기 때문입니다.

착한 아내가 지옥에 가기야 했겠습니까? 논점을 부각하기 위해 그렇게 설정했겠죠? 하지만 남편이 없는 지옥에 있는 게 살았을 때보다 낫다고 말한 아내의 심정을 이해하는 사람이 있을 것입니다.

평생 사랑하고 서로 도우며 살겠다는 다짐으로 결혼한 남편이 날마다 괴롭히는 사람으로 변한다면 아내에게 가정은 지옥보다 더한 곳이 됩니다. 아내는 그런 남편이 없는 곳이면 지옥도 천국이라고 생각할 수 있을 것입니다.

과연 나 자신은 가정을 지옥으로 만드는 남편이 아닙니까? 혹은 그런 아내가 아닌지 생각해보세요. 절대 아니라고 단정하지 마세요! 아내와 가족에게, 혹은 남편과 아이들에게 할 말 다 하고 산다면 당신은 지옥을 만드는 사람일 수 있습니다.

자기 마음대로 하는 사람, 다른 사람의 말이나 의견을 존중하지 않는 사람, 무엇을 먹든 어디를 가든 혼자 다 결정하는 사람은 자기 혼자만의 천국을 만드는 사람일 가능성이 아주 높습니다. 그런 사실을 본인만 모르고 있는 것입니다. 독재자는 자신이 절대 독재자라고 생각하지 않는 것과 같습니다.

가족들의 분위기와 집안의 동정을 잘 살펴보세요! 내가 있을 때 분위기가 좋은지, 내가 없을 때의 분위기가 좋은지를 말입니다. 스스로 알 수 없다면 주변 사람들에게 조심스럽게 물어보세요! 내가 없을 때를 가족들이 더 편안해한다면 나는 지금까지 가정의 분위기를 해치고 살아온 사람입니다. 그렇게 살아준 가족들에게 지금이라도 고마워해야 합니다.

그리고 이제부터라도 가정을 지옥이 아닌 천국으로 만들기 위해 힘이 아닌 마음을 써야 합니다. 말을 줄이고, 고집도 부리지 말고, 하고 싶은 것도 줄이고, 가고 싶은 곳도 내가 아닌 아내나 아이들이 결정하게 해야 합니다. 나는 왕이 아닌 종이 돼야 합니다. 내가 왕인 곳에서 행복한 사람은 나 하나지만 내가 종인 곳에서는 모든 사람이 행복할 수 있습니다.

나 덕분에 가족이 이만큼 잘 살고 있다고 생각하지 마세요. 가족 덕분에 내가 이만큼 살고 있는 것입니다. 나 덕분에 가족이 잘 살고 있다고 생각하는 사람은 오히려 그 반대일 가능성이 많습니다.

오늘부터는 나 때문에 가족이 힘들어하지 않는지 생각해보세요. 아내와 남편이 서로에게 반머슴, 반하녀로 살면 가정은 천국이 될 것입니다. 하지만 서로 왕이 되고 왕비가 되려 하면 그 집은 지옥보다 살기 힘든 곳이 될 것입니다.

34

살아 있는 슬픔

헨리 데이비드 소로 / 1817-1862

동창회에 다녀온 할머니가 심통이 난 표정으로 집에 들어왔습니다. 할머니의 안색이 어두운 것을 알아챈 할아버지가 무슨 일이 있었느냐고 물었습니다. 할머니는 별일 아니라고 대답했지만 표정은 심각하게 굳어 있었습니다. 그냥 두면 며칠을 시달려야 할 것 같은 생각이 들어 할아버지는 다시 물어보았습니다.

"왜 그려? 말을 혀야 알지!"

"별일 아니니께 신경 쓸 거 없구먼!"

"아녀! 뭔 일이 분명히 있었는디?"

"아, 글쎄! 없다니께!"

"그러지 말고 말혀봐!"

"말혀야 좋을 거 하나 없어!"

단호한 할머니의 말에 할아버지는 뭔가 심각한 일이 있었음을 깨달았습니다. 이걸 풀지 못하면 정말로 불편한 생활이 이어질 것 같았습니다.

비용이 좀 들더라도 반드시 해결해야겠다는 생각으로 계속 대화를 시도했습니다.

"왜 동창회 가니까 다들 밍크코트라도 입고 나온 거여! 까짓 하나 사면 되는 거 아녀?"

"밍크코트는 무슨? 할망구들이 입어봐야 무겁기나 허지!"

"그럼, 뭐여? 당신만 다이아반지가 없어서 그려?"

"쭈그러진 손에 다이아가 뭔 소용이여?"

"아, 알겄다! 차가 문제인 거여? 당신 차가 좀 오래되긴 혔지? 이참에 새 거 하나 장만혀!"

"다 늙어서 택시 타면 되는 거지, 새 차는 무슨……."

큰마음 먹고 문제를 해결해보려던 할아버지는 무슨 일이 있었는지 도통 말을 안 하는 할머니에게 버럭 화를 냈습니다.

"거 참! 대체 왜 죽을상을 허고 있는 거여?"

할아버지의 호통에 할머니는 한숨을 길게 내쉬며 대답했습니다.

"나만 영감이 살아 있응께!"

좋아서 연애를 하고 사랑해서 결혼했을지라도 세월이 흐르면 좋아하고 사랑하는 모습이 바뀔 수 있습니다. 한평생 싸우지 않고 화목하게 살며 자식들을 결혼시켜 다 내보낸 부부가 아침에 일어나면 "아직도 안 죽었네?" 하고 인사를 나눕니다.

밥 먹을 때나 차 마실 때, 텔레비전을 보다가도 시간만 있으면 마주 앉아서 먼저 죽으라고 이야기합니다. 그러면서도 맛있는 게 있으면 서로 건네주고, 좋은 물건이 생기면 아껴두었다가 전해줍니다. 그리고 하는 말은 여전히 먼저 죽으라는 말입니다.

이렇게 노부부가 먼저 죽으라는 말을 하는 이유는 서로의 장례식을 치러주고 싶기 때문이라고 합니다. 누군가 뒤에 남는 사람은 외로움을 달래며 살아야 하기에 서로 편할 때 먼저 보내주고 싶어서 날마다 죽으라는 말을 주고받는다고 합니다.

젊을 땐 잘 살아보자는 말이 서로를 위한 사랑의 표현이었지만 나이가 들어서는 잘 보내려는 것이 사랑의 표현이 되었습니다. 세상의 모든 부부가 이렇게 끝까지 사랑으로 살 수 있다면 얼마나 좋을까요? 하지만 살아 있는 게 짐이 되는 배우자도 있습니다.

수십 년을 살아도 남녀의 일을 구분하고 조금도 도와주지 않는 사람, 배우자의 습관이나 행동을 간섭하고 통제하려는 사람, 옛날 실수와 잘못을 되새기며 반복해서 얘기를 꺼내는 사람, 남의 말을 듣고 배우자를 판단하는 사람, 결혼한 지 10년이 넘어서도 눈치를 주는 사람, 부부 사이에서도 계산하는 사람, 자신이 손해 보고 산다고 생각하는 사람, 자기는 잘못한 게 없는 줄 아는 사람, 미안하다는 생각을 한 번도 하지 않는 사람, 배우자보다 자기가 잘났다고 생각하는 사람, 자기가 더 똑똑하다고 생각하는 사람 등등…….

이런 사람은 살아 있는 것만으로도 배우자를 힘들게 만드는 유형입니다. 아무리 잘나고 유능해도 배우자에게서는 대접을 기대해선 안 됩니다. 함께 사는 사람에게는 잘난 사람이 아니라 편한 사람이 돼야 합니다. 함께 있으면 아무 말 하지 않아도 되고, 신경 쓰지 않아도 되고, 챙겨주지 않아도 되는 사람이어야 합니다.

"시민에게는 양심적 거부권이 있다."
미국의 철학자 헨리 데이비드 소로가 1849년에 집필한 『시민의 반항』에 실린 내용입니다. 소로는 법이 만들어진다고 무조건 따라야 하는 것은 아니라고 했습니다.

그의 말에 의하면, 입법자들이 만든 법이 시민을 보호하지 못하고 도리어 괴롭히는 것들이 있고, 양심과 도덕적 가치관을 거스르게 하는 것들이 있었습니다. 그러한 법에 대해 시민에게는 협조하지 않을 권리가 있고, 비폭력 저항을 통한 거부권을 행사할 수 있어야 한다고 했습니다.

소로는 합의를 통해 정해진 법이나 약속이라도 그것이 편파적이거나 부당한 결과를 초래한다면 그 결정은 거부되어야 한다고 생각했습니다. 그러한 자신의 생각을 실천하기 위해 그는 노예제도를 유지하기 위해 쓰이는 세금의 납부를 거절했습니다. 그것은 인간평등의 원칙에 위반되는 법이었기 때문입니다.

소로의 생각을 인도의 간디는 비폭력운동으로 발전시켰고, 마틴 루서 킹 목사는 흑인 인권운동으로 발전시켰습니다.

대부분의 법이나 관습은 다른 사람들과의 정당한 관계를 유지하는 기초가 되지만 때로는 그것이 가까운 사람에게는 방해되는 경우가 발생합니다. 남자는 세상에 나가서 잘나고 똑똑하게, 남자답게 살면 됩니다.

그러나 집에서도 잘난 사장 대접을 받으려 하거나 판사가 되려 하거나, 대통령 대접을 받으려 해선 안 됩니다. 그런 대접은 밖에서 받는 것으로 충분합니다. 집에서 아내에게는 사회적 신분의 대상이 아닌 아내를 돕는 배우자가 돼야 합니다.

원칙적으로 세상에서는 손해 보고 살아선 안 되지만 배우자에게만은 늘 손해 보고 살아야 합니다. 상대가 화낸다고 같이 화내면 안 되고, 속인다고 같이 속여도 안 되고, 너무 공평하려고 해도 안 됩니다.

때로는 친정에 큰 선물을 할 수도 있고 시댁에 좋은 것을 줄 수도 있습니다. 물리적으로 크고 작은 것은 사업상으로나 상식적으로는 공평을 해치는 것이 될 수 있으나 부부관계에서는 공평의 기준이 아닙니다.

부부에게는 현재의 감정적인 상황이나 현실적인 상황이 공평의 기준이 됩니다. 친정에 어려운 일이 생기면 시댁보다 용돈을 더 드리는 것이 공평한 것입니다. 그것이 아내의 마음을 편하게 하기 때문입니다.

아내의 마음이, 남편의 마음이 편해지는 게 공평의 기준입니다. 다만, 그러한 것은 부부만의 비밀이 돼야 합니다. 부부 이외의 사람에겐 알려봐야 이해할 사람은 아무도 없습니다. 남의 시각으로는 물리적인 것과 크고 작은 것, 많고 적은 것만 보이기 때문입니다. 부부 외의 사람들은 절대 부부 사이의 일을 이해할 수 없습니다.

세상의 모든 기준이 부부 사이에선 달라져야 합니다. 부부 사이에선 객관적인 것도, 상식적인 것도, 일반적인 것도, 당연한 것도 없습니다. 그저 배우자를 편하게 해주는 것, 그 하나가 모든 것의 유일한 기준입니다. 아내와 남편에게는 아무것도 따지지 마세요! 남들처럼 살고 싶다고도 하지 마세요! 남들처럼 사는 게 잘 사는 인생은 아닙니다.

배우자를 슬프게 하는 소리는 악마의 소리입니다. 죽을 일 아니고 망할 일 아니면 "잘했어!", "괜찮아!"라고만 하세요! 시간이 흐르면 잘한 일도 못한 일도 다 그저 그런 일이 됩니다. 그렇게 하지 않으면 모든 일은 사라지고 서운한 감정만 서로에게 짐으로 남을 것입니다.

35

내 마음대로 판단하지 마라

윌리엄 제임스 / 1842-1910

선거에 출마해서 단 두 표를 얻은 후보가 선거를 마치고 집으로 들어왔습니다. 가장의 실패를 감당하기 어려울 거라는 생각으로 그는 가족에게 밝은 표정을 지어보였습니다. 가족은 그의 눈치를 살피며 선거에 대한 이야기를 꺼내지 않았습니다. 옷을 갈아입고 거실로 나오자 아내가 선거에 대해서 조심스럽게 물어보았습니다.

"이번 선거에서 표는 얼마나 얻었어요?"

남편은 조금도 실망하지 않은 것처럼 미소를 지으며 대답했습니다.

"응. 딱 두 표!"

남편의 대답을 들은 아내가 눈물을 글썽이며 남편을 때리기 시작했습니다. 가족들은 남편의 실패를 아내가 더 괴로워하는 줄 알고 아무도 말리지 않았습니다. 그런데 남편을 때리는 아내의 행동은 멈추지 않고 계속되었습니다.

"뭔가 다른 이유가 있는 건가?"

곧 그칠 줄 알고 말없이 맞고 있던 남편이 이상한 생각이 들어 때리는 아내를 만류하며 물었습니다.

"왜 이래? 아파요!"

아내는 말리는 남편을 화난 표정으로 뚫어지게 쳐다보더니 원통하다는 듯 소리쳤습니다.

"당신이 받은 다른 한 표는 누구야?"

아내의 말을 들은 남편이 황당한 표정으로 대답했습니다.

"뭐? 그게 무슨 말이야?"

"무슨 말이긴 몰라서 물어? 당신 말고 또 누가 당신을 찍었냐고?"

"그걸 내가 어떻게 알아?"

남편의 모른다는 말을 들은 아내가 무언가 확신에 찬 눈길로 남편을 바라보며 소리쳤습니다.

"당신! 여자 생겼지?"

"생각이 행동을 결정하고 행동은 생각을 사실로 만들어낸다."

미국에 실용주의 정신이 뿌리내릴 수 있도록 기초를 다진 사람이 윌리엄 제임스입니다. 앞의 문장은 그의 철학을 한마디로 표현한 말입니다. 그의 주장대로라면 사람이 어떤 생각을 가졌든 그것에 대한 믿음은 행동을 낳고, 그 행동은 생각을 현실이 되게 합니다. 따라서 사람이 행하는 모든 행동은 진리를 만들어가는 과정이 됩니다.

사람의 모든 생각은 사실이나 진실, 더 나아가 진리가 될 가능성을 가지고 있습니다. 즉, 진리는 사람의 행동에 의해 만들어지는 것입니다. 길을 잃은 사람은 다음의 두 가지를 생각할 수 있습니다.

"보이는 길을 따라 계속 가다 보면 마을을 발견할 것이고 나는 살길을 찾을 것이다."

"이 길은 막다른 길이다. 막힌 길을 방황하다 죽느니 이 자리에서 편하게 죽는 게 낫다."

제임스는 누구라도 이 두 가지 중 어느 한 가지에 대한 믿음을 갖게 될 것이고, 그 믿음이 그를 행동하게 할 것이며, 그 행동에 의해 그의 생각은 진리로 판명될 거라고 했습니다.

결국 사람은 자신이 믿고 행동하는 대로 결과를 만들어낸다는 것입니다. 이러한 그의 생각에 의해 많은 미국 사람은 긍정적 사고로 행동하는 실용주의를 선택했고, 그 결과 200년 만에 세계 최고의 강대국을 이룩할 수 있었습니다.

아내는 왜 남편이 받은 두 표 중 하나가 다른 여자를 사귀는 증거라고 생각했을까요? 남편을 찍은 사람이 남편 자신 말고는 한 사람도 없을 것이 분명했기 때문일까요? 그렇다면 남편은 절대 선거에 출마해선 안 될 사람이었습니다. 가족에게도 인정받지 못하는 사람이 나랏일을 하면 나라를 망칠 것은 두말할 나위도 없죠.

반면에 남편의 두 표가 순수하게 정치적인 실패였다면 아내의 화풀이는 부정적 망상의 산물일 것입니다. 그것은 현실에서 일어나는 모든 일을 자기 생각대로 해석한 결과입니다. 남편은 아무 잘못도 없이 아내의 일방적인 추측에 의해 천하의 바람둥이가 된 것입니다.

우리의 실생활에서도 이런 일이 일어날까요? 충분히 그럴 수 있습니다. 아니 더한 일도 일어날 수 있습니다. 나쁜 사람이라고 생각했는데 좋은 사람일 수 있고, 좋은 사람인 줄 알았는데 나쁜 사람일 수 있습니다.

사람은 객관적으로 판단하지 않습니다. 자기 마음대로 판단합니다.

일어날 가능성이 거의 없는 일을 가지고 노심초사합니다. 다른 사람들이 당한 어려운 일은 아무 걱정하지 말라고 충고하는 사람이 자기가 당한 작은 일에는 잠도 못 자는 경우가 허다합니다. 남의 일은 객관적으로 보고 판단하지만 자기 일은 그렇게 볼 수 없기 때문입니다.

마음에서 들리는 소리의 많은 부분이 욕심이거나, 환상이거나, 과거의 경험이 주는 후유증이거나, 터무니없는 추측들입니다. 그러므로 자기 혼자 내리는 결론은 비현실적인 결론일 가능성이 많습니다.

엉뚱한 상상을 시작하면 귀신도 곡할 판단을 내리게 됩니다. 눈앞에 나타나기 전에는 아무것도 걱정할 필요가 없습니다. 직접 보고 듣기 전에는 아무것도 추측하지 않는 게 좋습니다. 많은 사람의 실수가 간접적인 정보를 자기 마음대로 판단하기 때문입니다.

아무것도 의심하지 마세요! 의심하기 시작하면 나만 빼고 모든 사람이 나를 속이는 한 편인 것 같고, 세상의 모든 게 믿을 수 없는 것이 됩니다. 의심은 성취해도 불행한 결과를 만들어냅니다. 하지만 긍정적 믿음은 밑져야 본전입니다. 어차피 자기 마음대로 판단할 거라면 좋은 쪽으로 생각하는 게 낫습니다. 의심으로는 행복할 수 없습니다.

36

무시하지 마라

엘렌 식수스 / 1937-현재

자기주장이 강한 아내는 남편의 생각을 인정하지 않습니다. 집안일은 물론이고 남편과 함께 의논해야 하는 중요한 문제들까지 자기 마음대로 합니다. 가족들의 모든 일을 일일이 참견해야 하고 자신의 뜻대로 결정해야 합니다.

아이들은 자신의 생각을 할 수 있을 나이부터 그런 엄마의 간섭을 피하기 위해 스스로 자기 일을 결정하기 시작했습니다. 엄마가 있을 때는 아무런 이야기도 꺼내지 않습니다. 친척들도 마찬가지입니다. 무언가를 결정해야 할 때는 함께 앉아 있다가도 각자의 집으로 돌아가거나 밖으로 나가서 따로 이야기하고 들어옵니다. 그런 아내의 이야기를 끝까지 들어주는 사람은 남편 한 사람뿐입니다. 하지만 아내는 늘 남편에게 말합니다.

"당신이 뭘 알아요? 조용히 해요!"

남편은 그런 이야기를 듣고도 그저 웃어넘깁니다.

"하하하!"

그러던 어느 날 퇴근 시간이 지나서 집으로 전화가 걸려왔습니다. 남편이 교통사고를 당해서 위독하니 빨리 병원으로 오라는 것이었습니다. 저녁을 준비하던 아내는 허겁지겁 병원으로 달려갔습니다.

병원에 도착해서 직원의 안내를 받고 들어가니 남편은 하얀 천을 얼굴까지 덮고 있었습니다. 숨도 못 쉬게 왜 얼굴을 덮어놓았느냐고 아내가 화를 내자 직원은 조금 전에 남편이 운명했다고 대답했습니다.

남편이 죽었다는 말을 들은 아내는 남편 앞에 주저앉아서 하염없이 눈물을 흘렸습니다. 지나간 날들이 주마등처럼 스쳐갔습니다. 남편을 구박하던 자신의 모습과 기가 죽어 있는 남편의 모습이 떠올랐습니다.

그렇게 한평생 자신에게 구박만 받던 남편이 하얀 천을 덮고 누워 있는 걸 보니 불쌍하다는 생각이 들었습니다. 그리고 이제 자신의 타박을 받아줄 사람이 세상에 한 명도 없다는 생각이 들자 한없이 슬퍼졌습니다.

"에이고! 불쌍한 인간아! 매일 구박만 받다가 이렇게 죽으면 어떡해! 그동안 내가 당신한테 너무한 거 같아. 잔소리 좀 작작 했어야 하는데! 그래도 내 말 들어주는 사람은 당신뿐인데! 난 이제 어떡하라고!"

그렇게 남편 앞에 앉아서 한참을 울고 있는데 죽은 줄 알았던 남편이 하얀 천을 슬그머니 끌어내리며 아내에게 말했습니다.

"여보, 나 아직 안 죽었어!"

그러자 정신 나간 사람처럼 울고 있던 아내가 깜짝 놀라며 남편에게 소리쳤습니다.

"당신이 뭘 안다고 그래? 의사가 죽었다는데! 쓸데없는 참견 말고 조용히 누워 있기나 해!"

아내의 말을 들은 남편은 내렸던 천을 다시 덮으며 눈을 감았습니다. 그리고 아내는 다시 울기 시작했습니다. 잠시 후에 들어온 의사가 남편의 심장이 다시 뛰는 것을 발견하고는 천을 내리고 살피더니 남편이 아직 살아 있다고 말했습니다. 아내는 그제야 안도의 한숨을 쉬며 눈물을 그치고 남편에게 말했습니다.

"당신 아직 안 죽었대. 이제 눈 떠도 돼!"

프랑스의 페미니즘 이론가 엘렌 식수스는 세상의 모든 것을 대립을 통한 성취로 보았습니다. 밤과 낮의 대립으로 하루가 이루어지고, 머리와 가슴의 대립으로 냉정과 온정이 조화를 이루고, 개발과 보존의 대립으로 세상이 균형을 이루고, 위와 아래, 앞과 뒤, 나와 너의 대립을 통해 삶이 이루어지고 공존의 세상이 가능하다고 생각했습니다.

엘렌 식수스에 의하면 대립은 외면하거나 거부해야 할 것이 아니라 적극적으로 수용해야 할 대상입니다. 그렇지 않으면 어떤 것도 좋아질 수 없고, 앞으로 가거나 위로 오르는 것이 불가능합니다.

한 사람의 생각에 다른 사람의 생각이 더해지면 제3의 생각이 탄생합니다. 두 사람이 각자의 위치에서는 찾을 수 없었던 신선한 아이디어가 생겨납니다. 그것이 세상 발전의 과정이고 나아가야 할 방법입니다.

아내와 남편도 대립을 통해 성숙해지는 관계입니다. 부부는 친한 만큼 갈등의 요소도 많습니다. 주말부부가 사이가 좋은 이유는 사소한 것으로 갈등할 만큼의 충분한 시간이 없기 때문입니다. 늘 함께 있으면 모든 것이 갈등의 요소가 될 수 있습니다. 그리고 무시하기도 쉬워집니다. 사람의 눈은 너무 가까이 있는 것을 볼 수 없는 것처럼 부부의 관계도 너무 가깝기 때문에 서로의 가치와 소중함을 잊고 지내게 됩니다.

무시하는 것은 죽이는 것과 같습니다. 상대의 감정을 무시하면 상대는 죽을 만큼 괴로움을 당합니다. 감정이 죽는다는 것은 인격의 한 부분이 한순간 죽음을 당하는 것이기 때문에 그 아픔은 죽음의 고통과 같습니다. 그래서 감정을 건드리면 그 싸움은 끝까지 가게 마련입니다.

아내와 남편을 무시하는 것은 배우자를 죽은 사람처럼 살게 하는 것입니다. 감정을 표현하지 못하는 사람, 정서가 죽은 사람과 함께 살면 무슨 즐거움이 있겠습니까? 관에 누워 있는 사람처럼 아무런 반응도 없고 활동도 없으면 그와 함께 무엇을 할 수 있을까요?

그런데 우리는 흔히 상대의 감정을 무시하고, 말을 무시하고 정서와 상황을 무시합니다. 남의 형편을 알지도 못하고 일방적으로 판단합니다. 그리고 실수를 저지릅니다.

의견은 충돌해서 다듬어져야 합니다. 다듬어지지 않는 의견은 과격해지고 날카로워져서 주위 사람을 때리고 찌르게 됩니다. 정서와 감정과 상황도 조화를 이룰 수 있을 정도로 잘 부딪치는 방법을 찾아야 합니다.

인격과 태도 역시 부딪쳐서 다듬어야 합니다. 부딪칠 기회를 갖지 못한 인격은 모난 인격이 되고 깎이고 다듬어지지 않은 태도는 오만방자해집니다. 우리가 당하는 대부분의 사회 문제는 연마되지 않은 성품과 자세를 가진 사람들 때문에 일어납니다.

남편과 아내의 갈등도 서로의 의견을 듣고 수긍하고 합의하는 과정을 통해 풀립니다. 그런 과정이 없으면 어느 날 단번에 끝나버리는 결과를 낳습니다. 아내와 남편이 서로의 말과 의견을 존중하고 잘 듣는 것은 배우자를 살리고 나를 살리고 가정을 살리는 비결입니다.

터무니없는 것도 수긍하고, 덜떨어진 말에도 고개를 끄덕여주고, 틀려도 그냥 그런 줄 알고, 답답해도 참을 수 있어야 합니다. 그러한 과정을 지나야 원만한 부부가 될 수 있고, 행복한 가정을 만들 수 있습니다.

무시당하고 사는 것은 사는 게 아닙니다. 차라리 죽는 게 낫습니다. 가장 가까운 사람을 무시하는 것은 가장 가까이에 산송장을 두고 사는 것과 같습니다. 가까운 사람과 기 싸움을 하지 마세요. 사랑하는 사람이 기 죽어 사는 것을 보며 좋아하는 사람이 있다면, 그는 사람이 아닙니다. 살 기운을 다 빼앗고 혼자 활기차게 사는 것은 흡혈귀나 하는 짓입니다.

부부는 기를 쓰고 싸워서 이겨야 할 대상이 아닙니다. 두 사람의 기를 모아서 잘 살 방법을 찾아야 할 단 한 명의 반려자입니다.

37

불시착한 무인도에서 해수욕 즐기는 법

에드문트 후설 / 1859-1938

결혼 30주년이 된 부부가 외딴 곳으로 여행을 떠났습니다. 아무도 가 본 적이 없는 오지를 가보고 싶었던 부부는 작은 비행기를 타고 무인도를 찾아갔습니다. 목적지 부근에 도착하자 비행사는 착륙할 만한 조건을 가진 섬을 찾아 작은 섬 사이를 빙빙 돌았습니다. 그러다가 연료가 떨어지는 바람에 아무 섬에나 비상 착륙을 할 수밖에 없었습니다.

무사히 바닷가에 착륙하기는 했지만 외부와 연락할 수 있는 방법이 없었습니다. 그야말로 무인도에 갇힌 신세가 된 것입니다. 외부에서 누군가 그들을 찾아오기 전엔 섬을 빠져나갈 수 없는 상황이 되어버렸습니다.

시간이 흐르고 비상 착륙의 충격에서 벗어날 무렵, 비행기에 탔던 사람들은 섬을 빠져나갈 방법을 찾기 시작했습니다. 뗏목을 만들어야 한다, 연기를 피워 구조 신호를 보내야 한다, 백사장에 큰 글씨를 써야 한다 등등 다양한 방법들이 제시되었습니다. 사람들이 서로 의견다툼을 하고 있는 중에 남편이 뭔가 생각난 듯 아내에게 물어보았습니다.

"여보! 지난달 카드 사용료 결제일 지났는데 통장에 입금했어?"

매사가 철저한 남편은 그 상황에서도 평소처럼 신용관리의 중요성을 아내에게 말하려는 것 같았습니다. 하지만 아내는 남편과는 다르게 털털한 편이라 천천히 결재해도 된다고 생각했습니다. 미안한 표정으로 아내가 대답했습니다.

"아니요. 여행 갔다 와서 정리하려고 했는데?"

남편이 다시 물어보았습니다.

"비자카드하고 마스터카드 둘 다 결재 안 했어?"

"네. 한꺼번에 하려고 그냥 왔는데요? 죄송해요."

아내의 말을 들은 남편이 갑자기 아내를 끌어안으며 소리쳤습니다.

"잘했어! 정말 잘했어!"

혼날 줄 알았던 아내는 잘했다는 말과 함께 자신을 끌어안고 소리치는 남편을 이상하게 쳐다보았습니다.

'무인도에 갇혀 카드값을 안 갚아도 되니까 저렇게 좋아하나?' 하고 생각하던 아내에게 남편이 말했습니다.

"그들이 우리를 찾아낼 거야!"

"무슨 말이에요?"

"카드 회사에서 우리를 찾아낼 거라고! 그 사람들이 어떤 사람들인데? 우리는 카드값 받으러 올 때까지 이 섬에서 휴가를 즐기면 된다고!"

남편은 섬을 탈출하려고 애쓰는 사람들을 뒤로하고 바닷가로 달려갔습니다.

독일의 철학자 에드문트 후설은 '정의란 무엇인가?'에 대한 명확한 답을 얻기 위해 수학적이고 과학적인 접근을 시도했습니다. 사람들의 경험으로는 그런 철학적인 해답을 얻을 수 없기 때문이었습니다. 반면에 수학은 경험하지 않아도 공식에 의해 분명한 답을 얻을 수 있는 것이었습니다.

그런 이유로 후설은 인문학과 철학적인 주제들도 과거의 경험이 아닌 과학적 접근으로 답을 찾기 위해 노력했습니다. 이전의 어떠한 선입관도 개입되지 않은 지금 현재의 상황을 과학적으로 분석하는 게 정답을 얻는 유일한 방법이라고 생각했습니다. 그리고 그러한 방법을 '현상학phenomenology'이라고 명명했습니다.

하지만 그는 생애 말기에 진리를 발견할 확고한 과학적 기반을 마련하겠다는 의지를 잃어버리고 말았습니다. 자신의 생각대로 답을 얻을 수 없을 뿐만 아니라 그의 방법론을 따르던 사람들도 모두 제각각의 답을 얻었기 때문입니다. 결국 인문학과 철학, 인생의 문제들은 과학적인 답을 얻을 수 없다는 게 그의 결론이 되고 말았습니다.

남편은 늘 아내의 실수를 혼내며 살았습니다. 하지만 정말 중대한 순간에서 아내의 실수는 살아날 희망이 되었습니다. 오늘의 실수가 내일의 희망이 될 수 있습니다. 오늘만 지나면 슬픔이 기쁨이 되기도 합니다. 그것이 인생의 신비이고, 삶의 기적입니다.

남편 혹은 아내의 실수가 인생의 새로운 기회가 될 수도 있습니다. 화날 일도 내일이면 칭찬할 일이 될지 모릅니다. 그러니 서로의 실수를 너무 책망하며 살지 마세요. 조금 지나면 그 실수를 고마워하게 될 수도 있습니다.

잘하든 잘못하든, 마음에 들든 안 들든, 기분이 좋은 날이든 나쁜 날이든 부부는 함께해야 합니다. 그 모든 것이 결국엔 추억이 될 것이기 때문입니다. 나이 들면 한평생을 원망하며 살았던 부부라도 애틋해집니다. 무엇이 사람의 마음을 그렇게 바꾸는지는 알 수 없습니다. 하지만 분명한 것은 끝에 가선 모든 허물이 덮어진다는 것입니다.

너무 잘하려고도, 완벽하려고도 하지 마세요! 더 잘하라고, 정신 차리라고 혼내지도 마세요. 그런 것 때문에 다투고 싸우면 사랑할 시간을 까먹게 됩니다. 잘해도 못해도 지나갑니다. 지나고 나면 잘한 게 못한 것이 되고, 못한 게 잘한 것이 되기도 합니다.

너무 철저하고 완벽하면 뜻밖의 기회는 오지 않습니다. 좀 허술하고 넉넉해야 뜻하지 않은 행복이 굴러옵니다. 아내가 실수하면 "살길을 마련하고 있구나!" 하고 생각하면 됩니다.

남편이 실패해도 뭐라 하지 마세요! 남자의 특성상 실패 정도는 쉽게 털고 일어설 수 있습니다. 오히려 남편보다 더 안달하고 더 괴로워하는 아내를 보면 실패를 통감하며 다시 일어날 힘을 잃어버립니다.

실수나 실패는 끝이 아닙니다. 대신 어떻게 반응하느냐에 따라 진짜 실패가 되기도 하고, 새로운 길의 시작이 되기도 합니다.

아내와 남편에게 너무 많은 것을 기대하지 마세요! 살다 보면 넘어지기도 하고 실수도 하고 잘못도 할 수 있습니다. 그래야 불시착한 무인도에서 편하게 해수욕을 즐길 수 있습니다.

Chapter 3

두 바퀴는 넘어지지 않는다

말할 수 없이 창피한 순간에도
자신과 같은 사람이 있다는 것은 큰 위로가 됩니다.
함께하는 사람이 있을 때는 창피한 것도
웃음거리가 되고 추억이 되고 활력소가 될 수 있습니다.
나 아닌 누군가와 함께한다는 것은
난처한 상황을 이길 든든한 바탕이 되고
어려움을 이기는 힘이 되기도 합니다.
혼자는 부끄러워서 고개를 들 수 없는 상황에서도
나와 같은 편이 있다는 것을 알면 미소 지으며 고개를 들 수 있습니다.
남자에게 가장 큰 복은 아내를 얻을 수 있다는 것입니다.
여자에게 가장 큰 복도 남편을 얻을 수 있다는 것입니다.
죽을 때까지 함께할 사람을 얻는 것은
사람이 누릴 수 있는 가장 큰 행복입니다.
다른 사람은 다 떠나도 아내와 남편은 떠나지 않습니다.
죽음이 갈라놓기 전에는 떠나지 않고 내 옆에 머무는 사람이 배우자입니다.
그런 배우자를 얻기 위해 우리는 어떤 대가를 치렀습니까?
결혼을 위한 비용? 선물? 살면서 발생되는 갈등, 오해 정도는
죽기까지 함께할 배우자에 대한 사소한 대가입니다.
사실 우리는 배우자를 위한 대가를 치르지 않았습니다.
사랑한다는 것 하나만으로 배우자를 공짜로 얻은 것입니다.
세상에서 가장 귀한 선물인 평생의 반려자를 돈 한 푼 들이지 않고,
땀 한 방울 흘리지 않고 얻은 것입니다.
그래서인지 우리는 배우자의 가치를 잘 모른 채 살고 있습니다.
편하다는 이유로 아무렇게나 대하고, 함부로 말하고,
특별한 관심을 기울이지 않습니다.
하지만 우리의 인생에서 정말 소중하고 가장 귀한 사람이
바로 나의 아내와 남편입니다.
세상의 어떤 사람도 그 자리를 대신할 수 없습니다.
마지막까지 나와 함께할 사람은 그 한 사람뿐입니다.

38

결혼 후의 건강 비결

앙리 베르그송 / 1859-1941

결혼 50년을 기념하는 가족 만찬이 열리고 있었습니다. 모든 가족이 모여 할아버지와 할머니의 건강을 기원했습니다. 두 분은 평생 부부싸움을 모르고 사신 분들이었습니다. 가족들은 두 분이 건강하신 비결이 싸우지 않고 행복하게 사셨기 때문이라고 이야기했습니다.

최근에 결혼한 손자는 한 번도 싸우지 않고 사셨다는 두 분의 비결을 배우고 싶었습니다. 하지만 싸우지 않는 비결을 알려달라고 하면 자신이 결혼해서 싸우고 사는 줄 아실 것 같아서 건강 비결이 무엇이냐고 물어보았습니다.

"할아버지! 평생 그렇게 건강하게 사신 비결을 좀 알려주세요."

가족들은 할아버지가 무슨 말씀을 하실까 귀를 기울였습니다. 하지만 할아버지는 비결 같은 건 없다고 말했습니다. 할아버지의 대답을 꼭 듣고 싶었던 손자는 다시 물어보았습니다. 그러자 할아버지가 대답했습니다.

"비결 같은 건 없고. 내가 결혼할 때 할머니하고 약속한 게 하나 있었 지!"

"무슨 약속인데요?"

"우리가 결혼해서 싸움이 날 것 같으면 내가 밖으로 나가서 두 사람의 기분이 풀릴 때까지 동네를 돌고 들어오기로 한 거야!"

"할아버지! 그건 싸우지 않는 비결이지 건강 비결은 아니잖아요?"

"응! 그게 그거야! 잘 생각해봐! 오십 년 동안 매일 저녁 밖에 나가서 운동을 한다고 생각해봐! 도는 속도도 빨라져서 점점 더 많이 돌 수 있게 되더라고!"

프랑스의 철학자 앙리 베르그송에 의하면 지식은 두 가지로 나눌 수 있습니다. 상대적 지식과 절대적 지식입니다. 상대적 지식은 객관적이고 보편적인 지식으로서 전체를 포괄하는 일반적인 지식이고, 절대적 지식은 자신이 직접 경험한 주관적이고 구체적인 지식으로서 직관이라고 합니다.

베르그송은 이 절대적 지식, 즉 직관을 통해 각 개인은 사물의 본질을 알 수 있다고 했습니다. 신상 기록과 몸무게, 외모와 사는 곳, 하고 있는 일과 취미 등은 사람을 아는 객관적인 지식입니다. 반면에 그와 함께 살면서 느끼는 감정과 분위기, 성격과 개성은 절대적 지식인 직관에 속합니다. 누군가를 안다는 것은 객관적 정보가 아닌 직관을 가지고 있다는 것을 의미합니다.

사람에 대한 객관적 인식은 그와 함께 살기 위한 기초적인 지식은 될 수 있겠지만 문제와 갈등을 해결하기 위한 구체적인 답을 주지는 못합니다. 베르그송이 의미 있게 강조하려는 지식이 바로 이 직관입니다. 그에 의하면 이 직관은 생의 방향으로 흐릅니다. 즉, 살려는 강한 의지에 의해 직관을 터득할 수 있다는 것입니다.

이 사람을 만나면 이렇게 행동하고 저 사람을 만나면 저렇게 행동하게 되는 것은 이중적인 모습이 아닌 살아남기 위한 직관의 효과입니다. 그러므로 사람은 위기에 처하면 본능적으로 살길을 찾는 존재입니다.

손자들은 할아버지의 건강 비결을 객관적이고 보편적으로 이해할 수 있는 상대적 지식 차원으로 물어보았습니다. 그러나 할아버지의 답은 살아남기 위한 간절한 소망으로 얻은 직관적인 대답이었습니다.

할아버지가 건강한 이유는 한 번도 싸우지 않았기 때문이 아니라 싸울 상황을 피해 집 밖으로 나갔기 때문이었습니다. 매일 싸울 만한 일이 있어서 저녁마다 동네를 돌아야 했기에 건강할 수 있었고, 싸우지 않을 수도 있었습니다.

동화에서처럼 남녀가 만나서 결혼하면 모든 문제가 저절로 해결되지는 않습니다. 두 사람이 가지고 있던 문제는 그대로 남아 있습니다. 다만, 함께 문제를 풀어갈 사람이 생긴 것뿐입니다. 그리고 두 사람의 문제가 더해져서 해결해야 할 문제가 두 배가 됩니다. 그래서 할아버지는 밤마다 밖으로 나가야 했을 것입니다.

부부가 싸우지 않고 살 만한 환경은 없습니다. 두 사람이 한 집에 산다는 것은 물과 기름이 한 통에 들어 있는 것과 같습니다. 통을 잡고 한참을 흔들면 섞인 것 같지만 조금 지나면 역시 물은 물이고 기름은 기름이 됩니다. 억지로 섞으려 하면 계속 잡고 흔들어야 합니다. 어차피 한 통 안에 있으면 밖에서는 물인지 기름인지 알 수 없습니다. 가만 있으면 밖에서는 아무 문제없는 것처럼 보입니다.

부부가 싸우지 않고 사는 비결은 격한 상황에서 한 사람이 자리를 피하는 것입니다. 혼자서는 절대 부부싸움을 할 수 없습니다. 그리고 싸움이라는 것은 대부분 감정에 의해 시작되기 때문에 감정이 가라앉을 때까지만 참으면 싸움은 일어나지 않습니다. 마주 앉아서 참을 수 있다면 괜찮습니다. 하지만 그럴 수 없다면 누군가 자리를 피해야 합니다. 감정이 가라앉을 때까지……. 잠깐이면 됩니다.

위기의 순간엔 누구라도 실수하고 잘못된 결정을 내립니다. 부부에게 그 위기의 순간은 상한 감정으로 마주보고 있을 때입니다. 그때는 상식도 양심도 제 역할을 할 수 없습니다.

제 감각을 상실한 감정이 인격을 통제하면 인격 이하의 행동을 하고, 착한 사람도 못된 짓을 하고, 조용한 사람이 소란을 피우기도 합니다. 그 한순간에 의해 일평생 후회할 일들이 만들어집니다.

그럴 때는 누구라도 맞장을 뜨기보다는 한 발 물러나서 감정이 가라앉기를 기다려야 합니다. "누가 이기나 해보자!" 하면 안 됩니다. 그때는 아무도 이길 수 없습니다. 이겨봐야 남는 건 상처와 후유증뿐입니다.

제정신이 아닌 상황에서 이기고 지는 것은 아무런 의미가 없습니다. 이기는 것이 지는 것이고, 지는 것이 이기는 것입니다. 오직 하나 그 감정 고조의 순간을 피하는 것만이 위기를 넘을 수 있는 유일한 비결입니다. 조금 지나 감정이 가라앉으면 무슨 일이 있었는지 아무것도 기억할 수 없을 겁니다.

39

사랑은 25년

미겔 데 우나무노 / 1864-1936

『톰소여의 모험』을 쓴 작가 마크 트웨인은 세계 제일의 애처가로 소문 난 사람입니다. 그가 유럽을 여행하다가 '찰스 랭던'이라는 사람을 사귀 었습니다. 찰스는 자신의 여동생을 소개해주겠다며 사진을 보여주었습 니다. 사진을 본 마크 트웨인은 만나보지도 않은 여인을 사랑하게 됩니 다. 랭던의 만찬 파티에 초대받고 그의 집을 방문한 마크는 그곳에서 운 명의 여인, 올리비아를 만났습니다.

사랑하는 여인과 한 번의 만남으로 끝날 것 같은 생각에 마크는 파티 장을 떠날 수 없었습니다. 결국 파티가 끝나고 마지막 손님들과 함께 집 을 나서던 마크는 출발하는 마차에서 자신을 떨어뜨립니다. 그리고 찰 스의 방에 누워 자신을 간호하는 올리비아에게 청혼하고 사랑의 결실을 맺습니다.

그러나 안타깝게도 그의 아내 올리비아는 결혼 후 얼마 안 되어 빙판 에서 넘어져 전신마비 환자로 여생을 보내게 됩니다. 일생을 침대에 누워서 잠자는 일 외에는 아무것도 할 수 없는 아내를 마크는 변함없이 사랑합니다.

아내가 해야 할 일들이 모두 자신의 일이 되었지만 그의 사랑은 변함이 없었습니다. 그는 아내의 잠자는 모습을 보며 창밖의 새들에게 말을 겁니다.

"새들아, 울지 마라. 사랑하는 아내가 아직 자고 있단다."

노년의 마크 트웨인에게 누군가 물어보았습니다.

"사랑이란 무엇입니까?"

그 질문에 마크는 잠시 생각에 잠긴 뒤 딱 한마디로 대답했습니다.

"사랑은 이십오 년을 함께하는 것입니다"

"인간을 인간으로 만드는 것은 고통이다."

고통의 철학자 미겔 데 우나무노의 생각입니다. 석가모니고타마 싯다르타의 생각과 상통하는 말이지만, 고통을 해결하는 방법은 다릅니다. 석가모니는 고통은 해탈이라는 과정을 통해 극복해야 할 것으로 보고 있지만 우나무노는 고통을 인간이라는 존재의 본질에 속하는 것이기에 회피해야 할 대상이 아닌 포용해야 할 동반자로 보았습니다.

그의 생각에 따르면, 사람이 누군가를 사랑하기 위해서는 자신뿐만 아니라 상대의 고통을 인식할 수 있어야 합니다. 그리고 그 고통을 함께 나누려고 할 때 사랑이 성취되는 것입니다. 즉, 누군가를 사랑한다는 것은 고통을 끌어안는 행위가 됩니다.

그럼에도 인간이 사랑해야 하는 이유는 서로의 고통을 나누고 동참함으로써 더 가치 있는 삶을 살 수 있기 때문입니다. 본질적으로 고통의 존재인 인간이 세상과 소통하고, 가치 있는 생을 사는 유일한 비결은 자신과 같은 고통의 존재를 포용하는 것입니다.

많은 현대인이 결혼을 회피하는 이유는 결혼으로 발생할 당연한 문제를 꺼리기 때문입니다. 그로 인해 사람들은 고독이라는 또 다른 편의 고통을 자초하며 살고 있습니다. 한 측면의 고통을 외면하는 것이 다른 측면의 고통을 발생시키는 결과가 됩니다. 이래도 고통 저래도 고통이라면 의미 있는 고통을 선택하는 게 답 아닐까요?

마크 트웨인이 말한 25년은 아내와 함께 지낸 세월입니다. 부부는 어떠한 어려움이 있어도 함께 있는 사람입니다. 부부가 함께 사는 동안 슬픔과 기쁨이 수없이 반복됩니다. 기쁠 때는 함께 웃고, 슬플 때는 함께 우는 것이 부부입니다. 부부의 사랑은 그렇게 만들어집니다.

살다 보면 미울 때도 있습니다. 그래도 같이 있으면 그 미움은 사랑이 됩니다. 하지만 밉다고 떠나면 그 미움은 증오나 원망이 됩니다. 속상할 땐 속상한 대로 함께 있으면 되고, 아프면 아픈 대로 같이 있으면 되고, 힘들 땐 함께 힘들어하면 됩니다. 그러면 그 모든 게 결국 사랑으로 끝납니다.

1년, 3년, 5년, 10년을 살고 충분히 사랑했다고 할 수 없습니다. 죽을 때까지 같이 있어야 정말 사랑한 것입니다. 사랑은 함께한 세월만큼 깊어집니다. 만난 지 한 달 된 사랑의 깊이는 두 달 된 사랑을 이해할 수 없습니다. 1년 된 사랑은 2년 된 사랑보다 가볍습니다. 누군가 와서 흔들면 쉽게 흔들립니다.

10년, 20년, 30년……. 세월이 흐를수록 사랑은 깊은 맛을 냅니다. 젊은 사람들의 사랑이 산들바람 같은 주변 사람들의 한두 마디에 흔들리는 것은 함께한 세월의 깊이가 없기 때문입니다. 오래된 사랑은 태풍이 불어도 흔들리지 않습니다. 함께한 세월만큼 깊어지고 진중하게 자리를 잡기 때문입니다.

당신은 지금 몇 년짜리 사랑을 하고 있습니까? 겨우 3, 4년 사랑한 걸 가지고 충분하다고 생각하고 있는 건 아닌가요? 사랑은 적어도 병들어 누운 아내와 25년 함께 하는 정도는 돼야 합니다.

외발자전거를 타는 사람은 넘어지지 않기 위해 다리에 힘을 주고 있어야 합니다. 자전거를 타는 동안은 한시도 방심해선 안 됩니다. 잠시라도 긴장을 늦추면 바로 넘어지기 때문입니다.

하나의 바퀴로 서 있기 위해서는 안간힘을 써야 합니다. 하지만 연결된 두 개의 바퀴는 힘을 빼도 넘어지지 않습니다. 넘어지는 대신 다른 곳으로 굴러갑니다. 두 개의 바퀴는 넘어지지 않기 위해 애쓸 필요가 없습니다. 연결된 것이 부러지기 전에는 절대 넘어지지 않기 때문입니다.

두 개의 바퀴는 자전거도 되고, 리어카도 되고, 오토바이도 됩니다. 두 개의 바퀴 위에는 사람이 타기도 하고 물건을 실을 수도 있습니다. 부부는 이 두 개의 바퀴처럼 서로 연결되어 있으면 절대 넘어지지 않습니다. 실패해도 역시 넘어지지 않습니다. 대신 다른 곳으로 굴러가서 새로운 인생을 펼치게 됩니다.

부부는 함께 있는 한 절대 실패로 끝나지 않습니다. 오히려 함께 있는 것 자체가 큰 성공이 됩니다. 가정의 행복이 부부의 연결에 달려 있습니다. 부부의 연결이 끊어지면 가정의 행복도 끊어지고 자녀의 행복, 세상의 평화도 끊어집니다. 세상의 모든 행복이 부부의 손에 달려 있습니다.

40

아내의 보물 1호

존 듀이 / 1859-1952

중세 독일, 와인스버그에서 바바리아 제국과 스와비아 제국 간에 전쟁이 벌어졌습니다. 스와비아 제국의 콘라드 국왕이 직접 전투에 출전했습니다. 스와비아 제국 군인들의 맹공에 와인스버그 성이 함락될 위기에 놓였습니다. 콘라드 국왕은 인명 피해를 줄이기 위해 잠시 공격을 중단하고 성 안으로 사절단을 보냈습니다. 항복 문서에 서명하면 더 이상 공격하지 않겠다는 것이었습니다.

바바리아 제국의 와인스버그 성주는 더 이상 싸워봐야 승산이 없음을 알고, 그 사실을 성 안에 있는 사람들에게 알렸습니다. 항복 문서를 작성하며 성 안에 있던 여인들의 조건을 제시했습니다. 여인들의 안전을 최우선적으로 보장하며, 그들이 팔에 안고 나갈 수 있을 만큼의 재산을 허락하라는 것이었습니다. 콘라드 국왕은 그들의 조건을 수락하고 항복 문서에 서명했습니다.

문서가 교환되고 성문이 열리자 여인들이 먼저 성문을 걸어 나왔습니다. 여인들은 성문을 나서며 자신들에게 가장 소중한 한 가지를 가지고 나올 수 있었습니다. 여인들은 모두 그들의 남편을 팔에 안고 성 밖으로 걸어 나왔습니다. 결혼하지 않은 여인은 아버지와 형제를 안고 나왔습니다.

자기 남편을 팔에 안고 걸어 나오는 여인들을 바라보며 콘라드 국왕은 감동의 눈물을 흘렸습니다. 군인들에게 이 성에서는 아무것도 약탈하지 말라는 명령을 내렸습니다. 항복 문서를 평화조약으로 바꾸고 동맹국으로 대우했습니다.

그날 밤 승리의 파티에는 와인스버그의 여인들과 남편들이 초대되었습니다. 승자와 패자가 없는 모두가 함께 즐기는 파티가 되었습니다. 두 성의 병사들은 서로 적군이 아니라 한 아내의 남편이었습니다. 그 후로 와인스버그 언덕은 '여인들의 헌신'이라는 이름으로 불리게 되었습니다.

'문제가 먼저인가, 인간이 먼저인가? 문제가 존재하는 곳에 인간이 존재하는가? 인간이 존재함으로써 문제가 존재하는가? 인간이 있기 전에도 문제는 있었는가? 아니면 인간이 있은 후에 문제가 생겨났는가?'

이러한 질문에 답을 준 사람이 미국 교육 철학의 선구자 존 듀이입니다. 그의 답은 '인간이 없는 곳엔 문제도 없다'입니다. 존 듀이의 견해로 보면 자연계에서 문제를 인식할 수 있는 유일한 존재는 인간뿐입니다. 만물은 자연의 길을 그대로 수용하나 인간은 변화와 발전을 찾는 존재이므로, 문제를 인식하고 해결하려는 의지를 갖는다고 합니다.

그러므로 인간이 존재하는 곳에 문제가 발생하는 것입니다. 그리고 인간은 문제를 당할 때 비로소 생각하기 시작합니다. 사람이 당하는 모든 문제는 기회가 되고, 성숙과 발전의 기초가 된다고 할 수 있습니다.

문제를 인식할 수 없는 아이 인생에는 그가 해결해야 할 아무런 문제도 없습니다. 반면, 부모는 아이의 주변에 많은 문제가 존재하는 것을 인식합니다. 그러한 문제를 해결해 나아가는 과정이 부모가 되는 과정입니다.

사람이 성숙해지려면 많은 문제를 인식할 수 있어야 합니다. 그리고 그 문제들을 적당한 방법으로 풀어가는 과정이 인간의 교육 과정입니다.

와인스버그의 여인들은 자신들이 지켜야 할 가장 중요한 것이 무엇인지를 결정해야 하는 순간을 맞이했습니다. 절체절명의 위기가 닥치자 생각하기 시작했습니다. 지금까지는 남자들의 보호를 받아왔지만 이제 그럴 수 없는 상황이 되어버렸습니다. 그제야 여인들은 자신들에게 가장 중요한 것이 무엇인지에 대한 답을 얻을 수 있었습니다. 그리고 그 답은 침략국의 왕을 감동시킬 만큼의 정답이 되었습니다.

어느 곳에서든 대부분 여자는 남자의 보호를 받습니다. 그러나 정말 위급한 상황에서는 여자가 남자를 보호해야 합니다. 힘을 써야 할 때는 남편이 아내를 위해 앞으로 나서지만, 마음을 쓰고 갈등을 해결해야 하는 상황에선 아내가 앞으로 나서야 합니다. 남자들의 힘으로는 갈등이 해결되지 않기 때문이죠.

위험한 순간이 닥치면 가장 중요한 게 무엇인지 깨닫습니다. 평상시엔 남편이 없어도 잘 살 수 있을 것 같고, 아내가 없으면 자유로울 것 같습니다. 하지만 위급한 상황이 되면 아내와 남편보다 더 소중한 것이 없다는 것을 알게 됩니다.

세상의 보물을 다 합쳐도 사람 하나보다 중요하지 않습니다. 수십억,

수백억을 훔친 사기꾼보다 한 명의 강도가 더 큰 처벌을 받는 이유는 사람의 가치가 그보다 크기 때문입니다. 그 사람들 중에서도 가장 소중한 대상은 두말할 것 없이 아내와 남편입니다. 아내와 남편이 옆에 있다면 세상에서 가장 큰 보석을 가진 것보다 더 큰 것을 가졌다고 할 수 있습니다.

남편의 보물 1호는 아내이고, 아내의 보물 1호도 남편입니다. 그 이상의 보물은 세상에 없습니다. 그런 귀한 보물을 옆에 두고 반지나 목걸이에 마음을 빼앗기지 마세요! 그런 보물은 있으면 좋겠지만 없어도 상관없는 것들입니다.

바바리아 제국의 여인들처럼 단 하나의 보물을 들고 전쟁터를 탈출할 기회가 주어진다면 무엇을 선택하겠습니까? 지금 내 옆에 있는 남편을 그런 전쟁터에서 구해낸 사람이라고 생각해보세요! 함께 있는 것이 얼마나 다행스러운 일일까요?

우리가 사는 세상은 전쟁터입니다. 예전엔 총칼을 들고 싸웠지만 지금은 사무용품과 전화와 인터넷으로 전쟁을 치릅니다. 출근이 전쟁이고 근무도 퇴근도 전쟁입니다. 그런 세상 속에서 총칼을 막아내는 것 이상의 스트레스를 받고 있는 남편을 구할 수 있는 사람은 아내입니다.

일이 잘되든 안 되든, 성공하든 실패하든 하루를 보내고 들어오면 전쟁터에서 살아온 사람처럼 반갑게 맞아주고, 무사히 돌아온 것을 다행으로 여겨준다면 남편은 내일 또 다른 전쟁을 치를 힘을 얻을 것입니다.

41

좋은 말할 때 들으라

조지 산타야나 / 1863-1952

아내의 말을 잘 듣지 않는 남편이 아내와 함께 드라이브를 나섰습니다. 남편은 평소 습관대로 빠르게 차를 몰았습니다. 아내는 급할 거 없으니 천천히 가자고 했습니다. 남편은 아내의 말을 듣고도 여전히 난폭하게 차를 몰았습니다. 이리저리 차선을 변경하고 끼어들고, 양보 안 하고 추월하며 다른 차들을 향해 경적을 울리기도 했습니다. 그러다가 마침내 트럭 운전사와 시비가 붙었습니다. 차창을 열고 서로의 잘잘못을 따지는가 싶더니 이윽고 남편이 소리쳤습니다.

"야! 좀 끼워주면 어디가 덧나냐? 이 좁쌀 양반아! 그러니 트럭이나 몰지!"

남편의 말을 들은 트럭 운전사도 남편에게 비슷한 말을 퍼부었습니다.

"야! 이 머저리, 얼간이, 등신, 쪼다야! 차 보니까 돈도 더럽게 없구먼. 마누라한테 욕이나 먹고살 인간아! 운전 자신 없으면 마누라한테 핸들 넘겨! 미친개처럼 운전하지 말고!"

트럭 기사의 호통에 얼굴이 상기된 남편이 말을 받아치려고 하자 트럭 운전자는 차창을 닫고는 차를 쌩 하니 몰았습니다. 화가 머리끝까지 오른 남편이 트럭을 따라가려고 하는데 아내가 물었습니다.

"당신 아는 사람이에요?"

"내가 저런 인간을 어떻게 알아?"

아내가 신기하다는 듯이 고개를 흔들며 중얼거렸습니다.

"아니, 당신을 너무 잘 알아서 아는 사람인가 했지!"

"과거를 통해 교훈을 배우지 못하면 미래는 과거를 반복한다."

미국의 철학자이자 시인 겸 평론가인 조지 산타야나의 말입니다. 경험은 교육과 학습의 중요한 요소입니다. 경험을 통해 잘한 것과 못한 것을 발견하면 앞으로 어떻게 해야 할지를 알 수 있습니다. 과거를 통해 미래를 준비할 수 있습니다. 반대로 계속 과거의 잘못을 반복할 수도 있습니다.

개개인의 성품이나 생활 습관도 과거를 통해 유추할 수 있습니다. 사람은 한두 번 겪어보면 어떤 사람인지 알 수 있다는 말이 바로 그런 의미입니다. 같이 지내보면 다시는 가까이 해선 안 될 사람이 있고, 더 가까이하고 싶은 사람이 있습니다.

누군가를 추천한다는 것도 마찬가지입니다. 이전에 함께 지냈던 사람들의 평가를 통해 한 번도 만난 적이 없는 사람을 제삼자에게 알려줄 수 있습니다. 제삼자를 통해 들은 과거의 행동과 경험은 그가 앞으로 어떻게 행동할지를 예측하는 자료가 됩니다.

대부분의 사람은 자신의 과거를 바르게 판단하지 못합니다. 자신은 항상 옳다고 생각하는 강력한 주관을 가지고 있기 때문입니다. 자신의 과거를 바르게 보기 위해서는 남의 시각을 받아들여야 합니다. 내가 아닌 남의 눈을 통해 보이는 나를 알아야 나의 과거를 통해 교훈을 얻을 수 있습니다.

이주 많은 사람이 자신의 습관과 성격과 부정적 자아를 바꾸지 못하는 이유는 자신의 과거에서 교훈을 얻지 못하기 때문입니다. 즉, 남이 하는 자신의 과거 이야기를 듣지 못하는 것입니다. 들으려고도 하지 않고 들어도 쉽게 무시해버립니다.

그 결과 대부분의 사람이 잘못된 습관을 버리지 못하고 평생 그 습관의 부작용에 시달립니다. 자신의 과거를 통해 교훈을 얻는 가장 좋은 방법은 가까운 사람들의 진심을 듣는 것입니다. 자존심이 상할지라도 나를 염려하는 사람들의 조언을 들어야 합니다. 그것이 나의 과거로부터 교훈을 얻는 비결입니다.

남들이 한 번 봐도 딱 알 만한 성질을 가진 남편과 한평생 같이 살고 있는 아내가 얼마나 훌륭한 사람인지요? 남들은 단 한 번도 그냥 넘어갈 수 없는 일을 아내는 매일 그냥 넘어갑니다. 남들은 한 번도 봐줄 수 없는 꼴을 아내는 매일 봐주며 살고 있습니다. 그렇게 봐주는 아내가 있기에 세상의 모든 남편이 못난 꼴을 가지고도 잘난 척하며 살 수 있습니다.

운전하는 남편에게 아내가 천천히 가라고 말하는 것은 운전을 못하기 때문에 하는 말이 아닙니다. 남편이 너무 빨리 가기 때문입니다. 늘 그렇게 다니는 남편은 자신이 운전을 제대로 하고 있다고 생각합니다. 하지만 아내가 보기엔 엉망진창입니다. 다만 시끄러워지는 게 싫어서 말하지 않을 뿐입니다.

운전석에 앉으면 자기 차의 핸들과 신호등 외엔 보이지 않습니다. 앞뒤와 옆에 있는 차들은 걸림돌로 착각합니다. 내가 옆 차보다 항상 앞서야 하고, 앞 차는 추월해야 하고, 뒤쪽 차는 절대 앞으로 나와선 안 되고, 옆 차는 절대 내 앞으로 끼어들면 안 되고, 내가 끼어들면 모든 차는 멈춰야 한다고 생각합니다.

나보다 빨리 가는 차는 과속운전이고 느리게 가는 차는 운전을 못하기 때문이고, 내 앞에서 차선을 바꾸는 차는 불법 끼어들기이고, 내가 방향 바꿀 때 가로막고 있는 것은 전부 폭력운전입니다. 이것이 운전석에 앉은 사람의 착각입니다.

그러나 옆에 앉은 아내는 착각하지 않습니다. 옆 차보다 빨리 갈 필요가 없고, 앞 차를 추월하지 않아도 되고, 뒤쪽 차가 앞으로 나와도 되고, 옆 차가 끼어들 수도 있고, 내 차를 가로막은 차가 있을 수도 있습니다.

그래서 남편에게 천천히 가도 된다고 말하지만 남편은 말을 듣지 않습니다. 그리곤 다른 차들과 신경전을 벌이다가 시비를 일으키고 말다툼을 하며 화를 냅니다. 바람을 쐬러 나왔으면 기분 좋게 바람을 맞아야 하는데, 운전에 정신이 팔려서 바람은 고사하고 좋았던 기분까지 망칩니다.

아내는 남편이 어떤 사람인지 잘 알고 있습니다. 그러면서도 아무 말도 하지 않는 이유는 말해도 고칠 생각은 안 하고 화만 내기 때문입니다. 남편은 다른 운전자에게 문제가 있다고 화를 내며 운전하지만 아내는 남들이 아니라 자신의 남편이 문제라는 것을 알고 있습니다. 다른 사람들은 그런 남편을 한 번도 참아주지 않지만 아내는 매일 참고 있습니다. 그런 아내의 말을 듣지 않으면 다른 사람에게 욕을 먹습니다.

남들이 나에게 욕하는 것은 내가 잘못했기 때문입니다. 아내는 내가 그런 사람이라는 것을 오래전부터 알고 있었습니다. 다만, 말하지 않았을 뿐입니다. 말을 했지만 내가 듣지 않거나 무시했을 수도 있습니다. 운전할 때뿐만 아니라 무슨 일이든 아내가 하는 말을 듣지 않으면 남들에게 욕을 먹게 됩니다.

남들에게 욕먹지 않으려면 배우자의 말을 잘 들어야 합니다. 멀리 있는 사람에게 혼나지 않으려면 가까이 있는 사람의 말을 들어야 합니다. 좋게 말할 때 듣지 않으면 험한 말을 듣게 됩니다. 그러니 좋은 말 할 때 잘 들으세요!

혼자 사는 남자가 가장 듣고 싶은 소리?

월리엄 듀보이스 / 1868-1963

결혼한 지 10년 된 남자가 친구에게 결혼 생활의 고충을 하소연했습니다. 신혼 때는 모든 게 좋았는데, 10년이 흐르고 나니 모든 게 힘들기만 하다는 것이었습니다. 그의 하소연을 들은 친구가 얼마나 달라졌냐고 물어보자 남자가 대답했습니다.

"신혼 시절엔 내가 피곤한 일과를 마치고 집으로 돌아가면 우리가 키우는 강아지는 달려 나와서 짖어대며 내 주위를 맴돌았고, 사랑하는 아내가 슬리퍼를 가져다주며 나를 반겨주었지."

"그런데 지금은?"

"요즘은 내가 피곤한 몸을 이끌고 집에 들어서면 개가 슬리퍼를 물고 달려 나와. 그리고 곧 뒤따라 나온 아내는 내 주위를 맴돌며 무섭게 짖어대지. 모든 게 엉망이 돼버린 거 같아!"

남자의 이야기를 듣고 있던 친구가 잠시 생각에 잠기더니 별일 아니라는 표정으로 대답했습니다.

“뭐! 별로 달라진 것 같지 않은데?”

“그게 무슨 말이야?”

“잘 생각해보라고! 너는 신혼 때나 지금이나 똑같은 대접을 받고 있잖아! 다만 개 대신 아내가 짖고, 아내 대신 개가 슬리퍼를 갖다 줄 뿐이지. 결과는 다를 게 없어 보이는데?”

“인류의 가치 있는 삶을 방해하는 요소는 인종차별과 사회적 불평등이다.”

미국의 흑인운동 지도자 윌리엄 듀보이스의 견해입니다. 그는 백인이 흑인보다 월등한 것은 정치적인 실권을 가진 것뿐이라고 했습니다. 그래서 그들에게 정치적 사회적 평등이 주어진다면 동등한 존재가 될 수 있다고 생각했고, 일생을 사회 문제와 인종 문제 해결을 위해 전념했습니다.

듀보이스는 '인생이란 항상 위대하고 크고 충만한 삶을 추구하려는 생각을 가졌기에 결국 더 나은 쪽으로 진보해갈 것이다!'는 믿음을 간직했고, 그런 유언을 자신의 장례식에서 낭독해주기를 바랐습니다.

그의 말대로 인생은 스스로 더 나아지려는 본질을 가지고 있고, 발전하려는 성향을 가지고 있습니다. 모든 사람이 안정된 사회에서 평등할 수만 있다면 범죄는 자연적으로 축소될 것이고, 삶의 환경은 풍성해질 것입니다. 사람이 달라지고 변하는 것은 더 나아지기 위한 몸부림이고, 완전해지기 위한 과정이라고 할 수 있습니다.

세월이 흐르면 모든 게 달라집니다. 얼마나 세상이 자주 변하면 “10년이면 강산도 변다”는 속담이 있을까요? 그런데 지금은 그것도 옛말이 되었습니다. 요즘 강산이 변하는 건 10년이 아니라 1년도 안 걸립니다. 아파트를 새로 짓기 시작하면 몇 달 만에 환경이 달라집니다. 산과 들이 있고, 시골집이 듬성듬성 있던 곳에 고층 아파트 단지가 생기고 먼지가 나던 길이 아스팔트로 포장됩니다. 새로 입주한 주민들은 자기 집 주소도 알지 못해 물건 배달을 하는 사람에게 설명도 못합니다.

세월이 흐르면 땅만 변하는 것이 아닙니다. 마음도 바뀌고, 사람도 달라지고 환경도 변합니다. 결혼한 지 10년이 지난 사람은 아내와 남편이 처음 같기를 기대하면 안 됩니다. 10년이면 젖먹이가 초등학생이 됩니다. 아무것도 모르던 새색시는 중년 아주머니가 됩니다. 그런 사람에게 처음 모습을 기대하는 것은 세월을 막으려는 것과 같습니다.

세월이 흐르면 역할도 달라집니다. 결혼한 지 20년쯤 되면 남녀의 역할도 뒤섞입니다. 남자가 할 일이 아니라고 큰 소리치거나 여자가 할 일이 아니라는 말은 핑계가 됩니다. 20년 된 남편은 밥도 하고 설거지도 할 줄 알아야 합니다. 필요하면 아내의 일을 남편이 하고, 남편의 일을 아내가 할 수 있어야 합니다. 그것이 결혼 20년 정도 된 부부의 바람직한 변화입니다. 그리고 결혼한 지 10년쯤 되면 아내의 잔소리를 교향곡으로 착각할 정도가 되어야 합니다. 남편의 빠른 걸음과 무심한 짓거리를 초월할 수 있어야 합니다. 처음과 비교하면 항상 문제에 빠집니다. 이상과 비교하면 현실은 고통뿐입니다.

세월이 흐르면 처음과 같은 것은 없습니다. 처음이 있으면 과정이 있고 끝이 있는 것이 자연의 이치입니다. 귀여운 것이 자라서 능청스런 것이 되고, 능청맞은 것이 성숙하면 원숙한 것이 됩니다.

"처음엔 좋았는데?"라고 하지 마세요! 처음엔 다 좋습니다. 정성을 들여서 처음보다 더 좋게 만들면 더 좋아지고, 무심하게 방치하면 처음보다 못한 것이 됩니다. 아무것도 하지 않으면서 처음 같기만 바라는 것은 아무것도 심지 않은 밭에 잡초가 났다고 불평하는 것과 같습니다.

너무 높은 기준과 현실을 비교하지 마세요! 현재와 비교할 수 있는 가장 합리적인 표준은 '지금'입니다. 잔소리하는 아내가 내 곁을 떠나가지 않고 여전히 남아 있는 것에 감사해야 합니다. 성공하지 못한 무능한 남편이 여전히 가족을 먹여 살리고 있는 것을 감사해야 합니다.

상처하거나 불미스런 일로 혼자가 된 남자들이 가장 듣고 싶은 소리가 무엇일까요?

"사랑해", "고마워", "감사해요" 등의 이런 말이 아닙니다. 아내 없이 혼자 사는 남편들이 가장 그리워하는 소리는 이런 소리입니다.

"빨리 일어나!"

"밥 먹어!"

"청소해!"

"옷 잘 입어!"

"일찍 와!"

그 소리가 얼마나 듣고 싶은지 환청이 들릴 정도라고 합니다. 함께 살 때는 잔소리로만 들리던 말들이 혼자가 된 후엔 가장 듣고 싶은 정겨운 소리가 됩니다. 아직 그런 말을 해줄 아내가 옆에 있다면 고마워해야 합니다. 그런 말을 들어줄 남편이 있다는 것도 감사해야 합니다.

상냥하고 부드러운 것은 신혼의 특징입니다. 10년이 지나고 20년이 지난 배우자에게 처음 같기를 바라지 마세요! 늘 잔소리하고 늘 알아듣지 못하면서 여전히 함께 있다면 그것만으로도 충분히 정상이고, 아주 잘 살고 있는 겁니다.

혼자는 날아다녀도 외롭다

막스 셸러 / 1874-1928

장터에만 가면 그는 항상 슬픈 노래와 함께 나타났습니다. 밀고 다니는 수레엔 천 원짜리 소품이 가득했고 사람들은 측은한 표정을 지으며 천 원을 주고 물건을 사주곤 했습니다. 그의 얼굴엔 항상 커다란 슬픔이 묻어 있었고 삶에 찌든 표정과 흙먼지로 얼룩져 있었습니다. 다리에 검은 고무판을 댄 채 몸을 끌고 수레를 밀며 구슬픈 트로트를 틀고 시장바닥을 돌아다녔습니다.

가끔 시장에 나가 산책할 때 멀리서부터 구슬픈 트로트가 들려오면 어김없이 그가 변함없는 표정으로 나타났습니다. 15년간 똑같은 얼굴을 하고 다니던 그가 언젠가부터 밝아졌습니다. 때에 찌들어 번질대던 그의 옷도 말끔해졌고, 노래도 슬픈 곡조에서 신 나는 관광버스 트로트로 바뀌었습니다.

"무슨 일이 있었던 걸까?"

"저 고달픈 인생에 변화라도 생긴 걸까?"

궁금해서 지나가는 그의 모습을 자세히 살펴보니 얼굴 표정에는 슬픔이 아닌, 기쁨이 가득했습니다. 그가 눈앞을 지나가자 그보다 조금 작은 수레를 미는 비슷한 여인 하나가 그를 따르고 있었습니다. 그녀는 환한 얼굴에 화장까지 했습니다. 사람들의 말을 들으니 얼마 전에 만나 결혼한 그의 신부라고 했습니다.

15년 만에 처음으로 웃는 그의 얼굴을 보았습니다. 슬픔과 고통과 괴로움이 가득했던 얼굴에 기쁨이 담겨 있었습니다. 그 후론 늘 빠르고 신나는 노래만 틀고 다녔습니다. 오랜 세월 변함없이 구슬프던 인생이 사람 하나를 만나서 모든 게 달라졌습니다. 슬픈 두 인생이 만나서 기쁜 인생이 되었습니다.

"사랑은 가난한 지식에서 풍부한 지식으로 가는 징검다리다."

데카르트는 '인간은 생각하는 존재'라고 한 반면, 독일의 철학자 막스 셸러는 인간을 '사랑하는 존재', '사랑해야만 하는 존재'로 보았습니다. 그가 중점적으로 연구했던 현상학에서 이전 사람들은 가장 중요한 요소 하나를 빠뜨리고 있었는데, 그것이 바로 '사랑'이었습니다.

인간의 지식은 물리적인 연구와 접촉을 통해서만 형성되는 것이 아니라 정서와 감정을 통해서 결정되기도 합니다. 그리고 일정 부분에서는 각 개인의 정서가 지식을 습득하는 가장 중요한 요소가 됩니다.

그중에서 인간의 지식을 결정하는 중요한 논리, 정신 속에만 있는 특별한 논리로서 사랑의 영향력이 절대적이라고 했습니다. 자신과 세계를 연결하는 지식의 통로이며 지식의 수준과 방향, 특성을 결정하는 '산파' 역할을 하는 게 사랑이라고 했습니다.

같은 지식을 가졌을지라도 사랑으로 인식한 것은 유익한 반면, 증오로 인식한 지식은 해로울 수 있습니다. 이처럼 사랑은 세상의 모든 지식을 풍성하게 하는 지대한 영향력을 가졌으므로, 셀러는 사람이 가진 모든 지식은 사랑을 기반으로 형성되어야 한다고 생각했습니다.

바닥을 굴러다니는 인생도 사랑하는 사람이 있으면 행복할 수 있습니다. 바닥에 떨어져 기어다녀도 두 사람이면 외롭지 않습니다. 어디에 있는가보다 누구와 있느냐가 삶을 결정합니다. 무엇을 하느냐보다 누구와 같이 있는가에 의해 행복하거나 불행해집니다. 함께하면 굴러다녀도 즐겁지만 혼자는 날아다녀도 외롭습니다.

부산 출장을 마치고 나니 시간이 남았습니다. 멀리까지 갔으니 유명한 곳 구경이라도 할 겸 해운대를 찾아갔습니다. 길게 늘어선 해변에 호텔들이 줄지어 서 있고 드라이브를 즐길 차도와 산책로가 잘 꾸며져 있었습니다. 산책길을 걷는데 멋진 경치와 어울리지 않게 외롭다는 느낌이 들었습니다.

반바지에 슬리퍼를 신은 관광객들이 삼삼오오 때를 지어 다니고, 연인들이 손을 잡고 걸어가는 길을 양복 입은 사람이 혼자 업무용 가방을 들고 모래밭과 산책로를 오르내리며 걸었습니다. 저의 모습은 그 산책로와 어울리지 않았습니다. 정장을 한 모습도 그렇고 특히 혼자 걷는 내가 그렇게 초라할 수 없었습니다.

산책길이 끝나는 곳에서 광안리가 떠올랐습니다. 아직 시간이 좀 더 남아 있었습니다. 그래서 이번엔 광안리해수욕장을 찾아갔습니다. 바다 위로 다리가 지나는 신기한 해변이었습니다. 그곳도 역시 산책로가 마련되어 있었습니다. 산책로에 들어서자 또다시 외로움이 몰려왔습니다. 그곳의 풍경과 어울리지 않는 나 자신의 쓸쓸한 모습이 느껴졌습니다.

두 개의 해변 길을 걸은 후 나는 굳게 결심했습니다. 앞으로는 절대 혼자 구경 다니지 않으리라고……. 시간이 아무리 많이 남아도, 아무리 좋은 곳이 옆에 있다고 해도 혼자서는 가봐야 외로움뿐이라는 것을 절감했습니다.

그 후로 나는 지방 출장을 가서 시간이 남아도 구경은 다니지 않습니다. 대신 빨리 올 수 있는 방법을 찾아 집으로 돌아옵니다. 혼자 하는 구경은 하나도 재미있지 않고, 혼자 보는 경치도 전혀 아름답지 않기 때문입니다.

경치를 보고 감탄할 수 있는 것은 그 기분을 함께 나눌 사람이 있을 때입니다. 좋은 게 좋은 것으로 인식되는 것도 그 대상을 함께할 사람이 있을 때입니다. 혼자일 때는 맛있는 걸 먹어도 그다지 맛이 없습니다.

좋은 걸 좋게, 멋진 걸 멋지게, 맛있는 걸 맛있게 하는 것은 사람입니다. 그것들을 함께 느낄 사람이 없으면 좋은 것도 좋은 게 아니고 맛있는 것도 맛있는 게 아닙니다. 사람 하나가 인생의 모든 의미를 결정하는 골든 키입니다.

슬픈 노래가 슬프지 않은 이유?

호세 오르테가이가세트 / 1883-1955

늘 강가에 앉아 슬픈 노래를 부르는 남자가 있었습니다. 너무도 구슬픈 노래를 처량한 모습으로 앉아서 부르기에 지나가는 사람들은 모두 그에게 기구한 사연이 있겠거니 생각했습니다. 술 한 잔을 걸치고 얼굴이 붉게 달아오른 날이면 어김없이 강가에 나와 슬픈 노래를 불렀습니다.

늘 슬픔에 빠져 사는 안타까운 여인이 강가를 지나가다 남자의 노래를 듣게 되었습니다. 슬픈 가사와 음정, 세상의 모든 시름을 다 지고 있는 듯 축 처진 어깨를 들썩이며 노래 부르는 모습은 마치 자신을 보는 것 같은 착각을 일으킬 정도였습니다.

여인은 남자가 부르는 노래를 배우고 싶었습니다. 자신의 인생을 이야기하는 듯, 슬픔으로 가득한 노래가 그녀의 마음을 끌어당겼습니다. 몇 번을 망설이던 여인이 남자에게 다가가서 노래를 배우고 싶다고 했습니다. 남자는 여인을 보는 순간 자신만큼 아픔을 가진 여인인 것을 알아채고 노래를 가르쳐주었습니다.

그 후로 두 사람은 가끔씩 만나 함께 노래를 불렀습니다. 세상에서 받을 수 있는 상처란 상처는 다 받은 사람들, 아픔이란 아픔은 다 가진 두 사람이 세상에서 가장 슬픈 노래를 함께 불렀습니다.

두 사람은 함께 노래하며 자신들의 인생이 얼마나 힘들었는지를 이야기했습니다. 친구에게 당한 배신, 사랑하는 사람이 떠나간 날, 가족의 무관심과 세상에 대한 서운함을 이야기하며 간간이 슬픈 노래를 함께 불렀습니다.

그런데 두 사람이 함께 노래를 시작한 다음부터 지나가는 사람들의 태도가 달라졌습니다. 남자 혼자 노래를 부르고 있을 때 사람들은 그의 뒤에서 동정하는 말을 던지고 지나갔습니다.

"얼마나 힘든 일이 있으면 저렇게 처량할 수 있을까?"

"참 불쌍한 사람이야! 아무도 그를 위로해줄 사람이 없나 봐!"

"쯧쯧! 세상은 참 살기 힘든 곳이야!"

"안됐군, 안됐어!"

그러면 남자는 자신을 동정하는 사람들의 눈길과 연민을 느끼며 다소 위안을 얻을 수 있었습니다. 얼굴도 모르는 사람들이 뒤통수에 대고 하는 이야기지만 그것만으로도 자신의 안타까운 인생이 이해받는다는 느낌이 들었습니다.

그런데 슬픈 여인이 다가와서 함께 노래를 부른 날부터 사람들은 혀를 차지도 않았고, 동정하는 말이나 연민의 말도 던지지 않았습니다. 처음엔 새로 다가온 여인에게 관심을 쏟느라고 알아채지 못했지만 여인에 익숙해진 후에 다시 들리기 시작한 사람들의 반응은 그가 상상하지 못한 것들이었습니다.

"이야! 보기 좋은데?"

“여자 하나 꾀려고 엄청 애쓰는구먼!”

“드디어 인생의 동반자를 만났군!”

“휘익! 잘해봐!”

두 사람이 함께 부르는 슬픈 노래는 더 이상 슬픈 노래가 아니었습니다. 두 사람이 함께하는 슬픈 대화 역시 슬픈 대화가 아니었습니다. 자신들은 알지 못했지만 지나가는 사람들은 슬픈 두 사람이 함께 앉아 있는 것을 보며 사랑하는 연인이 낭만을 즐기는 것으로 보았던 것입니다. 남자는 사람들의 태도가 바뀐 것을 감지한 후에도 역시 여인을 보내지는 않았습니다. 혼자 슬픈 노래를 부를 때보다 함께 슬픈 노래를 부를 때가 더 좋았기 때문입니다.

“나는 나 자신이자 나의 환경이다.”

스페인의 철학자 호세 오르테가이가세트의 견해입니다. ‘사람은 그 존재 자체만이 아니라 그가 처한 환경을 포함한다’는 것입니다. 사람이 처한 환경 안에서 사람은 자기 자신이 될 수 있습니다. 그러므로 더 나은 환경을 만들어가는 것은 곧 자신을 바꾸는 것과 같은 의미가 됩니다.

스스로 자신을 통제할 수 없을 때 환경을 통제하면 되고, 환경이 바뀌면 사람은 달라집니다. 이전의 많은 철학자가 사람과 환경을 별개의 것으로 인식했지만, 호세 오르테가이가세트는 둘을 하나로 통합했습니다. 즉, 한국을 제외한 한국인이 있을 수 없고, 미국과 연관되지 않은 미국인은 있을 수 없다는 것입니다.

또한 사람은 자신을 바꾸기 위해 자신이 처한 환경을 더 나은 곳으로 만들어가는 수고를 해야 합니다. 그는 환경을 바꾸기 위해 사람이 할 수 있는 일 중 철학보다 나은 것은 없다고 생각했습니다. 즉, 철학을 통해 인간은 자신의 상황을 이해하고 발전시킬 수 있다고 보았습니다.

철학은 사람의 환경을 바꿀 수 있는 내적인 방편입니다. 그렇다면 환경이 바뀌는 외적인 요소 중에 가장 핵심이 되는 것은 무엇일까요?

사람입니다. 사람은 철학을 통해 스스로 자신이 처한 환경을 바꿀 수 있는 능동적인 힘을 가진 동시에 다른 사람의 환경에 영향을 주는 수동적인 원인이기도 합니다. 누군가 나에게 다가오면 나의 환경은 달라집니다. 내가 누군가에게 다가가면 그의 환경도 달라집니다.

사람은 자신과 남의 환경을 바꿀 수 있는 능동적인 면과 동시에 수동적인 면을 가지고 있습니다. 세상을 바꾸는 가장 큰 힘이 바로 사람입니다. 인생을 바꾸는 힘도 역시 사람에게 있습니다.

삶의 분위기를 바꾸기 위해 가장 필요한 것은 소품이 아닙니다. 사람입니다. 사람이 하나 다가오면 분위기가 달라집니다. 기쁨의 근원은 물건이 아닙니다. 아무리 좋은 선물을 받았을지라도 선물을 준 대상이 괴물이라면 그 기쁨은 슬픔과 고통이 됩니다. 그러나 작은 것이라도 사랑하는 사람이 전해준 것이라면 그것은 아주 큰 기쁨이 됩니다.

같은 노래를 불러도 둘이 부르면 다른 노래가 됩니다. 슬픔도 두 사람이 함께하면 낭만이 됩니다. 괴로움도 함께할 사람이 있으면 추억이 됩니다. 아픔도 나눌 사람이 있으면 사연이 됩니다. 외로운 사람 둘이 만나면 두 사람의 외로움은 두 개의 기쁨이 됩니다. 외롭다는 것은 나와 함께할 사람이 없기 때문이고, 내가 누구와도 함께하지 않기 때문입니다. 이두 가지 조건이 완전하게 구비되면 사람은 외로워집니다.

그러므로 외로운 것에 대한 책임의 절반은 나에게도 있습니다. 지금 외롭다면 당장 누군가를 찾아가서 함께하면 됩니다. 그러면 한순간에 외로움은 사라집니다. 인간의 고독을 해결하는 것은 또 다른 인간입니다. 나에게 다가오는 누군가를 맞이하면 내 인생은 고독을 벗어납니다. 함께하는 것은 인생의 환경을 바꾸는 가장 좋은 방법인 동시에 유일한 방법입니다.

약속에 늦은 사람을 위한 배려

루트비히 비트겐슈타인 / 1889-1951

오랜만에 아내와 영화를 보기 위해 일찍 퇴근한 남편은 표를 예매하고 아내가 오기를 기다렸습니다. 약속한 시간이 조금 남아서 차 한 잔을 마시러 근처 카페로 갔습니다. 따뜻한 커피를 마시며 창밖을 바라보는데 한 남자가 서성이는 게 보였습니다. 누구를 기다리는지 두리번거리다가 이내 떠나갔습니다. 남편은 생각했습니다.

'참 성격도 급하기도 하네. 만나기로 했으면 좀 더 기다리지 오자마자 가버리냐?'

그런데 10분쯤 지나자 그 남자가 다시 나타났습니다. 그리곤 조금 전처럼 주위를 둘러보더니 이내 사라졌습니다. 그리고 10분 후에 그 남자는 다시 나타나서 둘러보고는 또 사라졌습니다.

아내가 올 시간이 되어서 전화를 걸었습니다. 30분 정도 늦을 거 같으니 어디 들어가서 기다리라고 했습니다. 남편은 휴대전화에 대고 아내에게 버럭 호통을 쳤습니다. 전화를 끊고 그는 창밖으로 고개를 돌렸습니다. 다시 그 남자가 나타났습니다. 그는 정확히 10분에 한 번씩 나타나서 둘러보고 사라졌습니다.

그렇게 한 시간이 흘렀습니다. 그 남자가 다섯 번 오간 후 한 여자가 초조한 얼굴로 나타났습니다. 누굴 만나기로 했는데 늦은 것이 분명했습니다. 시계를 보며 안절부절못하고 있는데 그 남자가 미안한 표정을 지으며 나타났습니다. 여자가 반가워하며 남자를 맞이했습니다. 두 사람의 대화가 궁금한 남편은 창밖으로 귀를 기울였습니다. 남자가 먼저 말을 꺼냈습니다.

"늦어서 미안해. 차가 너무 막혀서……."

미안해하던 여자의 표정이 밝아지며 대답했습니다.

"정말 지금 오는 거예요?"

"응. 날이 추워서 그런지 차가 너무 많더라고!"

"아! 다행이다. 나도 지금 막 왔거든요."

"그래? 서로 알맞게 도착했네!"

"빨리 들어가요. 영화 시작했겠어요."

"시작했으면 어때? 영화보단 사람이 중요하지. 천천히 가자고!"

남편은 두 사람의 대화를 들으며 조금 늦는다는 아내에게 화를 낸 자신을 돌이켜보았습니다. 창밖의 남자는 한 시간이나 먼저 왔으면서도 여자가 미안해할 것을 염려해서 10분에 한 번씩 기웃거렸던 것입니다.

자신과는 너무 다른 모습에 남편은 아내에게 미안한 생각이 들었습니다. 먼저 와서도 늦게 온 사람을 위해 다른 곳으로 갔다가 조금 더 늦게 나타나 사과까지 하는 그는 정말 여자를 위할 줄 아는 남자였습니다.

"언어가 세계를 그린다."

"내 언어의 한계가 나의 한계다."

"의미는 언어 사용자들의 활동과 행동에서 분리될 수 없다."

언어를 철학의 중심 화두로 제기한 영국 철학자 루트비히 비트겐슈타인의 정의입니다. 사람이 사용하는 언어는 자신의 세상을 그리는 그림과 같습니다. 각각 어떤 그림을 그리느냐는 언어를 사용하는 사람에게 달려 있습니다. 모든 사람은 각각 자기의 세계관을 가지고 있는데 그 세계는 자신의 말로 표현됩니다. 슬픈 언어를 사용하는 사람의 세계는 슬픈 세상이고, 좋은 언어를 사용하는 사람의 세계는 좋은 세상입니다.

또한 각 사람의 한계는 자신이 사용하는 언어에 달려 있습니다. 아무것도 할 수 없다는 말을 하는 사람은 아무것도 할 수 없고, 무엇이든 가능하다고 말하는 사람에게는 무엇이든 가능합니다. 각각의 말은 그 사람의 한계를 보여줍니다. 그리고 언어의 의미는 그 언어를 사용하는 사람의 생활을 통해 이해할 수 있습니다. 말은 그의 삶을 통해 형성되고 표현되기 때문입니다. 같은 말을 해도 부도덕한 사람과 진실한 사람의 생각은 같지 않습니다. 그러므로 언어의 의미는 언어 자체에 있지 않고 그 언어를 사용하는 사람에게 종속되는 것입니다.

우리가 매일 사용하는 언어는 우리 자신이 어떤 사람인지를 알려주는 자료가 됩니다. 그리고 우리의 말은 내 안에 있는 성품과 인식, 가치관을 표현하므로 내가 살아가는 나의 세계를 만들어갑니다. 모든 순간, 나의 말은 내가 어떤 사람인지를 알리는 신호입니다.

영화 때문에 싸운다면 그 순간 나는 영화가 사람보다 중요하다고 생각하기 때문입니다. 과연 영화 한 편이 사랑하는 사람에게 화를 낼 만큼 중요한 것일까요? 가치 기준에서 더 중요한 것이 생기면 덜 중요한 것은 외면을 당하거나 버림을 받습니다. 세상에서 남편에게 아내보다 중요한 것이 무엇일까요?아내에게 남편보다 중요한 것이 있을까요?

그런데 우리는 별로 중요하지도 않은 일상적인 일이나 물건들 때문에 아내 또는 남편에게 화를 내고 소리치고, 싸우며 살고 있습니다. 아마도 늘 함께 있기에 그 중요성을 잊어버린 모양입니다.

누군가와 함께하려면 덮는 게 필요합니다. 실수를 덮고, 잘못도 덮고, 틀린 것도 덮고, 오해와 갈등도 덮어야 합니다. 덮으면 미안한 상황이 '다행'이 되고, 어색한 상황이 웃음이 되고, 이상한 일이 재미있는 일이 됩니다. 덮으면 힘든 시간이 잘 지나가지만 덮지 않으면 힘든 시간은 계속됩니다.

잘 어울리기 위해서는 상황을 이기는 마음이 필요합니다. 화나는 상황에서 화내지 않는 마음, 큰 소리를 쳐도 될 상황에서 큰 소리 안 치는 마음, 사과를 받아야 할 상황에서 사과하는 마음, 싸울 만한 상황에서 싸우지 않는 마음이 상황을 이기게 합니다.

환경과 상황은 우리를 분열과 다툼과 갈등으로 몰고 가려 합니다. 상황에 떼밀리면 싸우게 되고, 상처주고 상처받게 됩니다. 모든 피조물 중 상황을 이길 수 있는 존재는 사람뿐입니다. 사람은 모든 상황을 이기고 극복할 능력을 가졌습니다. 그 능력은 상대를 배려하는 마음에서 출발하고 언어로 표현됩니다.

일찍 와서 기다리는 사람보다 늦은 사람이 더 불안하고 초조합니다. 일찍 온 사람이 늦은 사람을 배려하면 모든 상황은 행복하게 끝납니다. 약속의 결과가 행복으로 끝날지 불행으로 끝날지는 일찍 온 사람에게 달려 있습니다. 누구든 만나기로 약속했으면 일찍 나가서 늦게 온 사람을 환하게 웃으며 맞이하세요! 어떤 사람을 만나든 행복할 수 있습니다.

둘이서 한 사람 역할만 해도 충분히 행복하다

마르틴 하이데거 / 1889-1976

남편은 앞을 볼 수 없고 아내는 걸을 수 없는 사람입니다. 그래서 부부는 서로에게 꼭 필요한 사람이 되었습니다. 둘 중 한 사람이라도 없으면 살 수 없습니다. 남편은 아내 대신 걷고 아내는 남편 대신 세상을 봅니다.

남들 같지 않은 부부는 폐지를 주워서 생활비를 마련합니다. 아침에 일어나면 남편은 아내의 휠체어를 밀고 밖으로 나갑니다. 아내는 남편에게 가야 할 방향을 알려줍니다.

"천천히, 앞으로!"

"오른쪽으로! 왼쪽으로!"

"언덕이야. 뒤로 눕혀서 밀어!"

그렇게 남편은 아내가 말하는 대로 휠체어를 밀고 다닙니다. 부부는 함께 산책을 하다가 폐지가 보이면 휠체어 아래 수납공간에 담습니다. 휠체어가 들어갈 수 없는 곳엔 남편이 혼자 들어가서 폐지를 주워 옵니다. 앞을 볼 수 없는 남편은 아내가 말하는 대로 걸어갑니다.

"앞으로 똑바로 가!"

"조금 오른쪽으로, 그래 계속 가!"

"그만. 허리 숙여서 주워!"

"뒤로 돌아! 똑바로 와! 돌 있어. 옆으로 한 발짝!"

"턱이야! 다리 들어서 올려야 해!"

남편은 아내가 말하는 대로만 가면 됩니다. 아내는 앉아서 남편을 조종합니다. 그리고 집에 돌아오면 아내는 남편이 좋아하는 상추쌈을 준비합니다. 작은 상을 놓고 마주 앉아 아내가 쌈을 싸서 남편의 입에 넣어주면 남편은 넙죽 받아먹습니다.

두 사람은 한 사람의 역할밖에 할 수 없지만 행복하게 살고 있습니다. 가끔 서로 먼저 죽으라고 말싸움을 합니다. 누구든 뒤에 남는 사람은 한 사람이 아닌 반사람 구실밖에 못하고 살 것이기 때문입니다.

"인간이란 무엇인가?"

철학이 시작된 이래 끝없이 제기되어온 명제입니다. 그에 대한 답은 시대마다 다르고 지역에 따라 다르고, 사람마다 다를 것입니다. 플라톤의 제자들은 "인간이란 깃털 없는 두 발을 가진 짐승이다"라고 결론을 내렸습니다.

그 소식을 들은 거리의 철학자 디오게네스가 산 채로 털이 뽑힌 닭 한 마리를 들고 가서 그들 앞에 던지며 "여기 인간이 있다!"고 했습니다. 그러자 플라톤의 제자들은 다시 모여 인간에 대한 자신들의 정의를 수정했습니다. 그래서 내린 결론이 "인간이란 넓은 손톱과 발톱을 가진 깃털 없는 두 발 가진 짐승이다!" 였습니다.

역사에 한 획을 그을 정도의 사상을 남긴 철학자들도 때로는 어처구니없는 판단의 실수를 저지릅니다. 이것은 인간이란 존재를 한마디로 단언하기가 얼마나 어려운 것인지를 보여주는 예입니다.

이러한 인간에 대한 철학적 이해를 심도 있게 다룬 사람이 독일의 실존철학자 마르틴 하이데거입니다. 그는 '인간이란 무엇인기?'에 대한 명제에 답을 내리는 대신 '인간의 존재가 어떤 의미를 가지고 있는가?'에 대한 것으로 방향을 바꾸었습니다.

그리고 '인간이란 무엇인가?'를 연구하기 전에 자기 존재의 의미를 궁금해하는 유일한 생명체인 인간을 분석하는 것이 우선되어야 한다고 했습니다. 그리하여 인간은 외부적인 관점이 아닌 내부에서의 관점으로 살펴야 하고, 시간 속에서 이해될 수 있는 존재이므로 모든 시대의 인간을 한 가지로 정의할 수 없다는 결론을 내립니다.

하이데거의 방향 전환을 통해 '인간이란 무엇인가?'에 대한 연구와 관찰은 오늘날까지 이어지고 있고 앞으로도 끊임없이 고찰되어야 할 영원한 주제가 되었습니다.

'인간이란 무엇인가?'라는 명제를 이해하기 쉬운 방향에서 살펴보기 위해 '인생이란 무엇인가?'로 바꾸어보았습니다. 세상에 존재하는 모든 사람 중 똑같은 인생을 사는 사람은 없습니다. 그러므로 인생은 한 가지로 정의할 수 없습니다. 다만, 각각의 인생이 스스로에게나 세상에 어떤 의미가 있었는지를 되짚는 게 최선의 방법일 것입니다.

인생의 가치를 결정하는 기준은 각각의 내적 기준이 가장 적당한 판단의 근거가 됩니다. 즉, 스스로 자신의 인생을 판단하는 것입니다. 그러면 스스로 자신의 인생을 판단하는 기준은 무엇이어야 할까요? 각자가 느끼는 행복의 감정이 합리적인 기준이 될 것 같습니다.

무엇이 아내와 남편을 행복하게 하는 핵심 요소일까요? 각자의 역할을 충실히 수행할 때 부부는 행복할 수 있습니다. 즉, 남편의 역할과 아내의 역할을 충실히 수행하는 것입니다. 어느 정도의 역할이 두 사람을 행복하게 할 수 있을까요?

앞의 이야기에서처럼 부부는 둘이 한 사람 역할만 해도 충분히 행복할 수 있습니다. 아내와 남편에게 너무 많은 역할을 기대하지 마세요! 넘치면 오히려 불행할 수 있습니다. 기대가 크면 실망도 크고, 바라는 게 많으면 서운한 일도 많아집니다.

외로움을 달래기엔 한 사람이면 충분합니다. 기쁨과 슬픔을 나누기에도 한 사람이면 넉넉합니다. 함께 있기만 해도 행복할 수 있는 게 부부입니다. 그런데 그 이상을 바라기 시작하면 행복은 점점 멀어집니다.

아내와 남편은 모든 역할을 다 해내는 사람, 말하자면 엔터테이너가 아닙니다. 혼자서 열 사람의 몫을 해낸다고 행복하지 않습니다. 한 사람이 열 사람의 역할을 하면 그로 인해 생활이 넉넉하고 풍요로울 수는 있지만 열 배로 사랑하거나 열 배로 고마워하지는 않습니다. 익숙해지면 열 사람 역할을 하는 것이 당연한 게 되고, 그 후엔 그 이상 하지 못하면 불안해지고, 불평이 싹트기 시작합니다.

부부는 역할이 늘어나는 것으로 행복하지 않고 진심으로 사랑할 때 행복합니다. 남들만 못한 것이 불행의 원인이 아닙니다. 있는 그대로를 인정하지 않기 때문입니다. 남들만 못해서 화가 나면 그때부터 불행해집니다.

'왜 남들만큼 해야 하지? 나만큼만 하면 되는 거지!'

내가 남들만큼 해야 한다고 생각하는 동안 나는 절대 행복할 수 없습니다. 나는 결코 남이 될 수 없기 때문입니다. 해마다 통계청에서 발표하는 최저 생계비, 최저 임금 등은 무엇을 기준으로 한 것일까요?

그것은 그저 통계를 낸 수치일 뿐입니다. 그 이하는 불행하고 그 이상은 무조건 행복하다는 것을 의미하지 않습니다. 최저 생계비 이하로도 행복하게 사는 사람이 있고, 최고 생계비를 가지고도 불행하게 사는 사람이 있습니다.

사람의 행복은 통계나 숫자에 있지 않습니다. 한 사람 역할도 못하는 두 사람이 함께 있는 것만으로도 감사할 수 있으면 행복할 수 있습니다. 혼자서 열 사람, 백 사람의 역할을 할지라도 더 잘해야 한다는 생각에 사로잡혀 있으면 불행합니다. 더 많은 것을 원하는 사람에게 행복이란 없습니다. 늘 더 하기 위해 불안과 초조에 시달립니다.

지금 내가 하고 있는 정도면 잘하고 있는 겁니다. 더 잘하는 것보다 지금 하는 만큼에서 배우자를 사랑해야 합니다. 진심으로 사랑하면 바닥에 떨어져도 절대 불행하지 않습니다. 정말 사랑한다면 죽어도 행복할 수 있습니다.

47

어려운 시기는 의외로 빨리 지나간다

발터 벤야민 / 1892-1940

친정 부모는 그녀의 결혼을 반대했습니다. 남편 될 사람이 너무 착하다는 것이 이유였습니다. 그는 너무 착해서 형과 누나들이 돌보지 않는 부모를 모시기 위해 결혼도 못하고 노총각이 되었습니다. 아버지는 치매에 걸렸고, 어머니는 중풍으로 몸을 쓰지 못합니다.

하지만 그녀는 바로 그런 모습 때문에 결혼을 결심했습니다. 부모를 위해 결혼도 못할 정도로 착한 사람을 다시는 만날 수 없을 것 같아 격렬한 반대에도 뜻을 굽히지 않았습니다. 친정 부모는 결국 지쳐서 포기했고 그녀는 착한 남자와 결혼해서 시댁으로 들어갔습니다.

그러나 막상 결혼 생활이 시작되자 상황은 만만치 않았습니다. 시어머니를 위해서는 매일 죽을 끓여야 했고, 용변을 받아내야 했습니다. 시아버지는 치매로 매일 물건을 집어던지고, 화내고, 욕하고, 잠시만 혼자 두면 냉장고 음식을 다 먹어치우고, 집 안 여기저기에 똥오줌을 싸고 다녔습니다.

그런 생활을 남편은 어떻게 혼자 다 해내며 살아왔는지 이해가 되지 않았습니다. 결국 아내는 너무 힘들어 남편에게 못 살겠다고 울면서 하소연했습니다. 친정에는 자신 있다고 큰소리를 쳤기 때문에 도움을 청할 수도 없었습니다. 그런 부모를 거들떠보지도 않는 남편의 형제들이 원수처럼 미워졌습니다.

날마다 울음으로 세월을 보내며 남편을 원망했습니다. 이렇게 힘들 줄 몰랐다고, 이럴 줄 알았으면 친정 부모님의 말을 들어야 했다고……. 남편은 아무런 핑계도 대지 않고 미안하다는 말만 되풀이했습니다.

그러던 어느 날, 술도 못 먹는 남편이 술에 취해 집에 들어왔습니다. 아내는 이제 남편의 술주정까지 받아야 하는 신세가 된 건 아닌지 가슴이 철렁 내려앉았습니다. 생전 처음 술에 취한 남편이 아내 앞에 무릎을 꿇고 엎드렸습니다. 그리고 울면서 애원했습니다.

"미안하다! 미안해서 할 말이 없다. 정말 미안하다. 그런데 정말 사랑한다. 그래도 내 부모인걸? 나중에 친정 부모님께 몇 배로 잘할게! 우리가 그냥 모시고 살자! 조금만 참아줘! 미안하다, 정말 미안하다!"

남편은 그렇게 미안하다는 말을 되풀이하다가 고꾸라져 잠이 들었습니다. 아내는 그런 남편을 보고 조금만 더 참아보기로 했습니다. 1년이 지난 후 시어머니가 돌아가시고 얼마 지나지 않아 시아버지도 시어머니 뒤를 따랐습니다. 아버지의 장례를 마치고 돌아오며 남편이 아내에게 이야기했습니다.

"이사 가자."

"무슨 이사요?"

"친정 부모님 가까이 이사 가자! 아니, 두 집 합쳐서 같이 살자!"

"예전에 술 먹고 한 말이 진짜예요?"

"그래. 다 기억나! 하루도 잊은 적이 없어. 그동안 고생 많았다. 이제 내가 장인어른, 장모님 모실 차례다!"

그렇게 해서 그녀는 친정 부모와 함께 살고 있습니다. 남편은 자기 부모에게 했던 것보다 그녀의 부모에게 더 잘합니다. 그녀의 결혼을 반대했던 부모는 세상에 둘도 없는 사위를 왜 반대했는지 모르겠다고 말합니다. 부모에겐 자식보다 나은 사위가 되었고, 아내에겐 둘도 없이 잘하는 남편이 되었습니다. 그녀는 짧은 세월의 고생을 참은 것이 평생의 행복을 주었다는 생각이 들었습니다.

'누군가를 아무런 희망 없이 사랑할 때 비로소 그를 알 수 있다.'

독일의 신마르크스주의 철학자 발터 벤야민이 자신의 책 『일방통행로』에서 언급한 것입니다. 처음 이 문장을 대할 때 무슨 의미인지를 한참 생각했습니다. 그러다가 앞의 이야기를 접하고 난 후 벤야민의 의도가 무엇인지 조금 이해할 수 있었습니다.

아무런 기대도 없이, 앞날의 희망도 없이 한 사람을 그저 사랑할 수 있다면 그때가 그 사람을 알 수 있는 가장 완전한 순간이 됩니다. 내 생각과 의도를 가지고 누군가를 바라볼 때는 상대를 바르게 이해할 수 없고, 어떤 사람인지도 알 수 없습니다. 나와 연관된 측면에서 그를 이해하기 때문입니다. 나를 초월한 완전한 객관적인 눈으로 상대를 바라볼 수 있다면 그 순간이 사람의 참 모습을 발견하는 때입니다.

그럴 수 있다면 현재의 상황을 넘어서 사람 자체를 용납할 수 있고, 그로 인해 만들어진 환경이나 문제도 극복할 힘을 얻습니다. 나를 서운하게 한 것, 내 마음에 들지 않는 면, 내가 생각했던 것과 다르게 펼쳐지는 현재의 상황을 초연히 바라보면 참을 수 없는 아픔이나 괴로움도 조금은 쉽게 흘려보낼 수 있습니다.

인생의 어려운 시기는 의외로 빨리 지나갑니다. 지난 후에 보면 그 어려움들은 좋은 기회였다는 것을 깨닫습니다. 힘든 세월을 함께한 아내는 남편의 은인이 됩니다. 웬만한 사람은 절대 은인을 잊지 않습니다.

은혜를 베풀 수 있는 기회가 오면 망설이지 말고 베풀어야 합니다. 그 대상이 남편이나 아내라면 더욱 그렇습니다. 한평생 함께 살 사람에게 은인이 된다는 것은 평생 대접받으며 살 기회를 얻는 것입니다.

시간이 흐르면 어려운 것도 지나가고 힘든 환경도 달라집니다. 환경은 적응하면 대부분 이겨낼 수 있습니다. 사람은 환경을 충분히 이길 수 있습니다. 고난의 시기를 잘 이겨내면 그 후엔 기쁨이 다가옵니다.

어려운 시기는 부부가 더욱 예의를 지켜야 할 때입니다. 힘들 때일수록 더 많이 참아야 합니다. 모든 것은 다 지나갑니다. 그 후엔 서로에 대한 감정만 남습니다. 힘든 시기가 지나고 남는 감정은 서운함이거나 고마움 중 하나입니다. 최고로 어려운 시기엔 최고의 고마움을 남겨야 할 시기입니다. 힘든 시기 몇 년을 참으면 수십 년 대접받으며 살 수 있습니다.

48

부부, 다른 생각으로 한길을 가는 사람들

한스 게오르크 가다머 1900-2002

남편의 애창곡은 '목포의 눈물'입니다. 남편이 노래방에 갈 때면 언제나 '목포의 눈물'을 제일 먼저 부릅니다. 그리고 기분이 좋을 때는 즐겁게, 슬플 때는 구슬프게 그 노래를 흥얼거립니다.

퀴즈대회에 출전한 부부에게 스피드퀴즈 시간이 되었습니다. 제시어는 남편의 애창곡인 '목포의 눈물'이었습니다. 아내는 자신 있게 큰 소리로 남편을 향해 외쳤습니다.

"당신이 노래방 가면 제일 먼저 부르는 거!"

남편은 아내의 말을 듣고 우렁차게 대답했습니다.

"도우미!"

그 자리에 있던 사람들은 부부를 바라보며 요절복통했습니다. 진행자도 웃느라고 퀴즈를 낼 수 없어서 진행이 잠시 중단되었습니다. 정답을 알게 된 남편은 미안함 때문에 아내를 향해 고개를 들지 못했습니다. 퀴즈를 마치고 자리로 돌아간 아내가 남편의 옆구리를 찌르며 다그치는 모습이 간간이 화면에 비쳤습니다.

"인생을 이해하는 과정과 역사를 이해하는 과정은 상통한다."

해석학적 방법론으로 철학적 사유를 시도한 독일의 철학자 한스 게오르크 가다머의 말입니다. 그는 과거의 역사를 이해하는 과정을 통해 현대인들의 문화와 습관, 가치관이 절대적인 것이 아님을 깨닫게 된다고 했습니다. 과거와 현재를 비교하고 다른 면과 공통된 것들을 연구할 때 양쪽의 편견을 이해하고 소통하는 방법과 공존의 비결을 터득합니다.

역사를 연구하는 사람은 역사의 한 부분을 깊이 다루는 과정에서 새로운 교훈을 얻고 그 새로운 교훈에 의해 전체 역사를 다시 보는 시각을 얻습니다. 그리고 그 새롭게 얻은 시각은 역사를 해석하는 새로운 기준이 되고, 그로 인해 개인은 역사와 공존하는 법을 배우는 것입니다.

즉, 과거와 현재, 역사 속의 인물과 나의 차이를 인식해서 소통할 수 있는 기반을 마련하는 것입니다. 그리고 그 차이를 양쪽 방향에서 이해할 수 있도록 해석해내는 것이 역사를 연구하는 사람의 의무입니다.

마찬가지로 남자와 여자가 어느 시점에 이르러 상대를 통찰하면 그 이후로는 이성의 존재로 인식합니다. 그 후 보편적 이성의 관계에서 절대적 이성의 관계를 통해 부부가 됩니다. 그러나 부부가 되는 것으로 이성의 차이가 극복되는 것은 아닙니다. 서로 다른 것을 이해하기 위한 해석적 노력이 여전히 필요합니다.

수십 년을 살아도 아내는 여자 같은 생각을 하고 남편은 남자 같은 생각을 하며 삽니다. 같은 집에 살지만 생각이 다르고, 성별이 다르고, 사는 게 다르고, 소망하는 것도 다릅니다. 그래도 같이 사는 게 부부입니다.

다르지만 끝까지 함께 사는 게 부부입니다.

세상의 모든 원리는 다르면 멀어집니다. 하지만 부부는 달라도 멀어지지 않습니다. 부부에겐 다른 것이 마침표가 아니라 이음줄이 됩니다. 친구는 생각이 다르면 각각 다른 길로 가지만, 부부는 다른 생각을 하면서도 한길을 갑니다. 부부라는 끈으로 연결되지 않으면 남자와 여자는 함께할 수 없는 상대입니다. 완전히 다르기 때문이죠. 남자와 여자의 차이를 재미있게 표현한 내용들을 소개합니다.

* 여자는 허영심을 위해 무언가를 들고 다니고, 남자는 자존심을 위해 무언가를 들고 다닌다.
* 여자는 몰라도 되는 일에 지나친 관심을 보인다. 남자는 꼭 알아야 할 일에 별로 관심이 없다.
* 여자는 남자의 허풍에 속는다. 남자는 여자의 외모에 속는다.
* 여자는 남자의 감정을 느낌만으로 알 수 있다. 남자는 여자의 감정을 말해줘도 모른다.
* 여자는 사랑하는 사람을 독점하기 위해 노력한다. 남자는 사랑하는 사람의 수를 늘리기 위해 노력한다.
* 여자는 칭찬을 받으면 여왕이 된다. 남자는 칭찬을 받으면 어린애가 된다.

다 맞는 내용이라고 할 수는 없지만 어느 정도 일리가 있는 말들입니다. 이런 것 말고도 남녀의 차이를 찾아보면 셀 수 없이 많습니다. 그런데 그런 남녀가 부부가 되었다고 해서 똑같아지기를 바라는 것은 이루어질 수 없는 소망에 불과합니다.

남자에게 가장 중요한 것은 자존심입니다. 남편은 결혼해서 수십 년이 지나도 남자라는 것에는 변함이 없습니다. 아내가 남편에게 가장 조심해야 할 부분이 바로 자존심에 대한 문제입니다. 아무리 오래 살았어도 자존심을 깨뜨리는 말이나 행동을 해선 안 됩니다. 자존심이 무너진 남자는 아무것도 지킬 게 없는 사람이 됩니다. 그러면 자포자기 인생이 되기 쉽습니다.

여자는 한평생 공주병을 앓으며 살아갑니다. 결혼하고 엄마가 되고 아줌마가 되고 할머니가 되어도 여전히 공주병은 낫지 않습니다. 여자의 공주병은 없어지지 않습니다. 시기에 맞게 모양이 바뀌고 달라질 뿐입니다. 남편이 아내를 정말 사랑한다면 아내의 낫지 않는 공주병, 즉 본질적인 허영심을 고치기보다 적절하게 채워주는 게 낫습니다.

한평생 자존심 세우고 사는 것이 남자이고, 죽을 때까지 허영심을 버리지 못하는 것이 여자입니다. 그것이 아니면 무엇으로 인생을 채우겠습니까?

자존심과 허영심은 같은 것 같지만 다릅니다. 아내와 남편도 같은 것 같지만 다릅니다. 부부는 다른 게 정상입니다. 같으면 비정상입니다. 다르다고, 이해할 수 없다고 너무 속상해하지 마세요! 적당히 양보하고, 이해하고, 무시하고, 포기하고 살면 됩니다. 그래야 별 탈 없이 끝까지 한길을 갈 수 있습니다.

49

미술관 옆 동물원

시몬 드 보부아르 / 1908-1986

『제2의 성』의 작가 시몬 드 보부아르는 여성 사상가로도 활약하며 여성의 사회적 위치와 상황을 집중적으로 연구했습니다. 그녀의 견해로 세상의 본질을 연구했던 사람 대부분이 남자였기에 세계의 사상은 남성적으로 고찰될 수밖에 없었습니다. 그로 인해 "남성은 인간으로 정의되고 여성은 여자로 정의하게 되었다"고 그녀는 이야기했습니다.

철학적 지식에서 '자아'의 개념은 남자이고 여성은 자아의 개념에 포함되지 않은 '제2인자'이거나 '타자'로 구분되어 사회의 주류에서 벗어나 있다는 것입니다. 그러한 이유로 여성은 소극적이고, 배타적이고, 무기력하고, 추종적인 개념으로 상징되었고, 항상 비주류에 속한 존재로 전락된 상태에 머물러 있다고 했습니다.

그러므로 여성이 평등과 자유를 얻기 위해서는 여성을 여자로 만들어 가려는 사회적이고 역사적인 압력으로부터 벗어나야 하고, 남성을 닮아 가려는 것이 아닌 진정한 여성 자체가 되어야 한다고 역설했습니다.

보부아르의 견해가 타당성이 있고 그녀의 견해를 인정하기는 하지만 나는 그녀의 견해를 조금 다르게 바꾸어보고 싶습니다.

"남성은 인간으로 정의되고 여성은 인간 이상의 그 무엇이다!"

남성이 인간이고 여성을 인간 이외의 타자라고 정의한다면 여성은 '제2의 성'이나 '제2인자'가 아니라 인간을 뛰어넘는 '인간 이상의 존재' 또는 '제1인자 이상의 인간'이나 '남성보다 나은 인간'으로 정의하고 싶습니다. 그 이유는 짧게 살아온 나의 주관적 소견이 전부입니다.

과천에 가면 전혀 어울리지 않는 게 바로 옆에 붙어 있습니다. 미술관과 동물원입니다. 미술관엔 정신적 활동의 대가들인 예술가들의 작품이 전시되어 있고, 바로 옆에 있는 동물원엔 아무 생각 없는 동물들이 전시되어 있습니다. 미술관은 우아하고 세련된 반면 동물원은 그야말로 원초적이고 본능적입니다.

이렇게 다른 것이 바로 옆에 붙어 있는 게 사람들에겐 참 좋습니다. 미술관을 구경하다 재미없으면 동물원으로 발걸음을 옮깁니다. 역시 동물원을 구경하던 사람들도 더 이상 볼 게 없으면 미술관을 구경하기 위해 이동합니다. 전혀 다른 두 개가 함께 있기에 전혀 다른 취향을 가진 사람들이 과천으로 찾아옵니다. 그리고 한 장소에서 조금만 옆으로 이동하여 완전히 다른 분위기를 즐깁니다.

다른 것이 함께 있다는 것은 이렇게 좋을 수 있습니다. 비슷한 것이 옆에 있으면 별다른 흥미를 일으킬 수 없지만 전혀 다른 것이 같이 있으면 신선한 흥미를 유발합니다. 같은 것이 주는 유유상종의 기쁨이 있는 반면 다른 것이 주는 특이한 기쁨도 있습니다.

부부는 '미술관 옆 동물원'입니다. 아내는 미술관이고 남편은 동물원입니다. 여자의 내면과 인생엔 우아하고 세련된 감성이 가득하고 남자의 내면과 삶엔 본능으로 가득한 짐승들이 가득합니다. 그래서 근육질 남성을 '짐승남'이라고 하는가 봅니다.

남자를 건드리면 속에서 짐승이 튀어나옵니다. 사자, 호랑이, 늑대, 곰, 개, 돼지 같은 것들이 본색을 드러냅니다. 술 취한 남자들의 행동은 그야말로 짐승과 다를 게 없습니다. 창피한 것도 모르고 노상방뇨에 고성방가, 혈전 혈투에 길거리 취침까지 짐승과 다를 게 없습니다.

반면에 여자를 건드리면 눈물이 흐르고 한여름에도 서리가 내립니다. 세상의 모든 유명 작품 속엔 여자가 담겨 있습니다. 여자는 꽃보다 아름답습니다. 여자에게는 우아함과 매력, 낭만과 분위기가 있습니다. 여자를 건드리면 향기가 진동합니다.

이렇게 서로 다른 남자와 여자가 같은 집에 산다는 것은 신기한 일입니다. 전혀 어울리지 않을 것 같은 남녀가 세상에서 가장 잘 어울리는 한 쌍이 됩니다. 하지만 잘 어울리지 못하면 아름다운 한 쌍이 아닌 철천지 원수가 될 수도 있습니다.

아내와 남편은 조화를 이루지 못하면 싸울 수밖에 없는 특성을 가지고 있습니다. 짐승이 울부짖는 동물원 같은 남편과 고요한 미술관 같은 아내의 분위기를 서로 인정하지 못하면 갈등이 생기고 가정은 전쟁터가 됩니다.

남편은 거칠고 사납고 무식하고 힘만 세서 툭 하면 고함치고 들이받으려 합니다. 반면에 여자는 조용히 눈물을 흘리며 서릿발이 내릴 만큼 무섭게 한을 쌓아갑니다. 서로 건드려봐야 좋을 거 하나 없습니다.

성질을 건드리면 속에 있는 것들이 튀어나옵니다. 남편을 건드리지 마세요. 건드리면 짐승이 될 수 있습니다. 아내를 괴롭히지 마세요. 어느 날 남편의 머리 위로 서리가 내릴 수도 있습니다.

동물원과 미술관이 싸우지만 않으면 즐겁고 재미있고 신기한 일이 아주 많이 일어납니다. 함께하면 가정이 만들어지고 2세도 탄생하고 세상에서 가장 아름다운 가족이라는 풍경을 만들어낼 수도 있습니다. 아내와 남편이 함께하는 것은 저절로 되는 게 아닙니다. 전혀 다른 것을 같은 편으로 만들어가는 연합의 과정이 필요합니다.

이 과정은 한순간에 완성되는 게 아니라 일평생 이루어야 할 장거리 과정입니다. 어제 참은 것으로는 오늘을 살 수 없습니다. 오늘 역시 오늘만큼 참아야 조화를 이룰 수 있습니다.

오늘 좋았던 기분으로 내일을 살 수 없습니다. 내일은 내일 해야 할 분량을 채워야 합니다. 작년에 탄 월급으로 올해를 살 수 없듯이 예전에 한 번 잘한 것으로 오늘 보답을 받으려 하면 안 됩니다. 날마다 잘해야 날마다 좋은 남편과 아내로 살 수 있습니다.

50

콩나물을 욕할 수 없는 이유?

에마뉘엘 레비나스 / 1906-1995

맞선을 보게 된 남자가 중매쟁이에게 여자를 만나면 아무거나 다 잘 먹는다고 하라는 말을 들었습니다. 만나게 될 아가씨는 착하고 예쁘고 성실해서 하나도 빠질 게 없는데 음식 솜씨가 없다는 것이었습니다. 그래서 음식 이야기만 나오면 결혼할 자신이 없어진다고 했습니다. 남자는 이번엔 어떻게든 성사를 시켜보겠다는 생각으로 중매쟁이가 시키는 대로 하기로 했습니다.

약속 장소에 나온 여자는 중매쟁이의 말대로 어디에 내놔도 빠질 게 없는 여인이었습니다. 이런 사람이 아직까지 결혼을 하지 않고 있다는 게 남자에겐 행운이라는 생각이 들었습니다. 일상적인 인사를 마치자 여자는 근심스런 표정으로 반찬을 못한다는 말을 꺼냈습니다. 남자는 이때다 싶어 자신 있게 대답했습니다.

"저는 아무거나 다 잘 먹습니다. 제가 제일 좋아하는 건 콩나물국이에요!"

남자의 말을 들은 여자가 밝은 얼굴로 말했습니다.

"어머! 그건 내가 제일 잘할 수 있는 건데!"

"그래요? 그럼 우린 천생연분인가 봅니다. 하하하!"

그렇게 해서 대화는 급진전을 이루었고, 두 사람은 오랫동안 즐겁게 이야기할 수 있었습니다. 한참 이야기를 하던 여자는 갑자기 떠오른 듯 밥을 먹으러 가자고 했습니다.

"제가 콩나물 요리 잘하는 식당을 아는데, 소개해드릴까요?"

남자는 거절할 이유가 없었습니다. 콩나물 요리를 먹기 위해 만나다 보면 더 친해질 게 분명했기 때문입니다. 그 후로 그 식당은 두 사람의 단골이 되었고, 남자는 그곳에 갈 때마다 정말 콩나물국을 좋아하는 것처럼 두 그릇씩 먹어치웠습니다. 덕분에 남자는 착하고 예쁘고 성실한 아내를 맞이할 수 있었습니다.

그런데 문제는 결혼 후였습니다. 아내는 남편이 정말 콩나물국만 있으면 밥을 먹는 사람인 줄 알고 계속 콩나물국만 끓여주었습니다. 남편은 다른 요리도 먹고 싶었지만 아내에게 다른 걸 만들라는 말을 할 수 없었습니다.

온몸에서 콩나물 냄새가 나는 것 같았지만 그저 매일 나오는 콩나물국을 맛있는 척 연기를 할 수밖에 없었습니다. 콩나물 때문에 결혼할 수 있었는데 이제 와서 아니라고는 할 수 없었습니다.

그러던 중 남편이 지도하고 있는 학생들이 집을 방문하게 되었습니다. 그날도 아내는 콩나물 요리만 잔뜩해서 상을 차렸습니다. 아이들은 먹을 게 아무것도 없다고, 콩나물 말고 다른 건 없냐고 투정을 부렸습니다. 그러더니 결국 모두 숟가락을 내려놓고는 물러앉았습니다.

아내는 아이들이 돌아갈 때까지 안절부절못하다가 저녁이 되어서 결국 울음을 터뜨리며 요리학원을 다녀야겠다고 했습니다. 남편은 이때다 싶어서 적극적으로 아내의 요리학원행을 적극 후원했습니다.

아내가 요리를 배우기 시작한 후부터 밥상에는 다양한 요리가 올라오기 시작했습니다. 그래도 꼭 남편이 좋아하는 콩나물은 빼놓지 않고 함께 올렸습니다. 남편은 콩나물이 꼴도 보기 싫었지만 그래도 아내를 만날 수 있게 해준 것이기에 절대 타박하지 않습니다. 다른 반찬을 먹는 틈틈이 먹어주었습니다. 이제 와서 결혼의 공로자를 배신할 수는 없었기 때문이죠.

"이성을 찾으라."

이 말은 흔히 정신 차리라는 말과 같은 의미로 사용됩니다. 하지만 그 안에 포함된 '이성'이라는 단어는 아주 많은 내용을 담고 있습니다. 인간의 정신이나 양심, 도덕과 윤리를 뜻하기도 합니다.

세상 만물 중 '이성'을 가진 존재는 인간뿐입니다. 식물이나 짐승에게는 이성이 없습니다. 이성은 사람에게만 있는 정신으로, 사람을 사람답게 하는 핵심적인 요소입니다.

이러한 이성은 과연 언제, 어디서, 어떻게 얻어지는 것이고, 언제 사용하게 되는 것일까요? 어린아이들에게는 이성을 찾으라는 말을 하지 않습니다. 이성의 가능성은 가지고 있지만 이성의 활동을 기대할 수는 없기 때문입니다. 또한 제정신이 아닌 사람들에게도 "이성을 찾으라"는 말을 사용하지 않습니다.

그렇다면 '이성'을 기대할 수 있는 사람은 어떤 사람일까요?

상대를 인식할 수 있는 사람, 사람과 사물을 구분하고, 옳고 그른 것을 판단할 수 있는 사람에게서 이성을 기대할 수 있습니다.

프랑스의 철학자 에마뉘엘 레비나스는 홀로코스트에서 살아남은 유대계 리투아니아인입니다. 그는 사람의 언어 속에 이성이 존재한다고 보았습니다. 그리고 그 이성은 다른 존재와 언어를 주고받을 때 작용하는 것으로 생각했습니다. 그가 의미하는 언어를 주고받는 것은 말을 주고받는 것뿐만 아니라 교감을 주고받는 것까지를 포함합니다.

말없이 표정이나 상황을 인식하는 것도 무언의 언어로 소통이 이루지는 것이라고 했고, 감정을 교류하는 것, 공감, 일체화, 동질감 같은 것 역시 언어를 사용하는 것과 같은 현상으로 보았습니다.

즉, 레비나스의 결론은 나 아닌 다른 사람과 나누는 모든 소통을 통해 이성이 작용한다는 것입니다. 그러므로 인간의 이성은 혼자일 때가 아닌 다른 사람과 함께 있을 때 발생되거나 얻을 수 있고, 사용될 수 있다는 것입니다.

그러므로 앞에서 언급한 "이성을 찾으라"라는 말은 누군가와 함께 있을 때 가능할 수 있습니다.

이성을 가진 남자, 제정신인 남편이라면 사람이 좋아서 선택한 아내가 반찬까지 잘할 거라고 생각하면 안 됩니다. 평생 맛있는 만찬을 기대한다면 반찬 못하는 사람을 만나선 안 됩니다. 반찬 못하는 걸 알고도 만나서 결혼했다면 평생 맨밥을 먹을 각오를 해야 합니다. 그러다가 간장이나 소금이라도 잘 챙겨주면 고마워해야죠. 아니면 처음부터 반찬 잘하는 할머니를 만나든가?

"살다 보면 나아지겠지?"

글쎄요? 살다 보면 나아질 수도 있지만 아닌 경우가 대부분입니다. 음치는 아무리 교정해도 연습한 곡이 아니면 절대 잘할 수 없고, 박치는 연습하고 또 해도 박자를 맞출 수 없는 것처럼 타고난 기질은 거의 죽을 때까지 가지고 갑니다.

마음이 착해서 선택했으면 마음에 차지 않는 외모는 평생 감수해야 하고, 외모가 마음에 들어 선택했으면 성격 차이에서 오는 갈등은 당연히 받아들이고 스스로 극복할 비결을 찾아야 합니다. 그것이 이성적인 태도입니다.

그런데 우리는 하나를 보고 선택하고서는 나머지가 마음에 들지 않는다고 불평합니다. 하나가 마음에 들었으면 그 하나를 보고 평생 살아야 합니다. '살다 보면 다 잘할 날이 오겠지?' 하고 기대하는 것은 갈등을 압축하는 것과 같습니다. 결국 더 이상 참지 못할 상황이 오면 터지게 됩니다. 다 잘하는 날은 절대 오지 않습니다.

잘하는 게 있으면 못하는 게 있고, 잘하는 날이 있으면 못하는 날도 있습니다. 잘할 때는 고마워하고 못할 때는 말없이 지나가면 됩니다. 잘한 것은 말하고 못한 것은 아무 말도 하지 않으면 됩니다. 다 잘하는 사람이란 세상에 존재하지 않습니다. 그런 사람을 기대한다면 결혼하면 안 됩니다. 그는 평생 불행한 인생을 살 게 빤하기 때문입니다.

마음에 드는 것이 있어서 사람을 선택했다면 다른 것들을 어떻게든 수용할 각오를 해야 합니다. 그리고 '살면서 나아지겠지?'가 아닌 극복하는 비결을 배워가야 합니다. 이 글을 쓰고 있는 저는 올해가 결혼 22년째입니다. 22년의 경험으로 판단하자면, 평생 혼자 사는 것보단 평생 맛없는 콩나물 요리를 먹으며 함께 사는 게 훨씬 낫습니다.

51

해결될 문제를 가지고 있으면 감사하라

모리스 메를로퐁디 / 1908-1961

가방을 분실한 남자가 신분증을 재발급받기 위해 동사무소를 찾았습니다. 동사무소에서는 발급 기간이 일주일이라고 했습니다. 구청으로 가면 당일 발급이 가능하다고 했습니다. 신분증 없이는 아무 일도 할 수 없는 남자는 다시 구청을 찾아갔습니다.

구청에 도착하자 많은 사람이 여러 가닥의 줄을 이루고 있었습니다. 그는 신분증을 발급해주는 줄이 어디인지 확인하고 줄 뒤로 가 섰습니다. 한시라도 빨리 일을 시작해야 하는 남자는 자신이 가장 긴 줄 뒤에 서야 한다는 것을 발견한 직후 온갖 짜증이 밀려왔습니다. 앞뒤 좌우로 줄을 만들고 있는 사람들은 모두 비슷한 이유로 구청을 찾은 사람들이었습니다. 그들은 모두 짜증이 난 표정을 하고 있었습니다.

한참을 서서 앞사람의 민원이 끝나기를 기다리고 있는데 헝클어진 머리의 한 주부가 아이를 업고 양손에는 두 아이의 손을 잡은 채 사람들 사이를 헤치며 앞으로 나가려고 했습니다.

좁은 공간을 비집고 앞으로 가려 하자 사람들은 불만이 가득한 표정으로 주부를 째려보았습니다. 아무도 말은 하지 않았지만 질서를 지키지 않는 주부를 경멸하는 눈짓을 보냈습니다. 자리에 앉아 짜증 내는 사람들의 민원을 처리하고 있던 직원도 앞으로 나오는 주부를 발견했습니다. 그의 눈빛에는 '저렇게 질서를 무시하면 안 되는데?' 하는 기운이 담겨 있었습니다.

사람들은 아이 셋을 데리고 관공서를 찾은 주부가 안쓰럽기도 했지만 자신들이 처한 다급한 상황에 떠밀려 앞으로 나가려는 주부에게 좀처럼 자리를 내주지 않았습니다. 그런 사람들 사이를 지나 앞까지 도착한 주부가 뭔가를 묻기 위해 말을 건네려 하자 직원이 먼저 말을 꺼냈습니다.

"아주머니! 뒤에 가서 줄을 서세요!"

"그게 아니고요!"

"여기 서 있는 분들은 한 시간 전에 온 사람들이에요! 그렇게 앞으로 막 나오시면 안 돼요!"

"뭐 하나만 물어보려고 하는데요."

"여기 있는 분들도 다 한 가지 일 때문에 오신 거예요. 뒤로 가세요!"

주부에게 호통치는 직원의 목소리에 사람들은 자신들이 할 말을 대신 해주는 것 같아 속이 후련해졌습니다. 모두 다 무심한 척 두 사람을 외면하고 있었지만 직원의 바른 소리에 박수라도 쳐주고 싶을 정도였습니다. 그 순간 여인의 울먹이는 작은 목소리가 제일 뒤에 서 있는 남자에게까지 아련하게 들려왔습니다.

"여기서 남편의 사망증명서를 뗄 수 있나 해서요. 아니면 다른 줄로 갈게요."

호통치던 직원은 깜짝 놀라 주부를 향해 앞으로 다가오라고 손짓했고, 앞쪽에 서 있던 사람들은 안쓰러운 마음으로 자리를 비켜주었습니다. 이상한 눈으로 주부를 바라보던 사람들의 눈빛이 일시에 동정의 눈빛으로 바뀌었습니다. 맨 뒤에 서 있던 남자는 생각했습니다.

'나는 해결될 문제로 이곳을 찾아왔지만 세 아이의 엄마는 해결할 수 없는 문제를 가지고 이곳을 찾아왔구나! 나는 기다리면 모든 문제가 해결되어 홀가분한 마음으로 이곳을 떠날 수 있지만 저 아이들의 엄마는 이곳을 떠날 때도 같은 문제로 시달려야겠구나!'

온갖 짜증으로 맨 뒤에 서 있던 남자는 자신의 문제가 아무것도 아니라는 걸 깨달았습니다. '오늘 할 일을 내일 한다 해도 달라질 건 별로 없다. 시간이 지나면 저절로 해결될 일로 인해 이렇게 불행한 하루를 살 필요가 있을까? 해결할 수 없는 문제를 안고 사는 사람도 있는데 해결될 문제를 가진 사람이 왜 이렇게 안절부절못하고 있는가?'

남자는 맨 뒤에 있었기에 앞에 선 사람들을 볼 수 있었습니다. 모든 사람의 표정이 조금 전과는 달랐습니다. 자신과 같이 모두 해결될 문제들을 가지고 있는 사람들이었기 때문입니다.

"사람은 육체와 정신으로 이루어졌다."

"육체는 물질계에 속하고 정신은 비물질계에 속한다."

"세계는 정신과 물질이라는 서로 다른 별개의 실체로 구성되었다."

이러한 주장들은 전통적으로 내려오는 세계관입니다. 모든 사람이 당연시하는 이중적 논리를 프랑스의 철학자 모리스 메를로퐁디는 버려야 할 관점으로 보았습니다. 지극히 익숙한 수용방식을 버려야 새로운 세계의 참모습을 발견할 수 있고, 전혀 다른 신지식을 얻을 수 있다고 했습니다.

그에 의하면 사람들은 일상적으로 가지고 있는 선입관으로 인해 기존의 인식 체계를 벗어나지 못하므로 새로운 지식을 습득하지 못한다는 것입니다. 메를로퐁디는, 사람은 육체와 정신이 서로 다른 개체로 이루어진 연합체가 아닌 원래 나눌 수 없는 하나의 존재라고 했습니다.

즉, 사람이란 정신은 주체이고 몸은 객체인 이중적으로 이해되는 존재가 아니라 정신과 육체가 상호 전달하고 작용하는 모두가 주체이고 객체인 '육체=주체'라는 것입니다.

그의 견해를 따라 전혀 새로운 시각으로 세계를 바라보면 인류는 비로소 새로운 지식에 이르고 그로 인해 전혀 다른 결론을 얻을 수 있습니다. 우리는 모든 것을 새로운 시각에서 바라볼 수는 없지만 일정 부분에서는 그의 견해가 큰 도움이 될 수 있습니다.

문제를 보는 시각을 바꾸면 문제는 다른 것이 될 수 있습니다. 세상의 모든 문제는 어떤 모양으로든 해결됩니다. 언제 어떻게 해결되느냐가 다를 뿐입니다. 시간이 좀 더 필요할 때가 있고, 힘이 더 들어야 할 때도 있고, 마음에 안 들 수도 있지만 결국엔 해결됩니다.

맨 뒤에 선 남자는 세 아이의 엄마를 보며 해결할 수 없는 문제를 가진 여인이라고 생각했지만 결국 그녀의 문제도 해결될 것입니다. 세 아이를 혼자 키워야 하고 남편의 역할까지 대신하기 위해 고달픈 삶이 이어질 것입니다.

하지만 결국엔 남편을 잃은 슬픔을 이길 것이고 땀을 흘리며 세 아이를 키워낼 것입니다. 세상엔 그런 어머니들 아래서 자라 위대한 인물이 된 사람들도 셀 수 없이 많습니다.

모든 문제는 결국 해결되는 게 자연의 법칙입니다. 수고하고 애쓰는 게 안타까우나 그것은 해결을 위한 과정입니다. 당장은 이길 수 없고 참을 수 없을 것 같은 문제도 시간이 흐르면 달라집니다.

줄이 길다고, 차를 놓쳤다고, 일이 꼬였다고, 시험에서 떨어졌다고, 말이 안 통한다고, 마음에 들지 않는다고 너무 화내지 마세요! 그 정도면 세 아이를 데리고 남편의 사망증명서를 떼려는 주부에 비하면 아무것도 아닌 문제입니다. 조금 다른 시각으로 우리의 당면한 문제들을 바라본다면 그리 실망할 일들이 아닐 수 있습니다.

52

오천 원의 비밀

아르네 네스 / 1921-2009

나이가 들수록 건망증이 심해지는 아내는 툭 하면 지갑을 놓고 다닙니다. 친구들과 어울려 놀러 갔다가 헤어진 후 집에 오려는데 지갑이 보이지 않았습니다. 어디에 두고 왔는지 곰곰이 생각하니 집에 두고 온 것이 분명했습니다. 아무리 주머니를 뒤져도 땡전 한 푼 잡히지 않았습니다. 결국 세 시간을 걸어서 집에 들어오자 먼저 와서 기다리던 남편이 배고프다며 밥을 달라고 했습니다.

"어디 갔다가 이제 와! 빨리 밥 줘!"

"나 아무것도 못해! 오늘은 뭐 시켜 먹어!"

"왜 그래?"

"지갑을 두고 나가서 세 시간이나 걸어왔단 말이야!"

"에이그! 정신 좀 차리고 다녀!"

다음 날 아내는 또 다시 지갑을 두고 나갔습니다. 집에 들어올 시간이 되어서 주머니를 살피니 다행히 이번에는 주머니 속에서 오천 원이 나왔습니다. 아내는 그 돈으로 무사히 집에 들어올 수 있었습니다.

그 후로 아내는 가끔 지갑을 두고 나갔는데 그때마다 입고 나간 옷 주머니엔 오천 원이 들어 있었습니다. '내가 정신이 없어서 장 보고 남은 돈을 이렇게 많이 넣어두었나?' 하고는 다행이라고 생각했습니다.

동창회가 있기 전날, 저녁에 남편이 옷장에서 아내의 옷을 살피고 있었습니다. 생전 옷장 근처엔 얼씬도 안 하던 남편의 행동을 이상하게 여긴 아내가 물어보았습니다.

"왜 남의 옷을 뒤지고 그래?"

"응? 당신 옷에 비상금 넣는 거야! 내일 이거 입고 나가는 거 맞지?"

"그럼 다른 옷에도 당신이 오천 원짜리 넣어놓은 거야?"

"그래! 또 차비 없어서 걸어오면 나 밥도 못 얻어먹잖아!"

그제야 아내는 그동안 자신이 외출하기 전날 어떤 옷을 입고 나갈 거냐고 물어보던 남편의 모습이 떠올랐습니다.

"산처럼 생각하라."

최초의 심층생태학자로 불리는 환경운동가이자 철학자인 아르네 네스가 한 말입니다. 산이 무슨 생각이 있을까요? 그가 말하는 산은 자연계 전체를 포함하는 말입니다. 그리고 인간 또한 그 자연의 일부라는 것을 알아야 한다는 의미가 담겨 있습니다.

사람이 자신의 작은 이득을 위해 자연을 거스르는 것은 자신이 속한 거대한 생태조직을 갉아먹는 행위로, 곧 그 피해를 돌려받게 될 것이라고 했습니다. 그러므로 인간이 자연과의 동질성을 확대할수록 가치 있고 의미 있는 삶을 이어갈 수 있다는 것입니다.

자연과 인간은 서로 대치하는 존재가 아닌 공존하는 대상이고, 심지어 산짐승과 물고기, 개구리와 올챙이 하나까지 서로를 위해 필요한 대상이고, 함께 조화를 이루어야 할 생명공동체입니다. 즉, 산짐승의 문제가 인간의 문제이고, 인간의 사회 문제가 산속에 사는 미생물에까지 영향을 주는 문제라는 것입니다.

"산처럼 생각하라"는 말 속에는 나의 문제가 너의 문제이고, 너의 문제가 나의 문제라는 의미가 담겨 있습니다. 이 말을 부부에게 적용하면 아내의 문제는 남편의 문제이고, 남편의 문제는 아내의 문제라고 할 수 있습니다.

아내가 차비가 없어서 집에 들어오지 못하면 남편은 밥을 얻어먹을 수 없습니다. 남편이 밥을 먹기 위해서는 아내가 제시간에 집에 들어올 수 있어야 합니다. 아내의 문제는 바로 남편의 문제가 됩니다. 아내의 일은 아내만의 일이 아니라 남편의 일이고 온 가족의 일입니다.

아내가 자기 일을 할 수 없을 때는 누군가 대신해야 합니다. 아무도 아내의 일을 대신하지 않으면 아내 본인은 물론이고 두 번째 피해자는 가장 가까이에서 함께 사는 남편입니다. 아내의 일로 다른 사람이 피해를 입지 않는 방법은 다른 사람이 대신하는 것입니다. 아무리 잘하려고 해도 잘할 수 없는 일은 혼내고 책망한다고 해결되지 않습니다. 가장 가까운 사람이 조금 더 신경 써서 대신하는 게 유일한 해결책입니다.

곤란한 상황이나 위급한 상황에선 남녀의 일이 따로 없고, 나와 너의 일이 구분되지 않습니다. 아내가 스스로 자신의 기억력을 조절할 수 없을 땐 아내에게 호통친다고 기억력이 되살아나지 않습니다. 조용히 아내가 곤란한 일을 당하지 않도록 주머니에 비상금을 넣어주어야 합니다.

그가 못하면 내가 하면 되고 내가 못하면 옆사람이 하면 됩니다. 그와 나를 너무 철저하게 구분하지 마세요. 한 사람이라도 제 역할을 못하면 그 피해는 가까이 있는 사람들이 당하게 됩니다.

배우자를 남이라고 생각하지 마세요! 부부는 남이 아닙니다. 나의 반쪽입니다. 내 반쪽이 할 수 없는 일은 당연히 내가 해야 하지 않을까요? 남이 아닌 단 한 사람을 남처럼 대하지 마세요!

53

당신 때문에 못 살아?

파울 파이어아벤트 / 1924-1994

같은 방향으로 출근하는 부부가 함께 승용차를 타고 중간쯤 갔을 때 아내가 깜짝 놀라며 소리쳤습니다.

"다리미 스위치를 안 끈 거 같아!"

남편은 급하게 차를 돌려 집으로 달려갔습니다. 차를 세우고 남편이 집 안으로 달려 들어갔고 아내도 황급히 따라 들어갔습니다. 다행히 다리미 스위치는 꺼져 있었습니다. 두 사람은 큰일 날 뻔했는데 다행이라고 생각하고 다시 차를 타고 일터로 출근했습니다.

다음 날, 아내가 차에서 내리려다 또 소리쳤습니다.

"어쩌지? 다리미 스위치를 안 끈 거 같아!"

남편은 아내에게 정신 좀 똑바로 차리고 살라며 호통친 후 아내를 내려주고 다시 집으로 돌아갔습니다. 다리미 스위치는 꺼져 있었습니다.

그 다음 날도 부부는 바쁘게 출근 준비를 서둘렀습니다. 차를 타고 조금 가다가 아내가 근심스런 표정으로 남편을 돌아보았습니다.

"왜? 또 뭐 때문에 그래?"

"내가 정말 정신이 없나 봐! 기억이 안 나?"

"무슨 기억이 안 난다고 그래?"

"다리미 스위치를 껐는지 말이야! 정말 미안해!"

그런데 이번엔 남편이 아무 말 없이 차를 길가에 세우더니 차에서 내려 뒤로 걸어가서 트렁크에서 무언가를 꺼내 가져왔습니다. 그러고는 근심이 가득한 표정으로 앉아 있는 아내에게 꺼내온 물건을 불쑥 내밀었습니다.

"여기 있지? 다리미! 그럴 줄 알고 내가 가져왔지롱!"

신화의 시대를 지나고 이성의 시대를 넘어서 현대를 과학의 시대라고 합니다. 대부분의 사람은 신화의 시대는 무지하고 맹목적인 시대이고 과학의 시대는 합리적이고 이성적인 시대라고 생각합니다. 하지만 오스트리아 출신의 과학철학자 파울 파이어아벤트는 과학이 신화와 크게 다르지 않다고 했습니다.

과학적 방법론을 연구한 그는 과학이 결코 과학적인 원칙으로 발전하는 것이 아니라는 걸 발견했습니다. 과학은 오히려 과학적이지 않은 다양한 방법을 통해 발전해왔기에 과학적 방법론을 고집하면 오히려 발전을 저해할 것이라고 이야기합니다.

그러므로 과학은 방법론에서 신화의 시대와 크게 다를 게 없다는 것입니다. 파이어아벤트에 의하면 합리적인 결과를 얻기 위해서는 '무슨 방법이든 다 좋다'가 과학적 방법론의 결론입니다.

같은 일을 세 번이나 겪으면 당연히 남편은 "당신 때문에 못 살아!" 하고 화를 낼 만합니다. 그런데 남편은 같은 일을 두 번 겪고 나서 아내가 해결하지 못하는 문제를 대신 처리하기로 마음먹었습니다. 아내의 희미한 기억력으로 일어나는 다리미 문제를 해결하기 위해 다리미를 들고 출근하기로 한 것입니다. 무식한 방법이긴 하지만 그 후로 두 사람의 출근길은 평화로울 수 있었습니다.

"당신 때문에 못 살아!"라고 하는 것보다 그런 사람과 함께 살 방법을 찾는 게 낫습니다. 못 살겠다고 소리친다고 좋아질 건 아무것도 없습니다. 아무리 소리치고 혼내도 아내는 끄고 나온 스위치를 걱정할 것입니다. 당연히 잘 끄고 나왔을 거라 생각하고 집으로 돌아가지 않는다 해도 아내와 남편은 '혹시?' 하는 불안한 마음으로 하루를 살아야 합니다.

그런 아내와 함께 살기 위해서는 남편이 아내 대신 스위치를 꺼주든가, 다림질을 하지 않은 옷을 입고 살든가, 다리미를 가지고 출근해야 합니다. 남편은 다리미와 함께 출근하는 것을 선택했습니다. 해결할 수 없는 아내의 건망증은 그렇게 해결되었습니다.

아내는 아내의 문제를 볼 수 없습니다. 문제를 볼 수 없기 때문에 문제를 풀 수 없습니다. 아내의 문제를 가장 잘 볼 수 있는 사람은 남편입니다. 문제를 모르면 답을 낼 수 없듯이 아내는 스스로의 문제를 풀 수 없습니다. 옆에 있는 남편이 문제를 풀어주어야 합니다.

남편 역시 남편의 문제를 볼 수 없습니다. 남편의 문제는 아내가 볼 수 있습니다. 아내가 남편의 문제를 풀어주지 않으면 남편은 자신에게 무슨 문제가 있는지도 모른 채 문제에 빠져 고통을 받을 것입니다.

내가 나를 볼 수 없지만 상대는 볼 수 있고, 상대는 상대 자신을 볼 수 없지만 나는 볼 수 있습니다. '나와 너'가 함께 살기 위해서는 각자에게 보이는 문제를 풀어야 합니다. 상대의 문제를 내가 풀고 나의 문제를 상대가 푸는 것이죠! 너의 문제니까 네가 알아서 풀라고 하면 문제는 결코 풀리지 않습니다. 나와 너가 서로 돕지 않으면 세상은 문제로 가득 차서 살 수 없는 곳이 되고 말 것입니다.

나와 너의 평화는 서로의 일을 대신할 때 얻을 수 있습니다. 서로의 아픔과 시련을 대신할 때 그 사이에 평화가 깃듭니다. 세상의 평화는 남의 일을 대신할 때 옵니다. 나의 일만 잘한다고 평화가 오지 않습니다.

평화는 나 혼자 얻을 수 있는 게 아닙니다. 내가 평화롭기 위해서는 '너'도 평화로워야 하고 우리가 행복하기 위해서는 '너희'도 행복해야 합니다. 아내의 일을 남편이 마무리하고 남편의 일을 아내가 매듭지을 때 가정은 평화로워집니다.

누가 하면 어떻습니까? 어떤 방법이든 잘 해결되면 그것이 과학이고, 철학이고, 심리학이고, 전통이고, 원칙입니다.

54

두 개의 편지

장 폴 사르트르 / 1905-1980

"오늘 끝장내야겠어!"

"그게 무슨 말이에요?"

"회사가 나를 너무 과소평가하는 것 같아. 연봉을 인상하지 않으면 그 만둔다고 해야겠어!"

남편의 말을 들으며 아내는 걱정했습니다. 하지만 남편에게는 "알아서 하세요!"라고 부드럽게 말했습니다. 남편은 자신이 일하는 만큼 대접을 받지 못한다고 여러 번 말하곤 했습니다. 그런데 어제는 밤늦게 들어와서 저녁도 먹지 않고 뭔가 심각한 고민을 하는 것 같더니 아침에 폭탄선언을 한 것입니다.

남편은 아내에게 끝장낸다는 말을 하고 출근했지만 어떻게 말을 꺼내야 할지 걱정이 되었습니다. 괜히 말을 꺼냈다가 제대로 수습하지 않으면 함께 일하는 사람들과의 관계만 어색해질 것 같았습니다. 일도 손에 잡히지 않았습니다. 이러다가 다른 회사에 취업도 안 되고, 만일 실업자가 되면 아내에게 무슨 말을 해야 할지 걱정되어 아침에 큰소리치고 나온 게 후회되었습니다.

결국 남편은 아무 말도 못하고 퇴근했습니다. 동료들이 저녁이나 같이하자고 했지만 남편은 집에 일이 있다는 핑계를 대며 혼자 거리로 나왔습니다. 거리로 나오긴 했지만 마땅히 갈 곳도 없자 곧장 집으로 발걸음을 옮겼습니다.

집에 도착하니 아무도 없었습니다. 집에 와서도 마음이 편하지 않은 남편은 오랜만에 세차나 해야겠다는 생각에 자동차 열쇠를 찾았습니다. 키를 찾으려고 여기저기 서랍을 뒤지던 남편은 아내의 화장대에서 축하 카드 두 장을 발견했습니다.

'여보! 승진을 축하해요! 당신은 안 될 일로 큰소리치는 사람이 아니라는 걸 알고 있어요! 올해는 가족 여행 한 번 정도 갈 수 있겠죠?'

아내는 아침에 자신의 말을 듣고 미리 축하카드를 써놓은 것이었습니다. 편지를 읽은 남편은 성급하게 아내 앞에서 큰소리친 것이 후회스러웠습니다.

자신의 말을 듣고 잔뜩 기대하고 있는 아내를 실망시키지 않기 위해서 무슨 말을 해야 할지를 생각하다가 남편은 아직 읽지 않은 카드를 열었습니다. 거기에는 아내의 또 다른 글이 담겨 있었습니다.

'사랑하는 남편에게! 당신이 연봉을 조금 더 받는 것은 그리 중요한 게 아니라고 생각해요. 우리는 이미 충분히 행복하거든요. 당신의 생각대로 일이 잘 안 돼도 저와 아이들은 늘 당신을 사랑하고 존경한다는 것 잊지 마세요. 오늘 당

신을 위해 맛있는 저녁을 준비했어요!'

두 번째 편지를 읽으며 근심스러웠던 남편의 마음은 한결 편해졌습니다. 남편은 자신이 더 많은 돈을 벌고 성공해야만 아내가 좋아할 줄 알았습니다. 그리고 자신이 혹시라도 남들보다 뒤처지면 어떡하나 하는 걱정으로 살아왔는데, 아내는 자신이 성공하든 실패하든 변함없이 그의 곁에 함께 있을 사람이었던 것입니다.

역할이 없는 사람은 존재할 가치가 없을까요? 살림을 못하는 아내는 필요 없는 사람이 되는 것일까요? 공부를 못하는 학생은 필요 없는 학생일까요? 일을 못하는 사람은 쓸모없는 사람일까요? 도움이 안 되는 사람은 살 가치가 없는 사람일까요? 누군가의 도움 없이는 살 수 없는 아이들의 생명은 어떤 의미를 가졌을까요?

이러한 질문에 답을 주는 사람이 장 폴 사르트르입니다. 그의 철학은 '존재는 본질에 선행한다'라는 말로 요약할 수 있습니다. 이 말의 일반적인 의미는 '모든 인간은 그의 상황이나 역할에 관계없이 기본적인 자질을 가지고 태어나고 동일한 가치 체계 아래서 움직인다'는 것입니다.

즉, 사람의 역할이나 능력보다 타고난 본래의 존재적 가치 비중이 더 크다는 것입니다. 그러므로 모든 사람은 목적을 가졌든 아니든, 역할이 있든 없든, 능력이 뛰어나든 아니든 필요 없는 사람이란 없고, 쓸모없는 사람도 없으며, 의미를 갖지 못한 사람은 없습니다. 세상에 존재하는 것만으로도 충분히 살 가치가 있다는 것입니다.

"넌 왜 사니?"

"내가 왜 사는지 모르겠어!"

이런 대화를 우리는 흔히 들을 수 있습니다. 나 자신뿐만 아니라 주위 사람들이 사는 이유를 알 수 없다고 할 때가 있고, 인생에 대한 의문이 풀리지 않을 때가 있습니다. 그러한 순간에 우리가 생각해야 할 것은, 그 모르는 것을 찾아가는 게 바로 인생이라는 것입니다.

왜 살아야 하는지를 다 알고 태어난 사람은 없습니다. 그 이유를 발견하기 위해 살아야 하고 그 이유를 만들어가는 게 존재의 사명입니다. 인생의 의문을 다 풀지 못하고 간 사르트르의 말 한마디를 더 적어봅니다.

"인간에 관한 나의 관심은 그들의 현재가 아니라 미래다!"

회사에서는 누가 연봉을 더 받는가에 의해 서열이 정해지고 사람의 가치가 결정되지만, 집은 그런 것이 아무런 영향을 끼치지 못하는 곳입니다. 회사는 회사고 가정은 가정입니다. 남편이 성공하든 실패하든 아내와 아이들은 언제나 그 자리에 머물러 있을 사람들입니다.

성공하면 함께 축하하고, 실패하면 서로 위로하는 게 가정입니다. 성공할 때만 함께 있는 것은 가족이 아닌 남들이 취하는 태도입니다. 아내는 남편을 위해 두 장의 카드를 마련하는 사람입니다. 성공할 때와 실패할 때, 어떤 때에도 함께하는 게 진정한 아내이고 남편입니다.

사람이 실패했을 때 가장 두려운 것은 사람들이 떠나가는 것입니다. 그것도 가까운 사람들이 떠나갈 때 실패의 아픔은 뼈에 사무칩니다. 그러나 단 한 명이라도 변함없이 옆자리를 지켜주는 사람이 있다면, 그 한 사람은 떠나간 수십 명이 주는 아픔을 다 씻을 수 있는 존재입니다.

세상의 모든 사람은 영원히 변하지 않는 자기 편이 필요합니다. 아내와 남편, 부모와 자녀, 형제자매가 바로 그런 존재입니다. 그들에게 나는 함께 있는 것만으로 충분히 살 이유를 가진 존재가 됩니다.

55

나 말고 셋이나 더 있어

자크 데리다 / 1930-2004

서울역에 멈춘 지하철이 출발은 하지 않고 문만 열고 닫기를 반복했습니다. 사람들은 무슨 일이 있나 해서 고개를 돌려 주변을 살폈습니다. 나이 지긋한 할아버지 한 분이 "이놈들이 가지는 않고 뭐 하는 겨?" 하며 자리에서 벌떡 일어섰습니다. 사람들은 할아버지가 짐을 두고 열차 밖으로 나갈지 모른다는 생각이 들어 할아버지의 행동을 주시했습니다.

문 쪽으로 성큼성큼 걸어간 할아버지는 문 밖으로 나가지는 않고 허리를 숙여 밖을 살폈습니다. 할아버지가 막 고개를 밖으로 내미는 순간 '척' 하고 소리를 내며 문이 닫혔습니다. 몸을 반 정도 밖으로 기울이고 있던 할아버지는 깜짝 놀라 고개를 들었고, 바라보던 사람들 역시 "어?" 하며 화들짝 놀랐습니다.

하지만 할아버지의 머리는 닫히는 문을 통과하지 못하고 말았습니다. 사람들은 곧 문이 다시 열릴 것이라고 생각하며 자리에서 일어나지 않았습니다. 하지만 계속 열고 닫기를 반복하던 문이 이번엔 열리지 않았습니다. 할아버지는 문에 낀 머리를 빼기 위해 안간힘을 썼습니다.

사람들이 할아버지를 도우러 일어나야 할지 문이 열리기를 기다려야 할지를 망설이는 사이 할아버지는 가까스로 문에서 머리를 빼고는 자리로 돌아와 앉았습니다. 사람들은 갑작스럽게 연출된 상황에 웃음이 났지만 억지로 참으며 아무렇지도 않은 척 앉아 있었습니다. 더러는 고개를 숙인 채 몰래 웃는 사람도 있었습니다.

자리로 돌아온 할아버지는 쑥스러운 표정으로 잠시 앉아 있더니 갑자기 웃음을 터뜨렸습니다. 스스로 생각해도 우스운 광경이었던 모양입니다. 그제야 사람들은 입가에 미소를 지으며 할아버지를 바라보았습니다. 옆자리 아주머니가 할아버지에게 물어보았습니다.

"목은 괜찮아요? 왜 그렇게 웃어요?"

아주머니의 질문에 할아버지는 웃음을 참으며 겨우 대답했습니다.

"나 말고 세 놈이 더 있어!"

할아버지의 말을 듣고 전철 안은 사람들의 참았던 웃음보가 일시에 폭발하며 웃음바다가 되었습니다.

이해하기 어려운 철학적 주제 중 하나는 알제리 출신의 유대인이자 프랑스 철학자인 자크 데리다의 '텍스트밖에는 아무것도 없다'는 명제입니다. 또 의미가 지연된다는 뜻으로 그가 만들어낸 '차연差延, difference'이라는 용어입니다.

그가 말하는 텍스트는 책과 현실에서 발생하는 사건과 사물들을 통칭하는 의미입니다. 그것들 외에는 진정한 의미를 얻을 수 없다는 것입니다. 그 이유는 한 마디에 누군가 한 마디를 더하면 처음의 한 마디는 다른 의미가 되고 그 두 마디에 다른 사람이 한 마디를 더하면 그 두 마디는 세 마디가 되어서 또 다른 뜻이 되기 때문입니다.

말뿐만 아니라 모든 사물과 사건이 그렇게 끝없이 새로운 의미를 가질 수 있기에 기록된 텍스트와 기본 자료가 되는 현실적인 상황과 사물 외에 결론이란 없다는 것입니다. 그의 이론을 가장 잘 이해할 수 있는 장면이 말싸움입니다.

서로 다른 생각으로 자기 입장을 이야기하는 사람들은 끝없이 상대의 견해에 새로운 자기 생각을 더합니다. 상대방의 생각을 자기 입장에서 전부 다시 해석하고 적용하는 것입니다. 그로 인해 말싸움은 끝없이 계속되고, 결국 결론 없이 누군가 말리지 않으면 서로 큰소리를 치고 헤어집니다.

싸우는 사람들의 말을 들으면 둘 다 그럴듯하고 일리가 있습니다. 누구라도 한 사람이 수긍해주기만 하면 싸움은 그칠 수 있습니다. 그러면 죽을 만큼 소리치고 싸우던 일은 아무것도 아닌 일이 됩니다.

자크 데리다는 세상의 모든 분쟁과 다툼과 시비를 바로 그러한 해석의 차이와 의미의 지연으로 인한 것으로 보았습니다. 또한 개인이 겪는 사건과 경험들 역시 어떠한 해석을 더하는가에 따라 계속 발전하고 달라질 수 있다고 보았습니다.

전철을 탄 사람들 중 문 밖으로 머리를 내밀다가 목이 걸린 사람은 모두 네 명이었습니다. 할아버지는 자신과 같은 사람이 셋이 더 있다는 것을 목이 끼인 상태에서 발견했습니다. 그러고는 돌아와서 그 상황을 되새기며 웃음을 참지 못하고 터뜨린 것입니다.

개인적으로는 불행한 사건이었지만 자기와 같은 사람이 더 있다는 것을 인지한 순간 할아버지는 불행을 새로운 시각으로 볼 수 있게 되었습

니다. 즉, 깨달음을 통한 해석이 더해진 후 창피한 상황이 웃어넘길 상황
으로 지각된 것입니다.

말할 수 없이 창피한 순간에도 자신과 같은 사람이 있다는 것은 큰 위
로가 됩니다. 함께하는 사람이 있을 때는 창피한 것도 웃음거리가 되고
추억이 되고 활력소가 될 수 있습니다.

나 아닌 누군가와 함께한다는 것은 난처한 상황을 이길 든든한 바탕
이 되고 어려움을 이기는 힘이 되기도 합니다. 혼자는 부끄러워서 고개
를 들 수 없는 상황에서도 나와 같은 편이 있다는 것을 알면 미소 지으며
고개를 들 수 있습니다.

남자에게 가장 큰 복은 아내를 얻을 수 있다는 것입니다. 여자에게 가
장 큰 복도 남편을 얻을 수 있다는 것입니다. 죽을 때까지 함께할 사람을
얻는 것은 사람이 누릴 수 있는 가장 큰 행복입니다. 다른 사람은 다 떠
나도 아내와 남편은 떠나지 않습니다. 죽음이 갈라놓기 전에는 떠나지
않고 내 옆에 머무는 사람이 배우자입니다. 그런 배우자를 얻기 위해 우
리는 어떤 대가를 치렀습니까?

결혼을 위한 비용? 선물? 살면서 발생되는 갈등, 오해 정도는 죽기까
지 함께할 배우자에 대한 사소한 대가입니다. 사실 우리는 배우자를 위
한 대가를 치르지 않았습니다. 사랑한다는 것 하나만으로 배우자를 공
짜로 얻은 것입니다. 세상에서 가장 귀한 선물인 평생의 반려자를 돈 한
푼 들이지 않고, 땀 한 방울 흘리지 않고 얻은 것입니다.

그래서인지 우리는 배우자의 가치를 잘 모른 채 살고 있습니다. 편하
다는 이유로 아무렇게나 대하고, 함부로 말하고, 특별한 관심을 기울이
지 않습니다. 하지만 우리의 인생에서 정말 소중하고 가장 귀한 사람이
바로 나의 아내와 남편입니다. 세상의 어떤 사람도 그 자리를 대신할 수

없습니다. 마지막까지 나와 함께할 사람은 그 한 사람뿐입니다.

힘든 일이 있어도 참을 수 있고, 어려운 상황을 이길 수 있고, 부끄럽고 창피한 가운데서도 웃을 수 있는 이유는 최소한 내 편 한 사람은 있기 때문입니다. 부부는 옳고 그른 것을 따지지 않는 단 하나의 같은 편입니다. 죽어도 같이 죽고 살아도 같이 살 사람은 해병대 전우가 아니라 부부입니다.

실패는 그리 고통스럽지 않습니다. 살다 보면 그럴 수도 있는 것이죠. 하지만 실패해서 가장 고통스러운 건 사람이 내 옆을 떠난다는 것입니다. 그리고 마지막 한 사람마저 떠난다면 그 실패는 완전한 실패가 됩니다.

그러나 최악의 상황에서도 나를 버리지 않는 한 사람이 남아 있다면 그 상황은 아름다운 추억이 될 것입니다. 세상 어느 곳에서 어떤 일이 있어도 내 편이 될 한 사람이 있다면 아직은 충분히 살 만합니다.

56

불내려고 밥하는 사람이 어디 있나?

리처드 로티 1931-2007

"불이야! 불! 일어나! 빨리 일어나!"

남편의 비명에 거실에서 졸고 있던 아내가 눈을 떴습니다. 연기로 가득한 주방에서 남편은 양복을 입고 넥타이를 맨 채 가스레인지 위에 물을 퍼붓고 있었습니다. 창문은 활짝 열려서 바람이 들어오고 있었지만 연기와 김이 뒤섞여 아무것도 보이지 않았습니다. 잠이 덜 깬 아내는 정신을 차리지 못하고 있었습니다.

"이게 무슨 일이지? 내가 꿈을 꾸고 있나?"

멍하게 정신을 차리지 못한 채 앉아 있는 아내에게 남편이 소리쳤습니다.

"정신 차려! 지금 우리 집 다 타는 거 안 보여? 이 여편네가 애들 다 태워죽일 여자야!"

남편의 호통을 듣고서야 아내는 상황이 파악되었습니다. 밥을 다 하고 남편이 좋아하는 누룽지를 만들기 위해 약한 불을 켜놓고 뜸 들이는

272

동안 거실에 앉았다가 졸음을 이기지 못하고 잠이 들었던 것입니다. 그 사이 남편은 초인종을 눌러도 문을 열어주지 않자 자기 열쇠로 따고 들어왔는데 집 안에 연기가 가득했던 것입니다. 다급한 상황이 정리되자 남편이 아내에게 소리쳤습니다.

"넌 도대체 뭐 하는 사람이냐? 애를 둘이나 재워놓고 가스 불 켜놓은 채 자빠져 자는 여자가 세상천지에 어디 있어? 너 같은 거 먹여 살리려고 뼈 빠지게 일하는 내가 바보지! 천하에 둘도 없는 등신!"

아내는 미안했지만 남편의 불같은 호통에 속이 상해서 미안하다는 말 대신 똑같이 화를 내고는 집을 나와버렸습니다. 공원에 앉아 곰곰이 생각하니 실수하긴 했지만 억울했습니다. 밥을 다 하고 그냥 누워서 쉬었으면 아무런 일도 일어나지 않았을 것입니다. 그런데 남편이 좋아하는 누룽지를 만들려고 안 해도 되는 일을 시작했다가 그렇게 된 것입니다.

남편은 그런 마음도 모르고 집안 망치는 여자라고 화를 낸 것입니다. 잘하려다가 실수로 잘못된 건데 동기는 무시당한 채 결과만을 가지고 할 일도 안 하고 자빠져 자는 여자라는 취급을 당한 것입니다.

"세상에 불내려고 밥하는 사람이 어디 있어? 밥 잘하려다가 불이 난 거지!"

아내는 억울했습니다. 하지만 조금 더 생각해보니 남편도 그럴 만하다는 생각이 들었습니다.

'피곤한 몸으로 집에 들어오니 문을 따주는 사람도 없다. 혼자 사는 사람처럼 문을 따고 들어오니 온 집 안엔 연기가 가득하고 아이들과 아내가 죽을 상황에서 모두 잠에 빠져 있다. 그런데 그런 일이 가스 불을 켜놓고 잠에 빠진 아내 때문에 일어난 것이라면? 그러고는 잘못한 아내가 미안하다는 말 대신 도리어 화를 내고는 집을 나가버렸으니 얼마나

기가 막힐까?'

이런 생각이 들자 아내는 다시 집으로 들어갔습니다. 그러고는 남편과 아이들을 위해 말없이 밥을 차려주었습니다. 아이들과 남편도 아무런 말없이 밥을 먹었습니다. 그날 이후에도 남편은 사랑스런 아이들과 한심한 아내를 위해 바보처럼 돈을 벌어오고 있습니다. 자신이 먹을 누룽지를 만들려다 불이 났다는 것을 아는지는 모르지만, 불을 내기 위해 밥을 하는 게 아닌 것쯤은 알기 때문이겠죠.

결과적으로는 불이 날 뻔했으니 아내가 잘못하기는 했습니다. 하지만 시작은 조금도 잘못되지 않았습니다. 남편에게 맛있는 누룽지를 만들어주려던 아내의 동기는 참 좋았습니다. 깜빡 잠드는 실수만 하지 않았다면 그날은 가족 모두에게 행복한 저녁이 되었을 겁니다. 좋은 동기로 시작한 일이 뜻하지 않은 과정으로 인해 나쁜 결과를 만들어냈습니다.

그렇다면 그 일은 좋은 일일까요? 나쁜 일일까요?

답은 생각하기 나름입니다. 좋게 생각할 수도 있고 나쁘게 생각할 수도 있습니다. 동기를 보는 사람은 더 큰 불행이 생기지 않았으니 다행이라는 결론을 내릴 수 있습니다. 반면에 결과를 보는 사람은 사고를 쳐서 가족들을 위험에 처하게 했으니 혼나도 싸다고 할 것입니다. 이 두 가지 결정 중 당신은 어떤 것을 선택하고 있습니까?

미국의 철학자 리처드 로티는 "사람의 내면엔 스스로 만든 것만 존재한다"고 했습니다. 외부의 모든 경험은 직접 사람의 내면에 자리 잡는 게 아니라 스스로의 인식과 판단에 의해 정리된 경험이라는 것입니다.

개인뿐만 아니라 사회적인 관습과 평가 역시 마찬가지로, 동시대인들의 공통된 인식에 의해 다듬어진 후 평가된 것을 기록한 것이라고 했습니다. 그러므로 사물에 대한 절대적이고 확고한 지식은 없고, 윤리학에서도 영구불변한 진리는 찾을 수 없다고 보았습니다. 결국 개인은 자기 심성과의 합의를 통해 경험을 축적하고, 사회는 대다수의 사람이 허용하는 것을 보편타당함으로 인정하게 됩니다.

리처드 로티의 생각을 개인의 삶에 적용하면 우리의 경험과 추억, 아픔과 상처는 객관적 사실이나 진실이 아닌, 각자가 선택한 사건의 결과물이라고 할 수 있습니다. 그로 인해 똑같은 사건을 각각 다르게 이해하고, 다른 감정을 느끼는 것입니다.

나에게는 아름다운 추억이 너에게는 악몽이 되기도 하고, 우리에겐 좋은 일이 너희에겐 나쁜 일이 될 수도 있습니다. 그러므로 각 개인은 무엇을 어떻게 인식하고 받아들이는가에 의해 전혀 다른 결과를 얻습니다.

땅은 결과를 보나 하늘은 동기를 봅니다. 비관적인 사람은 결과를 보고 긍정적인 사람은 동기를 봅니다. 법은 결과를 보나 인정人情은 동기를 봅니다. 남들은 결과를 따지지만 가족은 의도를 생각합니다. 작은 사람은 결과에 매달려 울고 큰 사람은 가능성을 보고 웃으며 다시 시작합니다.

잘하려고 했지만 잘못된 것은 안타깝긴 하지만 좋은 일입니다. 결과보다 동기와 목적이 더 중요하기 때문입니다. 아내의 실수, 남편의 잘못에 매달려 싸우지 말고 왜 그랬는지 이야기를 들어보세요! 의도를 알고 나면 웃으며 다시 시작할 수 있습니다.

부부의 행복과 세상의 평화

아내와 남편이 마음만 맞으면 극복할 수 없는 문제란 없습니다.
어떤 상황과 환경도 이겨낼 마음을 가진 부부는 갈라놓지 못합니다.
'부부는 일심동체'라는 말은 그렇게 되기를 바라는 간절한 희망이기도 하고,
부부가 함께 추구해야 할 최종 목표이기도 합니다.
일심동체인 부부에겐 아무것도 문제가 되지 않습니다.
하지만 부부의 생각과 뜻이 하나가 아닌 둘이 되면,
그때는 세상의 모든 것이 문제가 되고
환경과 상황은 늘 두 사람을 공격하게 됩니다.
아내와 남편에게 가장 중요한 것은 딱 한 가지,
'하나인가, 아닌가?'입니다. 하나는 저절로 되지 않습니다.
하나가 되기 위해서는 누군가 양보하고 참아줘야 합니다.
남편이 못 참으면 아내가 참고, 아내가 못 참을 땐 남편이 참아야 합니다.
그렇게 하지 않으면 아주 작은 일도 두 사람을 불행하게 만들고
사이를 갈라놓는 결정적 원인이 될 수 있습니다.
남편은 아내의 생각에 맞추기 위해 죽는 날까지 자신을 조절해야 하고,
아내는 남편의 뜻에 맞추기 위해 항상 신경 써야 합니다.
저절로 생각이 맞는다면 다행입니다. 그러나 생각이 다를 때는
생각을 맞추는 일이 세상에서 가장 어려운 일이 됩니다.
어려운 만큼 치러야 할 대가도 큽니다.
자존심, 욕심, 체면, 감정과 기분, 성격과 기질도 포기해야 합니다.
그런 것들을 포기할 수 있을까요?
개인적인 경험으로는 그럴 수 있습니다.
그것들보다 아내를 염려하는 마음이 크다면 충분히 가능합니다.

57

1만 군대를 살린 아내의 편지

프란츠 파농 / 1925-1961

제2차 세계대전 중 벨기에 요새의 몽타프리오에 파견된 히틀러의 측근 중 하나인 더그스트 장군이 병사들과 함께 연합군의 포위망에 갇혔습니다. 퇴로는 없고 싸워서 이길 승산도 없는 상황에 처한 것입니다.

싸우다 죽는 것이 장군으로서 당연한 일이지만 혼자가 아닌 1만 명의 군대를 함께 죽게 할 수는 없었습니다. 자신 한 사람이 불명예를 당하면 1만 명의 병사를 살릴 수 있습니다. 살기 위해서는 투항하는 길 외에 다른 방법은 없습니다. 그러나 투항하면 히틀러는 베를린에 있는 그의 아내에게 보복할 것이 분명했습니다.

아내를 살리고 병사들을 살릴 방법은 자신이 죽는 것뿐입니다. 투항 후 자살하면 히틀러는 아내에게도 책임을 묻지 않을 것이고, 책임자가 죽었으니 병사들에게도 문책할 수 없을 것입니다.

죽기를 각오하고 투항 방법을 위해 연합군과 연락을 취하는 중 편지 한 통이 전달되었습니다. 그의 소식을 들은 아내가 보낸 편지였습니다.

마지막 순간이 오기 전에 도착한 게 다행이라는 생각으로 편지를 꺼내 읽었습니다.

'나는 지금 암으로 죽어가고 있어요. 어차피 죽을 나 때문에 당신과 병사들을 곤경에 빠뜨릴 수 없다는 생각이 들었습니다. 나는 오늘 밤 수면제를 먹고 자살할 겁니다. 이 편지가 도착했을 때 나는 이미 이 세상에 없을 거예요. 그러니 당신과 병사들을 위해 올바른 결정을 내리세요.'

아내의 편지를 읽은 더그스트는 승산 없는 전투를 완전히 포기했습니다. 자신의 명예도 버리고 병사들과 함께 투항하여 1만 명의 생명을 살리고 자신도 사는 길을 선택했습니다.

그날 밤, 그의 아내는 베를린에 남아 있던 더그스트의 친구들에 의해 히틀러의 감시를 벗어나 도피하는 데 성공했습니다.

사실 더그스트의 아내는 병에 걸리지 않았습니다. 자신이 죽고 남편이 살아야 더 많은 사람이 살 수 있다고 생각했습니다. 그래서 정말 죽을 생각으로 거짓 편지를 작성했습니다. 하지만 생각지 못한 변수에 의해 베를린을 벗어나 남편을 다시 만날 수 있었습니다.

프랑스의 사회철학자 프란츠 파농은 인종 문제를 철학적 사유의 방식으로 도입한 사람입니다. 그는 모든 식민지의 국민은 모국을 동경하게 되고 스스로의 문화를 열등한 것으로 인식하여 탈피하려는 생각을 갖는다고 보았습니다. 그러나 그들이 정말 탈피해야 하는 것은 자신들의 문화가 아니라 스스로에 대한 열등감이라고 했습니다.

마찬가지로 흑인들이 흑인다움을 강조하는 것 자체가 백인을 동경하는 표현이라고 했습니다. 그러한 견해로 "흑인에게는 하나의 운명밖에 없다. 바로 백인이다"라고 했습니다.

즉, 흑인들의 인권 운동과 자유 투쟁, 불평등 운동들은 모두 백인처럼 되려는 목표에서 출발한다는 것입니다. 흑인 운동의 진정한 결실을 얻기 위해서는 인종주의적 사고를 완전히 초월해야 한다고 했습니다. 그는 차별받는 모든 인류에게 다음과 같은 결론을 이야기했습니다.

"이 세계에 태어난 존재는 타인에게 인간다운 행동을 요구할 오직 하나의 권리를 가지고 있다."

프란츠 파농의 논조를 빌려 부부를 정의하면 "남편에게는 오직 하나의 운명밖에 없다. 바로 아내다" 또는 "아내에게는 오직 하나의 운명밖에 없다. 바로 남편이다"라고 할 수 있습니다.

여인의 편지 한 통이 1만 명의 남자를 살려냈습니다. 용맹한 장군도 전장의 마지막 순간에는 한 사람을 생각합니다. 그가 궁극적으로 염려하는 것은 전투에서 이기고 지는 것이나 죽고 사는 게 아니라 멀리 떨어져 있는 아내의 안부입니다. 인생의 기로에 선 상황에서는 위대한 장군도 한 아내의 남편일 뿐입니다.

전쟁에서 이기고 세상을 정복하고 돌아온 용사라도 그가 마지막으로 가는 곳은 한 여인이 잠들어 있는 작은 방입니다. 온 천하를 얻은 사람일지라도 그를 정말 행복하게 하는 것은 세상의 모든 여인이 아니라 그를 기다리는 한 여인입니다.

남자는 세상을 바로잡는 힘을 가졌지만 그 남자를 바로잡을 수 있는 사람은 한 여인입니다. 아내가 남편 한 사람을 돌보는 것은 그 남편과 연결된 세상을 돌보는 것과 같습니다. 남자는 세상을 정복하고, 여자는 남자를 통해 그 세상을 움직입니다.

위대한 철학자도 아내 한 사람을 통해 삶의 행복을 얻고, 세계적인 사업가도 한 여인에게서 기쁨을 얻습니다. 그 한 사람은 세상의 모든 것보다 소중한 존재입니다. 모든 것을 다 잃어도 배우자를 잃지 않은 사람은 여전히 행복할 수 있습니다. 하지만 모든 것을 가졌을지라도 배우자를 잃어버린 사람은 행복할 수 없습니다. 사람의 최종적 행복은 소유에서 나오는 것이 아니라 한 사람과의 친밀한 관계에서 나오기 때문입니다.

그 한 사람과의 관계는 세상의 평화를 결정하는 중대한 관계입니다. 아내와 전쟁 중인 남자는 세상을 소란하게 하는 사람이 될 것입니다. 남편과 싸우고 있는 아내 또한 가정을 지옥으로 만들고 자녀의 세계를 슬프게 만들어 미래를 어둡게 할 것입니다.

아내와 남편의 관계는 두 사람만의 문제가 아닙니다. 그 안에 세상의 평화가 있고 미래가 있습니다. 세상 사는 동안 남자가 가장 잘해야 할 역할은 남편의 역할이고, 아내가 잘해야 할 역할은 아내의 역할입니다. 이 두 역할이 제대로 이루어지지 않으면 세상은 평화로울 수 없습니다.

우리 주변에서 일어나는 불행한 사건들을 살펴보세요. 대부분 아내의 사랑을 받지 못한 남자와 남편의 사랑을 받지 못한 여자들과 연결되어 있습니다. 엄마와 아빠의 사랑을 받지 못한 아이들이 세상을 어지럽게 합니다. 부부의 사랑은 두 사람의 문제가 아니라 인류의 문제이고, 역사적 문제이고, 미래의 문제입니다.

부부의 행복은 세상의 평화와 아주 가깝게 연결되어 있습니다. 남편 한 사람을 살리는 것이 세상을 살리는 일이고, 아내 한 사람을 돌보는 것이 세상을 돌보는 것입니다.

58

씹으면 넘어간다

김좌명 1616-1671

아침에 출근하는 남편이 아내에게 고등어조림이 먹고 싶다고 했습니다. 고등어를 잘라서 무와 간장을 넣고 끓이기만 하면 되기에 아내는 저녁에 만들어놓겠다고 했습니다.

퇴근 시간이 되자 아내가 남편에게 전화를 걸었습니다. 전철역에서 기다릴 테니 만나 같이 들어오자고 했습니다. 남편은 웬일인가 싶었지만 더 이상 물어보지 않고 그렇게 하자고 했습니다. 마중 나온 아내가 집으로 돌아가는 길에 남편에게 말했습니다.

"고등어가 맛이 없어!"

"그 말을 하려고 나온 거야?"

"응. 잘하려고 했는데 이상하게 됐어!"

"이상해봐야 고등어지. 뭐 그런 걸 갖고 그래?"

"아냐. 정말 맛이 하나도 없어!"

"괜찮아. 고등어 맛이 다 그렇지 뭐. 내가 다 먹을 테니까 걱정 마!"

"정말 뭐라고 하면 안 돼?"

"그래! 만드느라 수고했어!"

아내와 남편이 집으로 들어와서 저녁상을 마주하고 앉았습니다. 아내는 근심스런 표정으로 고등어조림을 접시에 담아 왔습니다. 조금 심하게 조린 것 같았지만 별반 달라 보이지는 않았습니다.

밥을 먹기 전에 고등어를 먼저 맛보았습니다. 입에 들어가는 순간 부드럽게 살살 녹아내려야 할 살점은 나무뿌리 같았습니다. 물론 고등어조림은 그 어디에서도 맛본 적 없는 이상한 맛이었습니다.

'어떻게 고등어로 이런 맛을 낼 수 있지?'

차라리 칡을 씹는 게 나을 것 같다는 생각이 들었습니다.

'과연 이 고등어로 저녁을 먹을 수 있을까? 이걸 먹어야 하나 말아야 하나? 하루 종일 이걸 만들려고 고생했을 텐데? 안 먹으면 서운하겠지?'

고민에 빠진 남편에게 아내가 물었습니다.

"맛없지?"

남편은 그날 저녁 집안의 행복을 위해 입맛을 속이기로 결심했습니다. 그리고 다시는 고등어조림을 부탁하지 말자고 다짐했습니다.

"먹을 만하네!"

"그래? 진짜 다행이다!"

남편의 대답을 듣고 아내는 화사하게 웃으며 고등어 그릇을 남편 쪽으로 밀어주며 말했습니다.

"난 도저히 못 먹겠어! 당신이 다 먹어! 나는 다른 거 먹을게!"

남편은 그날 저녁 칡뿌리보다 질긴 고등어조림을 먹으며 식생활 철학을 완성했습니다.

'씹으면 넘어간다. 넘어갈 때까지 씹으면 가정은 평화롭다!'

그 후로 남편은 무엇이든 주는 대로 씹어서 넘깁니다. 맛이 있든 없든, 좋아하든 안 좋아하든, 주는 사람의 성의를 생각해서 넘어갈 때까지 씹습니다. 그 후로 가정엔 항상 평화만 가득합니다.

일단 씹어서 삼키면 모든 음식은 다 피가 되고 살이 됩니다. 똑같은 재료에 어떤 양념을 어떻게 쓰고, 어떻게 조리하느냐에 따라 맛이 달라지지만 원래의 영양소는 거의 동일합니다. 맛없는 음식을 먹는다고 영양실조에 걸리지도 않고 맛있는 음식을 먹는다고 더 잘 사는 것도 아닙니다. 건강을 위해서는 맛있어서 많이 먹는 것보다 맛없어서 조금 먹는 게 더 낫습니다.

맛은 인생의 즐거움이긴 하지만 인생의 의미를 결정하는 요소는 아닙니다. 때로는 맛을 위해 멀리 찾아갈 때도 있지만 맛을 위해 분위기를 해치거나 상대의 마음을 아프게 할 필요까지는 없습니다.

사람과 맛 중 최종적으로 선택해야 할 것은 사람입니다. 그런데 우리는 너무 자주 맛을 선택하고 사람을 외면합니다. 아주 많은 사람이 맛에 의해 감정이 상하고, 분위기를 깨뜨리고, 주변 사람들을 힘들게 합니다. 그 간사한 입맛의 만족을 위해 사랑하는 사람과 갈등을 일으키고, 가족에게 스트레스를 주고, 친구들과 시비를 일으킵니다.

사람들 사이에서 평화롭게 살기 위해서는 차라리 입맛을 포기하는 게 낫습니다. '맛이 있다, 없다'를 따지지 말고 그냥 씹어서 삼키면 됩니다. 혹시 근심스런 표정으로 맛을 물어보는 사람이 있다면 맛있다고 하면 되고, 먹을 만하다고 하면 됩니다. 그러면 함께 있는 사람들과 평화로울 수 있습니다.

잘 씹는 남자의 인생에 갈등은 없습니다. 화목한 가정, 돈독한 우정,

함께 먹고사는 모든 사람들 사이에서의 평화를 바라는 남자에게 필요한 것은 무엇이든 잘 씹을 수 있는 튼튼한 이와 비리고 맛없고 질긴 음식도 눈 딱 감고 삼킬 수 있는 용감한 식성입니다.

세상의 모든 음식은 씹으면 넘어갑니다.

조선 현종 때 최술이라는 관리가 있었습니다. 그의 어머니는 홀몸으로 아들을 청빈한 인재로 키웠습니다. 호조판서 김좌명을 알고 있던 어머니의 청으로 아들은 호조의 서리로 일할 수 있게 되었습니다.

한직이기는 했으나 관리가 된 아들은 성실하고 정직하다는 평을 듣게 되었고 부잣집 딸과 혼인도 하게 되었습니다. 어머니는 아들의 앞날을 위해 가난한 시댁보다는 형편이 나은 처가에 사는 게 낫다는 생각으로 아들을 처가의 데릴사위로 들여보냈습니다.

그렇게 해서 하나뿐인 아들이 처가에서 자리 잡고 살 만한 때가 되자, 어머니는 다시 호조판서를 찾아가 자신의 아들을 관직에서 내쫓아달라고 부탁했습니다. 어머니의 성품을 익히 알고 있던 호조판서는 깜짝 놀라며 일을 잘하고 있는 아들을 왜 내쫓으려는지 이유를 물었습니다.

"처가로 들어간 아들이 며칠 전에 반찬 투정을 했기 때문입니다."

"살다 보면 그 정도야 누구나 할 수 있는 것 아닌가?"

"저는 가난한 처지에 아들을 키우며 아무것도 불평해서는 안 된다고 가르쳤습니다. 아들 또한 무엇을 주든 고마움으로 먹으며 성장했습니다. 그런데 처가로 들어가 조금 형편이 좋아졌다고 반찬 투정을 했으니, 장차 지위가 더 높아지거나 출세하는 날이 오기라도 한다면 얼마나 더 못된 짓을 하겠습니까? 하여 어미 된 소인이 아들의 됨됨이를 다 알지 못하고 드린 청을 거두어야 할 것 같습니다."

어머니의 말을 들은 김좌명은 자신이 호조판서로 있는 동안 아들의 성품이 변하지 못하도록 각별히 신경을 쓰겠노라는 약속을 하고 어머니를 돌려보냈습니다.

최술의 모친은 아들의 반찬 투정을 부정부패의 가능성으로 보았습니다. 먹고살 만하면 가난할 때보다 더 감사해야 하는데, 더 맛있는 것을 달라고 했다는 것은 사람 됨됨이가 부족하기 때문이라고 판단했습니다.

먹는 것에 대한 태도만으로도 사람의 됨됨이를 알 수 있습니다. 이왕이면 맛있는 걸 먹으면 좋습니다. 그러나 먹는 것 때문에 함께 사는 사람의 심기를 건드린다면 식욕을 다스리는 능력이 부족한 것입니다. 자기 식욕 하나를 다스리지 못하는 사람이 다른 감정을 다스리지 못할 것은 빤하고, 감정을 조절하지 못하는 사람이 일상사를 바르게 판단할 리 만무합니다.

먹는 것에 대한 태도는 아무것도 아닌 일이 될 수도 있지만 모든 일에 대한 태도를 예측할 수 있는 바탕이 되기도 합니다. 도저히 먹을 수 없는 것이 아니거나 선택할 수 있는 기회가 있는 상황이 아니라면 남자는 주는 대로 먹을 수 있어야 합니다. 싱거우면 싱거운 대로, 짜면 짠 대로, 맛없으면 맛없는 대로, 배고프지 않고 굶어죽지 않을 정도면 다행이라고 생각할 수 있어야 합니다.

모든 음식은 씹으면 넘어갑니다. 간사한 입을 지나 목을 넘어간 음식은 거듭 말하지만 다 피가 되고 살이 됩니다. 안 넘어가는 음식은 아직 덜 씹어서 그렇습니다. 넘어갈 때까지 씹으면 모든 음식은 저절로 넘어갑니다. 형편없는 음식을 씹는 것은 삶의 모든 문제와 갈등을 씹어서 삼키는 것입니다. 잘 씹으면 아무것도 문제될 게 없습니다.

59

'누가 옳은가?'로 싸우지 마라

존 스튜어트 밀 / 1806-1873

선장과 항해사는 늘 사이가 좋지 않았습니다. 출항할 때마다 두 사람은 서로에게 문제가 있다고 본사에 항의했지만 그들의 의견은 받아들여지지 않았습니다. 선장은 둘 중 하나가 그만두기 전에는 해결할 수 없다는 결론을 내렸습니다. 자신이 그만둘 수는 없었습니다. 항해사를 쫓아낼 방법을 생각하다가 항해사가 비번인 날 가끔 술에 취해 있다는 것을 생각해냈습니다. 선장은 항해일지에 항해사의 개인사를 기록했습니다.

'○○년 ○○월 ○○일 오늘 항해사가 술에 취했다.'

선장의 항해일지에서 자신이 술에 취했다는 내용을 발견한 항해사는 선장을 찾아가 그 기록이 부당하다고 항의했습니다. 지울 수 없다면 쉬는 날이었다는 표시를 추가하라고 했습니다.

그러나 선장은 사실을 기록한 것이기 때문에 삭제할 수도 추가할 수도 없다고 했습니다. 항해사는 여러 번 찾아가 사과하고 부탁했지만 선장은 그의 부탁을 들어주지 않았습니다.

며칠 후, 선장은 항해일지에 항해사가 자신에 대해 기록한 글을 발견했습니다.

'오늘은 선장이 술에 취하지 않았다.'

항해사의 기록을 발견한 선장은 항해사를 찾아가 기록을 당장 삭제하라고 소리쳤습니다. 항해사는 사실을 기록한 것이기 때문에 절대 지울 수 없다고 했습니다.

"이 내용은 내가 늘 술에 취해 있다가 이 날 하루만 술을 먹지 않은 것처럼 보이잖아?"

"다른 날은 알 수 없습니다. 저는 이 날의 사실을 기록한 것뿐입니다."

결국 두 사람은 귀항해서 모두 해고당하고 말았습니다.

"모든 인간은 행복을 추구할 권리를 정부로부터 보장받아야 한다."

영국의 철학자이자 정치 경제학자 존 스튜어트 밀이 주장한 행복추구권에 관한 말입니다. 하지만 그 행복추구권도 제제를 받아야 할 상황이 있습니다. '해악의 원리'로 알려진 다른 사람의 행복에 해로울 경우입니다. 모든 사람은 자신의 행복을 위해 무엇이든 할 수 있는 자유를 가지고 있습니다. 하지만 그 자유가 남의 행복을 빼앗거나 제한하면 그것은 정당한 권리가 아닌 범죄가 됩니다.

인간의 행복은 자신 하나만을 위한 게 아니라 다른 사람을 위한 것이 되어야 하고, 그렇지 않다면 최소한 남에게 피해를 주지 말아야 합니다. 그것이 참된 행복입니다. '해악의 원리'를 기초로 해서 행복의 순위를 네 가지로 정할 수 있습니다.

첫째는 나와 남을 행복하게 하는 것입니다. 둘째는 나를 행복하게 하는 것입니다. 셋째는 나를 불행하게 하는 것이고, 넷째는 나와 남을 함께 불행하게 하는 것입니다. 이 중에서 우리가 정당하게 추구할 수 있는 것은 첫째와 둘째입니다. 가능한 한 항상 첫째의 행복만을 추구하며 살 수 있다면 더 이상의 삶은 없을 것입니다.

사랑이 없는 진실은 상처와 아픔이 될 수 있습니다. 사랑 없는 진실을 추구하면 진실은 거짓보다 더 나쁜 결과를 초래합니다. 함께 사는 사람들과의 행복을 위해서는 진실보다 사랑이 우선입니다.

악한 마음을 품은 사람은 진실한 것도 악하게 사용하고, 거짓은 더욱 악하게 사용합니다. 그러나 선한 마음을 품은 사람에게는 거짓도 아름다운 것이 될 수 있습니다. 진실은 좋을 수도 나쁠 수도 있습니다. 거짓 역시 좋을 수도 나쁠 수도 있습니다.

아무에게도 피해를 주지 않고 모두를 행복하게 하는 선의의 거짓말이 필요할 때가 있습니다. 모든 사람을 힘들게 하고 불행하게 만드는 악의의 진실도 있습니다. 우리가 사는 세상은 그렇게 절대적으로 진실하거나 항상 거짓되지 않습니다. 그러므로 사람의 상황에 맞게 진실과 거짓을 사랑으로 포장해야 할 때가 필요합니다.

부부에겐 객관성이나 보편성, 옳고 그름이나 전문가의 판단은 중요하지 않습니다. 서로를 염려하는 진정한 마음이 가장 중요합니다. 금반지에 담긴 당당함과 분노보다 유리반지에 담긴 안타까움과 미안함이 아내와 남편을 더 행복하게 합니다.

“누가 옳은가?”

“누가 더 잘못했는가?”

“누구 때문인가?”

이런 것들로 호통치거나 싸우지 마세요! 정말 중요한 것은 사실을 밝히는 게 아닙니다. 그렇게 해서 밝혀진 사실은 한 사람에게, 아니면 두 사람 모두에게 평생 씻을 수 없는 상처가 되고 아물지 않는 아픔이 됩니다. 부부가 행복하기 위해서는 잘하고 잘못한 것을 계산하기보다 극복하기 위해 마음을 써야 합니다.

사람을 미워하고 원망하는 대부분의 원인은 진실 때문입니다. 진실 때문에 아주 많은 사람이 서로를 힘들게 합니다. 원인이 무엇이든 사람이 싫어지면 그 사람이 아무리 좋은 말과 행동을 할지라도 악한 말로 들리고, 못된 짓으로 보입니다. 내가 옳고 정당하다는 게 밝혀지더라도 상대방이 마음에 상처를 입고 나를 미워하게 된다면, 차라리 둘 다 틀리고 사이좋게 지내는 게 더 낫습니다.

60

여자가 남자보다 앞서서 걷는 이유?

테오도어 아도르노 / 1903-1969

중동 지역의 취재를 위해 파견된 기자가 중동 사람들의 일상을 기록한 책을 출판했습니다. 오랜 세월을 중동에서 활동하다 보니 자신이 처음 올 때와 달라진 것들이 많이 있었습니다. 그중 언젠가부터 남자들의 뒤를 멀찍이 따라다니던 여인들이 남자들 앞에서 걷고 있는 장면이 발견되었습니다. 이전 같으면 여자가 남자를 앞서서 걸어간다는 것은 생각할 수도 없는 일이었는데 자주 그런 장면이 포착되었습니다.

전쟁과 사회 혼란의 와중에도 긍정적인 변화가 일어나고 있다는 생각으로 중동 여인들을 만나 여인들의 생활상을 취재하기 시작했습니다.

"예전에는 여자들이 항상 남자의 뒤를 멀찍이 따라다녔는데 요즘에는 남자 앞에서 걸어가는 이유가 뭔가요?"

기자의 질문에 중동 여인들은 모두 똑같이 대답했습니다.

"지뢰 때문이에요!"

　독일의 철학자이자 미학자인 테오도어 아도르노에 의하면 지성과 감성은 도덕적 판단을 위해 반드시 함께 필요한 요소입니다. 많은 부분에서 지성이 도덕과 분리되는 것으로 인식하지만 실제적으로 무엇인가를 결정하는 판단은 감성과 이해력의 조화를 통해 이루어지는 것입니다. 그는 감정을 배제한 냉철한 판단이란 있을 수 없고, 반대로 지성을 배제한 순수한 감정적인 판단도 불가능한 것으로 보았습니다.

　또한 아도르노는, 텔레비전과 라디오 대중매체들은 개인의 감정을 배제한 지성적인 판단만을 요구하거나 지성을 도외시한 감성적인 판단만을 부추기므로 사람들의 판단력을 저하시킬 것이라고 했습니다. 영화의 스토리와 장면을 따라가는 대중이 일순간 도덕적 행동 능력을 상실한 채 주인공을 절대화하는 게 그 실례實例가 됩니다.

　사람은 눈앞에서 벌어지는 변칙적인 상황에서는 이성을 잃고 도덕적 판단이 아닌 부도덕한 판단을 내릴 수 있는 존재입니다. 그러므로 아도르노는 감성과 지성은 서로 다른 영역의 요소가 아닌, 항상 동행해야 할 필연의 요소로 인식해야 할 것으로 보았습니다.

　중동 여인들이 남자들보다 앞에서 걸어가는 이유가 전쟁의 후유증이든 전통으로 내려오는 문화적인 판단이든 간에 인간 존중의 시각에서는 결코 바람직한 처사라고는 할 수 없습니다.

　그들의 행동은 신사가 되어서도, 레이디 퍼스트Lady First 개념이 생겨나서도, 남존여비 사상이 변해서도, 여인들의 인권이 상승해서도, 아내를 생각하는 남편들의 인식이 달라져서도 아니었습니다. 전쟁 중에 땅에 묻힌 지뢰가 터질 것이 두려워 뒤에서 따라오던 아내들을 앞으로 밀어낸 것이었습니다.

남편이 아내를 사랑하지 않는 정도가 아니라 아내를 위험으로 내모는 정도라면 그 사람은 남편의 자격이 없는 자입니다. 남편의 자격이 없는 정도가 아니라 인간으로서의 자격도 부족한 사람입니다. 자기 살겠다고 아내의 등을 떠미는 사람은 욕을 먹어도 싼 정도가 아니라 정신이 들 때까지 두들겨 맞아야 할 사람입니다.

약한 여자, 그것도 자기 아내를 구하기는커녕 폭탄이 있는 곳으로 몰아내다니……. 중동의 남자들이 정말 그런 생각을 가지고 있다면 그들은 남자가 아닙니다. 어린애 중에서도 아주 철없고 치사한 어린애입니다.

그들이 자신의 종교를 위해 국가와 나라를 위해 순교를 한다고 해도 그것은 철부지의 장난질에 불과합니다. 사랑하는 아내, 아이들의 엄마를 지뢰의 방패로 삼다니……. 그런 정신으로 무슨 일인들 제대로 하겠습니까? 그런 남자들에 의해서 세상의 평화가 오지는 않을 것입니다.

가장 가까이 있는 사람을 사랑할 줄 모르는 이는 어떤 사람도 사랑할 수 없는 자입니다. 아내를 무시하는 남자는 세상을 구할 수 없습니다. 옆 사람을 대접할 줄 모르는 사람이 누군들 제대로 대접하겠습니까? 그런 사람이 추구하는 세계 평화는 자기 하나를 위한 평화입니다.

아내를 사랑하는 게 세상을 사랑하는 것이고, 옆 사람과 싸우지 않는 게 세상의 평화보다 우선입니다. 중동 남자들뿐만 아니라 세상의 모든 남자는 세상을 구하기 전에 아내를 사랑하는 법을 먼저 배워야 합니다. 한 사람을 사랑할 줄 모르는 사람은 결코 두 사람을 사랑할 수 없습니다.

옆 사람을 친절하게 대하지 않는 사람이 멀리 있는 사람에게 친절한 이유는 손해 볼 게 없기 때문입니다. 먼 사람이 가까이 다가와서 내 자리를 조금이라도 양보해야 한다면 그에게도 친절을 베풀지 않을 것입니다.

　남에게 곤란한 일을 시키지 마세요! 특별히 가까이 있는 사람과 힘없고 약한 사람에게 곤란한 일을 떠미는 사람, 쉬운 일은 자기가 하고 어려운 일은 남 시키는 사람, 좋은 것은 자기가 갖고 나쁜 것은 나눠주는 사람, 맛있는 것은 혼자 먹고 맛없어서 먹기 싫은 것으로 인심 쓰는 사람은 세상을 아프게 하는 사람입니다.

　골치 아픈 일을 남에게 떠미는 사람은 어디서도 환영받을 수 없습니다. 환영받는 곳이 없는 사람은 외롭고 고독한 삶을 살게 됩니다. 힘든 것보다 외로운 것을 택하고 싶다고요? 조금 지나면 알게 될 것입니다. 세상에서 외로운 것보다 힘든 게 없다는 사실을…….

　곤란한 일, 위험한 일, 힘든 일을 하다가 죽는 사람이 있다면 그는 순교자입니다. 그가 하던 힘든 일은 정의로운 일이고, 거룩한 일입니다. 그러나 위험한 일, 귀찮은 일을 가까운 사람에게 떠미는 사람은 배교자와 같습니다. 그런 사람 옆에는 아무도 남지 않을 것입니다.

　무서운 곳을 지날 때, 험한 일을 겪을 때 뒤로 물러나거나 옆 사람에게 떠넘기지 마세요! 모든 일은 지나가면 추억이 되지만 남에게 떠넘긴 일은 평생 불명예가 되고, 씻을 수 없는 수치가 됩니다.

61

매달려 살지 마라

아이자이어 벌린 / 1909-1997

아내가 남편에게 물었습니다.

"나와 아이들과 어머니가 물에 빠지면 당신은 누굴 먼저 구할 거야?"

아내의 말을 들은 남편이 곰곰히 생각하더니 아내에게 대답했습니다.

"아무래도 어머니를 먼저 구해야 하지 않겠어? 그게 자식의 도리 아닐까?"

은근히 자신을 가장 먼저 구해주기를 기대했던 아내는 크게 실망했지만 괜찮은 척하며 다시 물었습니다.

"그다음엔?"

"그다음엔 힘없는 아이들을 구해야겠지?"

자신이 제일 마지막으로 구할 대상이라는 생각에 아내는 화가 났지만 어머니와 아이들을 먼저 구하는 이유가 뭐냐고 물었습니다.

"공자 왈 부모자식은 내 살과 같고 아내는 의복과 같아서 벗기도 하고 입을 수도 있다고 했으니까 다시 얻으면 되지, 뭐!"

남편의 대답에 아내는 상처를 입었습니다.

'아내를 의복처럼 벗어버린다고? 내가 물에 빠지면 남편은 일부러 건져내지 않고 옷을 갈아입는 것처럼 다른 아내를 얻을 수도 있겠군?'

그 후로 아내는 삶의 의욕을 잃고 무기력해졌습니다. 밥하는 것도 아이들을 돌보는 것도 남편을 기다리는 것도 귀찮아졌습니다. 세상에 홀로 남겨진 것처럼 외롭고 슬펐습니다. 자신을 이해할 사람이 아무도 없다는 생각에 아내는 하소연이라도 할 생각으로 신경과 의사를 찾아갔습니다.

의사는 아내의 말을 듣고 약을 처방해주었습니다. 하지만 아내의 고민은 약으로도 나아지지 않았습니다. 아무리 약을 먹어도 회복되지 않는 아내를 안쓰럽게 여긴 의사가 더 이상 병원을 오지 말라는 말과 함께 마지막 처방을 내렸습니다.

"사모님! 물에 빠졌을 때 남편이 구해주지 않을 거라는 생각으로 그렇게 괴로워하지 마시고 수영을 배워보시면 어때요?"

괴로워하던 아내가 수영을 배웠는지는 알 수 없습니다. 하지만 남편만 바라보며 실망으로 세월을 보내는 것보다는 수영을 배우는 게 훨씬 나을 것은 분명합니다. 물에 빠졌어도 스스로 살아나올 방법을 찾는 것이 세상을 활기차게 사는 비결이 됩니다. 남편보다 수영을 더 잘해서 아이들도 구하고 시어머니도 구하고 남편보다 먼저 물 밖으로 나와서 나중에 나오는 남편을 끌어올리는 일도 멋있을 것 같습니다.

영국의 역사가이자 철학자인 아이자이어 벌린은 인간의 자유를 '소극적 자유'와 '적극적 자유'로 구분했습니다. 소극적 자유는 외부로부터 주어지는 자유로, 억압과 폭력, 감금과 속박 같은 물리적인 제제로부터의 자유입니다. 그에 비해 적극적 자유는 선택의 자유로, 각 개인은 자신의 삶을 위해 물건이나 사는 곳, 옷이나 음식을 선택할 수 있고, 선거를 통해 지도자를 선택할 수 있는 자유를 의미합니다.

이 두 가지 개념의 자유가 주는 공통적인 의미는 속박에서 벗어난다는 것입니다. 즉, 자유란 어떤 것에도 구속당하지 않는다는 것을 말하고 있습니다. 그러나 조심해야 할 것은 나의 적극적 자유가 남을 속박할 수 있다는 것입니다. 내가 좋다고 아무렇게나 행동해선 안 되고, 내 마음에 든다고 남의 물건을 가져와선 안 되는 것이죠. 그러한 상황에서는 스스로 자신의 자유를 조절할 수 있어야 합니다.

자유의 개념은 부모에게 마음대로 할 자유를 달라고 떼쓰는 아이들의 말처럼 한마디로 정의할 수 있는 것이 아닙니다. 성숙한 정신을 가진 사람만이 자유의 의미를 바르게 이해할 수 있고, 참된 자유의 가치를 정의할 수 있습니다.

소극적 의미의 자유인 물리적인 자유를 누리는 사람들 중에도 적극적인 자유를 누리지 못하는 사람들이 있습니다. 스스로 결정하지 못하고, 일하지 못하고, 살아가지도 못한 채 누군가에게 매달려 사는 사람입니다. 그런 사람은 물리적으로는 자유롭지만 정서적으로는 자유롭지 못한 상황에 있는 것입니다.

진정한 자유의 삶은 누군가에게 매달려 살기보다 스스로 살아갈 힘을 갖는 것에서 시작됩니다. 그러기 위해 삶의 근력을 기르는 것이 안정적인 삶을 사는 비결이 됩니다. 스스로 자신의 인생을 살아갈 능력이 없는 사람은 주위 사람을 피곤하게 합니다. 다른 사람을 피곤하게 할 뿐만 아니라 스스로도 힘든 인생을 살게 됩니다. 혼자 걷지 않고 누군가에게 매달려야 한다면 매달린 사람이나 매달고 가야 하는 사람이나 똑같이 힘들기 때문입니다.

살다 보면 누구에게나 심심한 때가 있고 외로울 때가 있습니다. 사실, 인생은 근본적으로 고독의 특성을 가지고 있습니다. 중요한 순간, 결정의 순간에 나를 대신할 사람은 아무도 없습니다.

수천 명, 수만 명의 직원을 거느리는 기업 총수도 최종 결정을 내릴 땐 고독합니다. 아무도 대신해주지 않습니다. 망할지 성공할지, 칭찬을 들을지, 욕 먹을지 모르는 상황에서 모든 책임을 홀로 져야 합니다. 그때를 위해 준비한 사람은 과감한 결정을 내릴 수 있습니다. 그러나 준비되지 않은 사람은 결정을 내리지 못하고 끝없이 망설이며 괴로워합니다.

수영을 할 줄 아는 사람은 위험한 상황에서 과감하게 물로 뛰어들 수 있습니다. 하지만 수영을 배우지 못한 사람은 마지막 순간까지 망설이기만 합니다. 누군가 자신을 구해주길 바라며 죽는 순간까지 남을 기다리다가 원망으로 끝을 장식합니다.

수영을 배우는 것과 세상 속에서 사는 법을 배우는 것은 그리 어렵지 않습니다. 물로 뛰어들어 남들처럼 팔다리를 휘저으면 그게 수영법이 되고, 세상 속에 뛰어들어 손발을 움직이면 그게 세상 사는 법이 됩니다. 그러면 삶에 대한 자신감을 얻고 주위 사람에게 매달리지 않고 원망도 하지 않을 수 있습니다.

'물에 빠지면 어떻게 하지?'라는 걱정으로 잠을 이루지 못하는 사람이 있다면 답은 당장 수영을 배우는 것입니다. 수영을 배우면 걱정근심을 버릴 수 있고 잠을 편히 잘 수 있습니다. 그리고 '누가 나를 구해줄까?' 하며 남들의 눈치를 살피지 않아도 됩니다.

'이 험한 세상에서 누가 나를 도와주지?' 하고 걱정하는 사람이 있다면 당장 세상 사는 법을 배워야 합니다. 물속에 들어가야 수영을 배울 수 있듯이 세상 사는 법을 배우기 위해서는 세상 속으로 들어가는 길밖에 없습니다.

자기 방에 앉아서 슬퍼하는 것으로는 세상 사는 법을 배울 수 없습니다. 사람들 사이로 들어가서 몸을 움직이고 팔다리를 휘젓다 보면 사는 법을 터득할 수 있습니다. 슬픔을 이기기 위해 약을 먹을 필요는 없습니다. 우울한 기분을 바꾸기 위해 주사를 맞을 필요도 없습니다. 오히려 살기 위해 물속에서 발버둥치다가 수영을 배우듯 사람들 사이에서 갈등하고 고민하며 땀 흘리다 보면 약을 먹지 않아도 살아갈 힘을 얻을 수 있습니다.

매달려서는 오래 버티기도 어렵고 자신이 가고 싶은 곳으로 갈 수도 없습니다. 자기 발로 서야 오래 서 있을 수 있고 어디든지 가고 싶은 곳으로 갈 수 있습니다.

62

뒷마당에 감자를 심는 법

알베르 카뮈 / 1913-1960

사업 부도로 수감 생활을 하고 있는 남편에게 아내의 편지가 전달되었습니다.

'여보! 올해는 뒷마당에 감자를 심을까 했는데 당신이 없어서 심을 수 없을 거 같아요. 내가 할 수 있는 만큼만 조금 해볼게요! 몸조리 잘해요!'

아내의 편지를 읽은 남편이 급하게 답장을 써서 보냈습니다.

'여보, 뒷마당은 절대 파지 마시오! 그곳에 회사의 중요한 문서와 비자금을 숨겨두었소.'

편지를 보낸 후 일주일이 지나서 아내의 편지가 남편에게 도착했습니다.

'여보! 회사 사람들과 경찰들이 뒷마당에 들이닥쳐서 쑥대밭을 만들어놓고 돌아갔어요. 사람들이 돌아가고 나니 당신의 편지가 도착했어요. 미안해요. 이제 어떻게 하죠?'

아내의 편지를 받은 남편이 답장을 써 보냈습니다.

'여보! 이제 감자를 심으시오!'

오랜 세월 험난한 인생의 과정을 지나온 어른들은 "그냥 사는 거야!"
라고 말합니다. 젊은 때는 자신의 인생에 어떤 의미가 있는지를 알기 위
해 수많은 고민을 하지만 나이가 들고 삶의 모든 과정을 지나온 후엔 거
의 비슷한 결론에 도달합니다.

"너무 고민하지 마! 그냥 살면 돼!"

"살다 보면 알게 되겠지!"

"인생을 다 알고 사는 사람이 어디 있어?"

"이만하면 됐지, 뭐!"

프랑스의 소설가이자 극작가 알베르 카뮈는 이러한 노인들의 인생 철
학과 다를 바 없는 내용을 이야기했습니다.

"인생은 의미가 없을 때 더 잘 살 수 있다."

"산 정상을 향해 도전하는 것 자체만으로도 인간의 마음은 충만해진
다."

"진정한 철학은 인생의 무의미함을 인정해야 한다."

"나에게 의미 있는 것이 남에게는 아무 의미 없을 수 있다."

이러한 카뮈의 생각을 한마디로 정의한다면 '그냥 사는 게 가장 잘 사
는 것이다'라고 할 수 있습니다. 그러므로 모든 인생은 각자의 처한 위치
에서 주어진 삶에 최선을 다할 때 가장 잘 사는 게 됩니다. "왜?"라고 이
야기하기 시작하면 그때부터 복잡해집니다. 즉, 인생은 목적을 향해 가
는 과정 자체로 가장 큰 의미를 갖는다는 것입니다.

앞의 이야기에서 남편은 뜻하지 않은 일로 교도소에 수감되었지만 아

내의 편지를 받고 아내를 위해 감자 심을 방법을 생각해냈습니다. 인생의 가장 괴로운 상황에 떨어졌지만 그 상황에서도 남편은 뒷마당에 감자를 심을 수 있었습니다. 감옥에 있는 사람이 뒷마당에 감자를 심을 수 있다면 감옥이 아닌 곳에서 자유로운 몸을 가진 사람이 무엇인들 못하겠습니까?

사람은 마음먹으면 공간과 환경과 상황을 극복할 수 있습니다. 마음이 없기 때문에 방법을 찾지 못하는 것일 뿐입니다. 수감된 남편은 눈물을 흘리며 혼자 뒷마당을 파야 할 아내의 모습을 생각하니 가슴이 아렸습니다. 그래서 돈 한 푼 들이지 않고 마당을 일굴 방법을 생각했습니다. 그리고는 있지도 않은 비자금을 뒷마당에 묻었다고 편지를 쓴 것입니다. 엉뚱한 사람들이 땅 파는 수고를 했지만 아내의 근심은 해결할 수 있었고 남편의 역할도 해낼 수 있었습니다.

세상의 모든 피조물 중 사람은 환경을 이길 수 있는 유일한 존재입니다. 이기는 정도가 아니라 환경을 만들기도 하고 바꾸기도 합니다. 식물도 살 수 없고 짐승도 살지 못하는 북극과 남극에서도 사람이 살고, 사람이 도저히 머물 수 없는 우주에도 정거장을 만들어놓고 생활하고 있습니다. 그러한 결과는 상황과 환경을 이기려는 생각을 가진 사람들 덕분입니다.

환경에 끌려가는 사람은 행복할 수 없습니다. 저절로 행복해질 수 있는 환경이란 그리 많지 않기 때문입니다. 행복해지려면 주위 환경을 이길 방법을 찾아야 하고, 극복할 힘을 길러야 합니다. 상황에 밀리지 말고 상황을 역전시켜야 합니다. 힘든 시기엔 정신력과 체력을 키우고, 문제가 있을 땐 답을 찾아야 합니다. 답은 찾으면 있고, 찾지 않으면 없습니다.

아내와 남편이 마음만 맞으면 극복할 수 없는 문제란 없습니다. 어떤 상황과 환경도 이겨낼 마음을 가진 부부는 갈라놓지 못합니다. '부부는 일심동체'라는 말은 그렇게 되기를 바라는 간절한 희망이기도 하고, 부부가 함께 추구해야 할 최종 목표이기도 합니다.

일심동체인 부부에겐 아무것도 문제가 되지 않습니다. 하지만 부부의 생각과 뜻이 하나가 아닌 둘이 되면, 그때는 세상의 모든 것이 문제가 되고 환경과 상황은 늘 두 사람을 공격하게 됩니다.

아내와 남편에게 가장 중요한 것은 딱 한 가지, '하나인가, 아닌가?'입니다. 하나는 저절로 되지 않습니다. 하나가 되기 위해서는 누군가 양보하고 참아줘야 합니다. 남편이 못 참으면 아내가 참고, 아내가 못 참을 땐 남편이 참아야 합니다. 그렇게 하지 않으면 아주 작은 일도 두 사람을 불행하게 만들고 사이를 갈라놓는 결정적 원인이 될 수 있습니다.

남편은 아내의 생각에 맞추기 위해 죽는 날까지 자신을 조절해야 하고, 아내는 남편의 뜻에 맞추기 위해 항상 신경 써야 합니다. 저절로 생각이 맞는다면 다행입니다. 그러나 생각이 다를 때는 생각을 맞추는 일이 세상에서 가장 어려운 일이 됩니다. 어려운 만큼 치러야 할 대가도 큽니다.

자존심, 욕심, 체면, 감정과 기분, 성격과 기질도 포기해야 합니다. 그런 것들을 포기할 수 있을까요? 개인적인 경험으로는 그럴 수 있습니다. 그것들보다 아내를 염려하는 마음이 크다면 충분히 가능합니다.

"난 도저히 그럴 수 없어!"

이렇게 말하는 사람들이 있습니다. 그런 사람들을 곁에서 지켜보면 좀처럼 행복하지 못하다는 것을 발견합니다. 누구와도 마음을 맞출 생각이 없기 때문입니다. 그런 사람은 '그럴 수 없다'는 생각을 '그럴 수도 있지'라고 바꾸기 전에는 마음의 평화를 얻을 수 없습니다. 마음이 평화롭지 못한 사람이 행복할 수 없는 것은 두말할 필요도 없죠.

어떤 것도 안 될 건 없습니다. 마음을 맞추는 것도 결심하면 됩니다. 아무리 결심해도 안 된다고 말하는 사람들이 있는데, 그 이유는 전적인 결심을 하지 않았기 때문입니다. 마음을 맞추지 않으면 죽는다고 생각하면 맞출 수 있습니다.

뜻을 맞추는 일보다 중요한 게 없다는 사실을 분명히 인식하면 어떤 상황에서도 마음을 맞출 수 있습니다. 언제 어디서 무슨 일을 하든 따지거나 "왜?"라고 하지 마세요. 대신 가장 심혈을 기울여야 할 것은 같은 마음을 품는 것입니다. 그러면 그다음 일은 하나도 신경 쓸 거 없이 술술 풀립니다.

63

사 칠에 이십칠

장 프랑수아 리오타르 / 1924-1998

고집 센 바보와 똑똑한 사람 사이에 다툼이 벌어졌습니다. 싸움의 원인은 숫자 계산 때문이었습니다. 고집 센 사람은 4가 일곱 개 있으면 27이라고 했고, 똑똑한 사람은 4×7=28이라고 했습니다. 두 사람은 서로 자기 계산이 옳다고 우기며 조금도 양보하지 않았습니다.

한참을 우기고 소리쳐도 해결되지 않자 두 사람은 고을 사또에게 가서 판결을 내려달라고 부탁했습니다. 사또는 두 사람의 이야기를 듣더니 답답하다는 표정을 지으며 27이라고 우기는 고집 센 사람을 먼저 불러서 물어보았습니다.

"네가 사 곱하기 칠은 이십칠이라고 했느냐?"

"그렇습니다! 글쎄 이놈이 당연한 걸 가지고 이십팔이라고 우기지 뭡니까요!"

고집 센 사람의 대답을 들은 사또는 27이라고 우기는 고집 센 사람은 풀어주고, 28이라고 한 사람은 곤장 열 대를 쳐서 돌려보내라고 했습니다. 고집 센 사람이 의기양양하게 돌아가자 똑똑한 사람이 사또에게 억울하다고 하소연했습니다.

"사또 나리! 다 아시면서 왜 저에게 곤장을 맞으라고 하십니까요?"

"네 놈이 옳은 것을 내가 잘 안다!"

"그러면 왜 저를 벌하십니까요?"

"사 곱하기 칠은 이십팔이라는 것을 너도 알고 나도 알고 여기 있는 사람이 다 안다만, 저기 가고 있는 바보도 알겠느냐?"

"바보가 어떻게 알겠습니까요?"

"그러면 너는 알 수도 없는 놈과 시비를 걸어 여기까지 왔으니 내가 누구를 처벌해야겠느냐? 바보를 때린다고 알아듣겠느냐? 그래서 내가 알아들을 만한 너를 깨우쳐서 고을을 평안케 하려 하노라!"

'포스트모더니즘'이라는 용어를 보편적인 철학적 개념으로 자리 잡을 수 있는 계기를 만든 사람이 프랑스 철학자 장 프랑수아 리오타르입니다. 그는 제2차 세계대전 이후 컴퓨터 등 문명의 급속한 발전으로 인해 정보화된 지식의 상업화를 우려했습니다.

전통적으로 지식은 사람의 정신을 깨우고 인류의 삶을 이롭게 하는 공통된 자산이었습니다. 그러나 첨단 도구들에 의해 지식이 정보가 되고, 정보화된 지식이 상품으로 판매되기 시작하면서 지식은 사람과 인류를 위한 것이 아닌 돈벌이의 수단이 되었습니다.

새로운 지식이 생성되면 사람들은 '이것이 진리인가?'의 시각으로 보는 게 아니라 '이것이 팔릴 수 있는 것인가?'의 관점으로 보고, 좋고 나쁨의 시각이 아닌 '쓸 만한가, 아닌가?'로 판단합니다. 그로 인해 현대의 모든 지식은 판매를 위해 생산되는 물건으로 취급당하는 것입니다.

현대의 지식은 옳고 그른 것의 기준이 아닌 돈벌이를 위한 자산이나 신제품으로 평가됩니다. 그 결과 지식은 진리를 위한 기준이나 사리판단의 근거가 아닌 개인이나 단체의 이득을 위한 도구가 됩니다.

많은 지식을 가진 사람은 싸움을 잘하는 사람이 되고 교묘한 방법으로 남의 재산을 빼앗을 수도 있게 되고, 폭리를 취하거나 불공평한 판결을 내리게 됩니다. 심지어 가해자와 피해자를 뒤바꾸기까지 합니다. 이것이 상품화된 지식의 후유증입니다.

그러므로 참된 지식은 맞고 틀리고의 문제보다 '인간적인가, 아닌가?'에 더 큰 비중을 두어야 합니다. 많이 아는 것이 인간성을 상실할 정도가 돼서는 안 되고, 돈벌이의 수단이 되어서도 안 되며, 논쟁이나 싸움에서 이기기 위한 도구로 사용되어서도 안 됩니다.

소경과 부딪치면 소경에게는 아무 잘못이 없습니다. 그는 앞을 볼 수 없기 때문입니다. 오히려 그와 부딪친 사람의 책임이 두 배가 됩니다. 마찬가지로 바보와 싸우는 사람이 더 바보이고, 답답한 사람하고 싸우는 사람이 더 답답한 사람입니다. 바보는 물러설 줄 몰라서 앞으로만 가다가 사고를 당하지만 현명한 사람은 멈춰야 할 곳에서 멈추고 물러나야 할 곳에서는 물러나기에 사고를 당하지 않습니다.

살다 보면 옆 사람이 한심스러울 때가 있습니다. 그때는 한숨을 쉬거나 호통을 칠 때가 아닙니다. 한 걸음 물러나서 조용히 기다려야 합니다. 한심한 상황을 겪고 있는 사람과 부딪친다고 그가 달라지지는 않습니다. 부딪치면 오히려 내가 깨지고 상처 입어서 더 한심한 상황으로 추락합니다.

실수한 사람에게 왜 실수했냐고 물어보면 무슨 대답을 할 수 있겠습니까? 대답할 말이 없는 사람에게 물어보는 것은 질문이 아니라 고문입니다. 아픈 사람을 치료하지는 못해도 더 아프게 해서야 되겠습니까?

사람은 누구나 바보 같은 면을 가지고 있습니다. 국어는 잘하는데 수학은 못할 수 있고, 수학은 잘하는데 영어는 못할 수 있습니다. 운동은 잘하는데 음악은 못할 수 있고, 음악은 잘하는데 집안일은 못할 수 있습니다.

그런 사람과 함께 살아가기 위해서는 4×7=27이 틀리긴 해도 당사자에겐 맞는 답이라는 걸 받아들여야 합니다. 누가 봐도 28이 맞지만 서로 옳다고 우기면 싸움이 시작되고, 차이가 되는 1이라는 작은 숫자로 인해 세상이 소란해집니다.

덮을 수 있다면 덮는 게 좋습니다. 바보 같은 것도, 답답한 것도, 한심한 것도, 못난 것도, 서로 다른 생각도, 옳고 그른 것도 다 덮으세요. 세상이 망하거나, 진리가 훼손되거나, 누군가에게 심각한 피해를 주지 않을 정도라면 조용히 넘어가주고 한 걸음 물러나주는 게 지혜로운 삶의 비결입니다.

아내와 남편에게 마음에 안 드는 것이 있을 땐 잠깐 눈을 감으면 됩니다. 그걸 보려고 눈을 크게 뜨면 다른 좋은 것은 다 사라지고 그것 하나만 보입니다. 손바닥으로 눈을 가리면 세상은 사라지고 손바닥만 하게 보이는 것처럼…….

너무 완벽한 남편, 완전한 아내를 기대하지 마세요! 반은 바보라고 생각하고 살면 딱 맞을 겁니다. 언젠가 남편이 4×7=27이라고 해도 너무 놀라지 마세요! 아내가 28이라는 걸 알고만 있으면 사는 데는 아무 문제가 되지 않을 것입니다.

64

한 번

위르겐 하버마스 / 1929-현재

결혼 후 50년 동안 한 번도 싸우지 않은 부부를 위해 자녀들이 잔치를 마련해주었습니다. 노부부는 가족은 물론 그들을 아는 모든 사람들에게 귀감이 되는 부부였습니다. 가족과 친지들이 결혼 50주년을 축하하며 할머니에게 정말 한 번도 싸운 적이 없는지, 싸우지 않은 비결이 뭔지를 물어보았습니다.

할머니는 이야기가 길다며 다음에 조용할 때 들려주겠다고 했습니다. 하지만 사람들은 당장 이야기를 들려달라고 재촉했고 할머니는 성화에 못 이겨 긴 이야기를 시작했습니다.

"우리는 결혼식을 마치고 신혼여행을 사막으로 떠났었지!"

"할머니! 신혼여행 이야기 말고 싸우지 않는 비결이요."

"그게 그거야! 들어봐! 사막에서 낙타를 한 마리씩 몰고 모래 언덕을 넘는데 남편을 태운 낙타가 넘어졌지, 뭐니?"

"그래서 어떻게 됐어?"

"응. 할아버지가 성질이 좀 있는 편이잖아? 젊을 땐 얼마나 더했겠어? 그래서 나는 채찍으로 낙타를 때릴 줄 알았거든. 그런데 말없이 낙타를 일으켜 세우더니 낙타 눈을 똑바로 쳐다보며 '한 번' 하고는 사람들에게 괜찮다고 하며 다시 낙타를 타는 거야! 그래서 난 할아버지가 보기보단 성격이 좋다고 생각했지."

"그래서 사막여행은 잘 끝났어?"

"좀 더 들어봐. 할아버지를 태운 낙타가 언덕을 넘어가다가 다시 넘어진 거야. 할아버지는 모래 언덕에서 몇 바퀴를 굴렀지. 두 번이나 넘어졌으니 이번엔 화를 좀 내겠다 싶었지."

"그런데?"

"그런데 할아버지가 이번에도 낙타를 때리지는 않고 조용히 일으켜 세우더니 낙타와 눈을 맞추며 '두 번' 하고는 막 웃으면서 낙타 등에 다시 올라타는 거야!"

"할아버지가 정말 그랬어?"

"그럼! 그래서 난 또 생각했지! 내가 참 성격 좋은 사람이랑 결혼했구나! 한평생 싸울 일은 없겠다 싶었지."

"그래서 한 번도 안 싸운 거구나?"

"아냐. 아직 더 남았어! 다시 낙타를 타고 언덕을 넘어가는데 할아버지 낙타가 또 넘어졌지 뭐니?"

"세 번이나?"

"그래. 사막에 나가떨어진 할아버지가 이번엔 낙타를 일으키지 않고 장총을 가지고 와서 낙타 머리를 겨누더니 방아쇠를 당겼어. 사람들은 비명을 지르고 난리가 났지!"

"낙타는 죽었어?"

"즉사했지! 그래서 내가 막 화를 내며 낙타를 죽이면 어떻게 하냐고 했지. 낙타값이 얼마인지 아느냐고. 낙타가 없으면 사막을 어떻게 건널 거냐고 따졌지."

"그랬더니?"

"그랬더니 할아버지가 내 눈을 똑바로 쳐다보며 '한 번!' 그러더라고! 그래서 나는 생각했지! '아! 세 번이면 나도 죽는구나!' 하고……."

"……."

"그게 오십 년 동안 할아버지하고 싸우지 않고 산 비결이야!"

18세기 유럽에서 대유행을 일으킨 커피하우스는 공론장의 중심지가 되었습니다. 사람들은 그곳에 모여 이전에는 말할 수 없던 사회 문제, 정치적 이슈, 전통과 문화에 대한 이야기들을 주고받았습니다. 그로 인해 한때 커피하우스는 불만 세력들의 집합소로 오인받아 권력자들의 폐쇄 시도가 일어나기도 했습니다.

독일의 철학자이자 사회학자 위르겐 하버마스는 커피하우스 같은 제3의 공론 과정을 통한 비판으로 인해 근대사회 정신이 발전하는 계기가 되었고, 각 지역의 혁명 운동과 사회 운동들이 발발할 수 있었던 것으로 인식했습니다.

그렇게 형성된 비판 세력들에 의해 사회는 발전하고 견제되어 왔습니다. 그러나 하버마스는 현대에 이르러 공공 미디어의 발달과 미디어를 통제하는 세력들로 인해 공론의 형성이 조작됨으로 다시 전근대적 사회로 회기될 가능성을 이야기하고 있습니다.

하버마스에 의하면 사회는 전통에 대한 비판을 통해 발전합니다. 비판이 받아들여지지 않거나 공론이 형성되지 않는 사회는 더 이상 발전하거나 성숙하지 못하고 그저 머물게 됩니다. 이는 개인과 가정의 삶에서도 마찬가지입니다. 아내와 남편의 이야기나 가족들의 이야기, 친구와 이웃의 이야기를 듣지 않는 사람은 발전할 수 없습니다.

50년 동안 한 번도 싸우지 않은 할머니의 인생은 평화로웠을까요? 언제 터질지 모르는 폭탄을 안고 있는 사람에게 평화는 없습니다. 당장 터지지 않는다고 평화로운 것은 아닙니다. 잠재된 불안은 전쟁과 다를 게 없습니다. 병이 걸린 사람보다 걸릴 걸 걱정하는 사람의 심리가 더 불안하다는 건 누구나 아는 사실입니다. 언제 터질지 모르는 폭탄을 안고 사는 것보다 차라리 터져서 입은 상처를 치료하고 사는 게 낫습니다.

남들이 보기에 할머니는 한 번도 싸우지 않고 평화로운 생을 살았지만, 그 평화로운 삶은 할머니의 일방적인 양보와 인내와 손해로 이루어진 것이었습니다. 억압은 평화가 아니라 잠재된 폭력입니다. 때리지는 않지만 때리는 것보다 더 나쁘고, 평화로워 보이지만 감정적으로는 전쟁을 치르는 것보다 힘이 듭니다.

죽지 못해 사는 건 사는 게 아닙니다. 살아 있지만 죽은 것만 못한 것이 마지못해 사는 인생입니다. 사랑하는 사람을 어쩔 수 없이 살게 하면 안 됩니다. 즐겁게 웃으며 살게 해야 합니다. 힘으로는 행복을 얻을 수 없습니다. 세고 강하고 날카로운 것으로는 행복할 수 없습니다. 행복은 부드러움과 친절과 온유함으로만 얻을 수 있습니다.

"한 번만 더 그러면 죽어!"

"내가 딱 세 번까지만 참는다!"

"이번만 봐준다! 다음엔 국물도 없을 줄 알아!"

"다섯 번이면 끝장날 줄 알아!"

가족에게, 아내와 남편에게는 이런 말을 하면 안 됩니다. 그렇게 해서 얻은 평화는 평화가 아닙니다. 선전포고이고 언어폭력이며 감정 말살이고 행복 파괴입니다. 힘과 권력으로 얻는 평화는 국가와 단체, 군대와 연합조직 사이에서나 필요한 것입니다.

사랑하는 사람들, 사랑해야 할 사람들에겐 표면적 평화가 아닌 내면적 평화가 필요합니다. 마음이 편안하지 않으면 내면의 평화는 절대 얻을 수 없습니다. 아내와 남편의 마음을 편하게 해주는 게 세상 평화의 시작입니다.

65

엄마 손은 약손이고 아내 손은 행복이다

노암 촘스키 1928-

새벽에 한 남편이 응급실에 실려 왔습니다. 여러 명의 친구들이 그와 함께 병원으로 들어왔습니다. 응급 호출을 받고 달려온 의사는 환자를 살리기 위해 애를 썼지만 그는 깨어나지 않았습니다. 더 이상 가망이 없다는 말을 전하기 위해 동행한 사람들을 둘러보았습니다. 환자를 데리고 온 사람들은 모두 검은 넥타이를 매고 있었습니다. 의사가 사람들에게 어떻게 된 일이냐고 물었습니다.

"가만히 앉아 있다가 갑자기 쓰러졌습니다."

"무슨 일을 하고 있었는데요?"

"술 마시며 이야기하고 있었거든요."

"그냥이요?"

"네. 모두 함께 앉아서 밤을 새웠는데, 그게 좀 무리였나 봅니다."

"그렇다고, 아무 이유도 없이 쓰러져요?"

"네. 건강에도 이상 없는 친구였는데……."

　의사는 다시 환자를 살펴보기 위해 돌아섰습니다. 사망 원인은 분명 심장마비인데, 아무 일도 없었다는 게 좀 이상한 생각이 들었습니다. 환자의 상태나 친구들의 상태로 봐서 싸우거나 말다툼을 한 것 같지도 않았습니다. 의사는 환자의 몸을 유심히 살펴보았습니다. 머리부터 발끝까지 모두 살펴보았지만 아무런 특이점도 발견하지 못했습니다.

　그런데 한 가지 이상한 일은 환자의 왼손은 주먹이 쥐어져 있고, 오른손은 펴져 있는 것이었습니다. 일반적으로 심장마비 환자는 두 손을 다 펴게 되는데, 이 환자는 한손은 펴고, 한손은 주먹을 쥐고 있었습니다. 이상한 생각이 든 의사는 주먹을 쥔 환자의 왼쪽 손가락들을 하나씩 펴보았습니다.

　환자의 손에서 화투 두 장이 떨어졌습니다. 삼광, 팔광 두 장이었습니다. 화투 두 장이 심장마비의 원인이었습니다. 의사는 함께 온 사람들에게 사실대로 말해보라고 했습니다.

　"친구의 사망 소식을 듣고 상갓집에 모여 밤새 고스톱을 치고 있었습니다. 저 친구는 계속 돈을 잃었습니다. 너무 많이 잃은 것 같아서 그만하자고 했는데 한 판만 더 하자고 해서 패를 돌리는데 갑자기 저 친구가 얼굴색이 변하기 시작했습니다. 그러고는 쓰러졌습니다. 우리는 그게 삼팔광인지 몰랐습니다. 아무리 좋은 패가 나와도 그렇지……."

　미국의 언어학자 노암 촘스키는 윤리학의 기초를 '보편성'에 두고 있습니다. 모든 사람에게 동일한 기준을 적용해야 한다는 것입니다. 남을 평가하는 기준으로 나를 평가하고, 나를 판단하는 것으로 남을 판단해야 합니다. 또한 국가를 평가하는 기준으로 개인을 평가하고 개인을 평가하는 기준으로 국가를 평가할 수 있어야 합니다.

그의 보편성은 또한 도덕과도 긴밀한 연관을 가지고 있습니다. 도덕적인 이론을 펼치는 사람이 보편성을 무시한다면 그의 이론은 생각해볼 일말의 가치도 없는 것이라고 진단합니다. 즉, 도덕성의 기준 역시 보편성의 범주를 벗어나서는 안 되는 것입니다.

촘스키의 보편성은 사회와 국가에 적용될 뿐만 아니라 우리의 개인적인 삶에도 적용할 수 있어야 합니다. 다른 사람에게 부작용을 일으킨 것은 나에게도 부작용을 일으킬 것입니다. 나에게 해로운 것은 남에게도 해로움을 줄 것입니다. 그런데 우리는 나에게 도움이 되지 않는 물건을 남에게 주며 도움이 될 것이라 말하고, 남에게 문제를 일으킨 것들이 나에게는 아무 문제를 일으키지 않을 것이라고 생각합니다. 이것은 아전인수 격의 해석입니다.

남들이 놀음하는 것을 발견하면 패가망신할 짓이라고 말하지만 자신이 놀음에 빠졌을 때는 그렇지 않을 것이라고 생각합니다. 습관적으로 화투를 잡는 사람은 너나없이 똑같은 결과를 맞이합니다. 그런데도 우리는 항상 나는 아닐 것이라는 착각에 빠집니다.

화투판에서 막판에 '삼팔광땡'이 나오면, 그날 함께 놀았던 모든 사람은 패를 든 사람에게 판돈의 세 배를 주는 규칙이 있습니다. 그 사실을 알고 있던 환자는 밤새 돈을 잃다가 막판에 삼팔광을 잡고 너무 흥분한 나머지 그것을 펴보이지도 못하고 쓰러졌습니다. 그는 자신에게 행운을 줄 것이라고 믿었던 삼팔광으로 인해 유명을 달리하고 말았습니다.

한 가정의 가장이 가족들을 남겨두고 먼저 하늘로 간다는 것은 참으로 안타까운 일입니다. 그렇지만 그가 자신의 운명을 마감하는 마지막 순간에, 놓치지 않기 위해 붙잡은 것이 화투 두 장이었다는 것은 정말로 안타까운 일입니다.

자기를 살릴 거라고 생각한 화투 두 장이 자신을 죽이고 말았습니다. 밤새 손해 보고, 잃은 거 다 찾아줄 거라고 생각해서 붙들고 있던 게 자신을 죽이는 것이었습니다.

지금 우리는 나를 죽이는 것을 붙들고 그것이 나를 살릴 것이라고 생각하고 있지는 않습니까? 망할 것을 붙잡고 성공하게 해달라고 애원하지는 않습니까?

칼을 가진 사람은 칼 든 사람을 만나고, 총을 가진 사람은 총 든 사람을 만나게 됩니다. 죽이는 것을 잡고 있으면 죽이는 일을 하게 되고 살리는 것을 잡고 있으면 살리는 일을 하게 됩니다. 그런데 아주 많은 사람이 죽을 걸 붙잡고 살 것이라고 착각합니다. 병을 주는 것을 잡고는 건강할 것이라고 생각합니다.

체면, 자존심, 명예, 고집, 편견, 자기 생각, 욕심, 비난, 오해, 술, 담배, 과로, 승부욕은 사람을 피곤하게 하는 것들입니다. 너무 세게 잡고 있으면 병을 주는 것들입니다. 이런 것을 놓고 가족의 손을 잡고, 친구의 어깨를 잡고, 아이들의 손을 잡아야 합니다. 세상에서 사람 손보다 따듯한 건 없습니다. 그 손을 잡으면 건강할 수 있고 행복할 수 있습니다.

살리는 것을 잡으면 살고 죽이는 것을 잡으면 죽습니다. 죽을 걸 잡으면 아무리 살려고 해봐야 죽게 됩니다. 정말 살고 싶으면 살리는 것을 잡아야 합니다. 더 늦기 전에 아내의 손을 잡고 남편의 손을 잡으세요! 세상에서 그 손보다 소중한 것은 아무것도 없습니다. 인생의 마지막 순간까지 잡고 가야 할 손이 그 손이고, 생의 마지막 순간에 내 손을 잡아줄 손이 바로 그 손입니다. 엄마 손은 약손이고 아내 손은 행복입니다.

66

모르면 화나고 알면 웃음이 난다

악셀 호네트 / 1948-현재

친정을 다녀오던 부부가 허기를 달래려고 식당을 찾다가 도로가에 있는 순대국집 간판을 보고 들어갔습니다. 밖에서 보기엔 꽤 유명한 집 같았는데 막상 들어서니 손님이 하나도 없었습니다. 혹시 잘못 들어온 건 아닐까 했지만 환영하는 주인 아저씨를 보고 그냥 나갈 수도 없었습니다.

순대국 두 개를 시키고 기다리는데 주방에서 아저씨와 딸이 주고받는 소리가 들렸습니다.

"아빠, 소금을 더 넣어!"

"그러면 짜!"

"싱거우면 못 먹어!"

"부추도 넣어야지!"

"마늘은 넣었어?"

"아차! 마늘을 넣어야지!"

그렇게 한참 소리가 오간 후에 순대국 두 그릇이 나왔습니다. 그런데 순대국에 순대가 하나도 보이지 않았습니다. 국물은 짜고 매웠습니다. 잘못 들어왔다는 생각에 고개를 들고 마주보고 있는데 주방에서 딸과 아빠의 소리가 다시 들려왔습니다.

"아빠! 순대를 안 넣은 거 같아!"

"아차! 순대를 안 넣었구나! 빨리 접시에 담아서 갖다 드려라!"

그러고는 잠시 후에 순대를 잔뜩 담은 접시를 가지고 주인 아저씨가 다가왔습니다.

"죄송해요! 원래 아내가 평생 하던 장사인데 수술을 해서 병원에 있어요. 단골손님들 때문에 쉬면 안 된다고 해서 딸이랑 제가 대신하고 있는데 보통 일이 아니네요."

그러면서 아저씨는 부부가 밥 먹는 모습을 바라보며 아내와 식당에 대한 이야기를 들려주었습니다. 이야기를 듣고 나니 상황이 이해가 되었고, 순대국도 그럭저럭 먹을 만했습니다. 부부의 식사가 거의 끝나갈 때 쯤 전화벨이 울렸습니다.

"네! 네! 김치찌개 이인 분이요!"

아저씨가 전화기를 내려놓고 주방으로 들어가자 딸이 물었습니다.

"아빠! 김치찌개는 할 줄 알아?"

"아니. 너도 모르냐?"

"해본 적이 있어야지! 아이, 참! 순대국만 된다고 했어야지!"

밖에서 두 사람의 대화를 들은 부부가 웃음을 참기 위해 애를 쓰고 있는데 아저씨가 심각한 표정으로 나오더니 부부 앞에까지 와서 애절한 표정으로 물었습니다.

"저기 아주머니! 혹시, 김치찌개 끓일 줄 아세요?"

웃음을 참고 있던 부부가 밥알이 튀어나올 정도로 폭소를 터뜨리자 아저씨도 따라 웃었습니다. 그리고 손님으로 왔던 아내는 주방으로 들어가서 김치찌개 2인분을 끓여주고 나왔습니다.

식사를 마치고 계산을 하려 하자, 주인아저씨는 순대 없는 순대국을 내주고 무슨 염치로 밥값을 받느냐며 한사코 거절했습니다. 그러고는 일을 도와줘서 고맙다며 순대를 한 접시 담아 선물로 주었습니다.

"다음에 아내가 퇴원하면 한 번 더 오세요. 진짜 맛있는 순대국 먹게 해드릴게요!"

"네. 꼭 들를게요. 아저씨도 한 번 더 뵙고 싶어요!"

그 후로 부부는 순대 없는 순대국집의 단골손님이 되었습니다.

독일의 철학자 악셀 호네트는 현대사회의 갈등과 불공평, 차별 등의 문제를 해결하는 방법으로 '인정투쟁'이라는 개념을 주장했습니다. 그의 결론으로는, 행복한 사회란 인정人情으로 결속된 사회입니다.

호네트의 주된 관심은 '어떤 사회가 올바른 사회인가?'보다 '어떤 사회가 인간의 행복한 삶을 가능하게 하는가?' 였습니다. 그가 추구하는 좋은 사회는 사회 구성원들이 보람차고 행복한 삶을 살 수 있는 환경을 제공할 수 있어야 합니다. 즉, 물리적으로만 발전하거나 구성원들의 신분 상승, 도시화나 문화의 발전보다 사회의 각 구성원이 행복할 수 있는 조건이 가장 중요한 관건이라는 것입니다.

그러한 사회가 되기 위한 조건으로 그는 사랑, 동등한 권리의 인정, 사회적 연대감을 반드시 필요한 것으로 보았습니다. 물리적으로나 업무적인 관계로 연결되는 것은 사회 구성원에게 스트레스를 주는 요인이 될 수 있으므로, 각 사회의 구성원들은 타인과의 모든 연결을 인간적으로 결속하기 위해 노력해야 합니다. 그 과정이 호네트가 말하는 '인정투쟁'의 과정입니다.

상대방의 상황을 모르면 화나고 알고 나면 웃음이 납니다. 사람에 대해서 화가 나는 이유는 아직 그 사람을 다 알지 못하기 때문입니다. 즉, 인정적인 관계를 맺지 못하고 물리적인 관계, 돈을 주고받는 관계에 머물러 있기 때문입니다.

일을 하다가 화가 나는 이유도 일을 다 알지 못하기 때문이고, 그 일과 연결된 사람을 인정으로 알지 못하기 때문입니다. 알면 이해하게 되고, 알면 잘하게 되고, 알면 도와주게 되고, 알면 불쌍히 여기게 됩니다.

누구라도 다가와서 핑계를 대면 다 들어주세요! 핑계를 댄다는 것은 아직 내가 더 알아야 할 내용이 있다는 의미입니다. 누구에게나 사정은 있습니다. 그 사정을 다 알기 전에 판단하고 평가하는 것은 너무 서두르는 겁니다. 핑계를 다 들으면 화도 가라앉고, 일도 잘 풀리고, 관계도 좋아집니다. 핑계를 듣지 않는 것은 진실을 외면하는 실수가 될 수 있습니다.

멀리서 보면 이해가 안 되는 것도 가까이서 보면 이해가 됩니다. 주위 사람들의 이해 안 되는 말과 행동은 내가 그들과 너무 멀리 있기 때문입니다. 조금만 허리를 숙이고 귀를 기울이면 왜 그런 말을 하는지, 왜 그렇게 행동하는지를 알 수 있습니다.

도대체 알 수 없다고 말하지 마세요! 내가 주위 사람의 생각과 뜻을 알지 못하는 이유는 허리를 충분히 구부리지 않고, 귀를 기울이지 않았기 때문입니다. 사람들을 만나서 웃지 못하고 화만 내는 사람은 아직 뭘 모르기 때문입니다.

67

정신 나간 여자와 현모양처

빌헬름 딜타이 / 1833-1911

미술관은 조용하고 세련된 분위기의 전형적인 장소입니다. 관람객이 적을 때는 사람의 발소리도 소음이 됩니다. 한 미술 선생님이 그림을 감상하기 위해 한가한 시간에 미술관을 찾았습니다.

전시된 작품을 감상하기 위해 몇 걸음을 옮기자 조금 뒤에서 시끄러운 여인의 목소리가 들려왔습니다. 여인은 끊임없이 자신이 보고 있는 작품에 대한 이야기를 남편에게 들려주었습니다. 함께 온 남편은 아내의 뒤를 따라오며 고개를 끄덕이기만 했고 한마디도 하지 않았습니다. 선생님은 생각했습니다.

"저렇게 말 많은 아내와 사는 게 참 쉽지는 않겠어. 각자 보고 느끼면 되는 거지 미술관에까지 와서 자기 생각을 저렇게 떠들어댈까? 들어주는 남편이 참 착하군!"

선생님은 어떻게 생긴 아내와 남편인지 궁금했지만 떠드는 사람을 돌아보면 실례가 될 것 같아 걸음을 재촉해서 다른 방으로 들어갔습니다.

그림 감상을 마치고 기념품점에 들어서는데 한 남자가 검은 안경을 쓴 채 밖으로 나오고 있었습니다. '미술품을 구경하러 온 사람이 왜 검은 안경을 썼을까?' 하고 생각하는데 남자가 주머니에서 접힌 지팡이를 꺼내 펴고는 땅을 두드리기 시작했습니다. 남자는 앞을 볼 수 없는 사람이었습니다.

선생님은 가게로 들어서며 계산대 앞에 서 있는 직원에게 물어보았습니다.

"저분도 그림을 구경하러 오신 건가요?"

"네. 새 작품이 전시되면 꼭 한 번씩 오시는 분이에요!"

"그림을 볼 수는 있나요?"

"우리보다 더 많은 걸 보시는 분이에요!"

"안경을 쓴 채로?"

"오랜 단골이신데 얼마 전에 사고로 실명하셨어요."

"그런데 어떻게 그림을 봐요?"

"사모님이 항상 같이 오세요. 그림에 대해 자세히 설명을 해주죠. 그러면 저분은 사모님의 이야기를 듣고 귀로 그림을 감상해요!"

선생님은 생각했습니다.

"아! 그 여인이었구나! 말 많은 아내가 아니라 현모양처였구나!"

"삶은 삶 그 자체로 이해되어야 한다."

'해석학의 방법론'을 확립한 독일 철학자 빌헬름 딜타이의 심리학적 인간 정의입니다. 그는 심리학의 주체를 사람 자체, 개인의 삶이라고 보았습니다. 그러므로 개인이 처한 역사적 사회적 상황과 그의 체험과 표현, 이해의 토대 안에서 인간의 심리를 알 수 있다고 했습니다.

이러한 그의 철학적, 심리학적 원리는 멈춰 있는 것이 아니라 순환하는 개념입니다. 즉, 개인의 삶은 개체에서 전체로, 다시 전체에서 개체로 순환하고, 전체와 부분의 상호 의존을 통해 이해되는 것입니다.

딜타이의 견해로 보자면, 한 사람을 이해하기 위해서는 한 장면으로는 불가능합니다. 그 한 사람이 처한 역사적인 상황과 환경에서 시작하여 개인의 인간관계까지 알아야 하고, 그의 개인적인 경험과 인지 능력까지도 포함되어야 합니다. 그러한 그의 주장은 다음과 같은 말로 이해할 수 있습니다.

"너 안에서 나를 발견할 수 있어야 하고, 내 안에서 너를 발견할 수 있어야 한다. 내 안에서 우리가 발견되고, 우리 안에서 내가 발견되어야 한다. 우리 안에서 너희가, 너희 안에서 우리가, 그 안에서 내가 발견되어야 한다."

즉, 한 사람을 평가하는 기준은 그 한 사람이 아닌 그와 연결된 모든 상황과 사람이 고려되어야 한다는 것입니다.

딜타이의 이론으로 볼 때, 혼자 떠들면 정신 나간 사람이 되고 남편을 위해 떠들면 현모양처가 됩니다. 자기를 위해 떠들면 시끄러운 사람이 되고 남을 위해 떠들면 존경받는 사람이 됩니다. 자기가 하고 싶은 말을 하면 수다쟁이가 되고 상대가 듣고 싶은 말을 하면 인기 있는 사람이 됩니다.

잘하고 못하는 것은 '누가 기준인가?'에 달려 있습니다. 아내가 자기를 위해 하는 일은 잘하는 일이 될 수도 있고 못하는 일이 될 수도 있습니다. 하지만 아내가 하는 일이 남편을 위한 일이면 그것은 무조건 잘하는 일입니다. 남편이 하는 일도 아내를 위한 일이면 다 잘하는 일이 되고,

자기를 위한 일이면 잘하는 일일 수도 아닐 수도 있습니다.

미술관에서 떠드는 일은 상식 없는 행동입니다. 남의 관람을 방해하는 행위입니다. 교양 없고 예의 없는 태도입니다. 하지만 그것이 그림을 볼 수 없는 남편을 위한 일이라면 그 무식하고 한심한 행동이 존경받을 만한 일이 됩니다.

모르는 사람이야 욕하고 지나가겠지만 사연을 아는 사람은 누구라도 떠드는 아내를 향해 박수를 보낼 것입니다. 욕하고 지나간 사람일지라도 나중에 사연을 알게 된다면 자신의 판단이 잘못된 것이었음을 인식할 것입니다.

남자가 하는 일을 거뜬히 해내는 여인들이 있습니다. 그럴 때면 사람들은 그녀를 이상한 눈빛으로 바라보기도 하고 지독한 여자라고 말합니다. 하지만 그녀의 일이 병든 남편을 대신하는 것임을 알 때 사람들의 태도는 달라집니다. 남편의 부족함을 채우기 위해 남자의 일을 하는 아내는 거친 여인이 아니라 거룩한 여인이 됩니다.

"남자가 집안일을 하면 고추 떨어진다!"

오래된 속담입니다. 가부장적인 가치관에서 나온 말이긴 하지만 일면으로는 남녀의 일이 다르다는 것을 구분하는 말이기도 합니다. 남자는 남자다운 일을 하고 여자는 여자다운 일을 해야 한다는 뜻이 담겨 있죠.

하지만 몸져누운 아내 대신 집안일을 하는 남자에게 남자답지 못하다고 말하는 사람은 없습니다. 전장에서 칼을 휘두르는 장군일지라도 아내가 집안일을 할 수 없을 땐 아내의 일을 대신해야 진짜 남편이고 남자답다고 할 수 있습니다.

정신 나간 짓을 하는 여자도 현모양처가 될 수 있습니다. 그 짓이 남편을 위한 일이라는 것이 밝혀질 때입니다. 쓸데없는 짓을 하는 남자도 멋진 남편이 될 수 있습니다. 그것이 아내를 위한 일이라는 것이 밝혀질 때입니다. 아내 또는 남편을 위한 일은 그것이 이상한 짓거리일지라도 아름다운 사건이 됩니다.

68

명작의 탄생

너대니얼 호손 / 1804-1864

위대한 고전 작가 너대니얼 호손은 결혼 후 가족의 생계를 위해 세관에 취직해서 평범한 월급쟁이로 살았습니다. 고지식한 업무 태도로 눈총을 받던 호손은 어느 날 상사에게 그만 나오라는 통지를 받습니다.

느닷없이 직장을 잃게 된 호손이 힘없이 집으로 돌아오자 아내가 그의 안색을 살피며 무슨 일이 있었느냐고 물었습니다. 실직했다고 고백하자 아내 소피는 실망한 기색 하나 없이 호손에게 말했습니다.

"너무 걱정하지 말아요. 당신은 세관하고는 어울리지 않았어요!"

"그게 무슨 말이오?"

"이제부터는 당신이 하고 싶은 일을 하세요!"

"가족들은 어떻게 먹고살려고?"

"당신이 벌어온 것을 아껴서 조금씩 모아두었어요. 아마 일 년 정도는 우리 가족이 생활하기에 충분할 거예요. 당신은 아무 걱정하지 말고 일 년 동안 정말 원했던 일을 하세요!"

그의 아내 소피가 정말 모아둔 돈이 있었는지 아니면 남편을 위로하려고 한 말인지는 알 수 없습니다. 여하튼 호손은 아내의 말을 믿고 그동안 모아두었던 모든 아이디어와 열정을 쏟아 장편소설에 도전했습니다. 그렇게 해서 실직한지 1년 만에 『주홍글씨』라는 세계적인 명작이 탄생했습니다.

명작을 쓴 사람은 호손이지만 그 명작을 가능하게 한 사람은 그의 아내였습니다. 명작은 호손 혼자 만든 게 아니라 그의 아내와 함께 만들었다고 할 수 있습니다.

작품이 만들어지는 것은 순수하게 한 사람의 능력으로만 되는 게 아닙니다. 그 한 사람의 위에는 부모가 있고, 아래에는 자녀들이 있으며, 가장 가까운 옆에는 아내와 남편이 있습니다. 역사적인 작품을 남긴다는 것은 최소한 그 작품을 위해 참는 아내와 가족이 함께 동참하고 있는 것입니다.

미술관에 가면 한 사람의 이름으로 작품들이 전시되지만 그 한 사람의 이름에는 일심동체인 배우자가 포함되어 있고, 그를 세상에 나게 한 부모가 있으며, 그의 생명을 이어받은 자녀가 포함되어 있는 것입니다. 세상에 남겨진 모든 작품에 기록된 이름은 그 작품이 만들어지기까지 수고한 많은 사람의 대표자라고 할 수 있습니다. 그 한 사람의 이름 위와 아래, 옆에 있는 빈 공간은 작가와 함께 고생한 많은 사람의 이름이 들어가야 할 자리입니다.

예술적 재능을 가진 남편에게는 아내의 한마디가 위대한 작품을 남기는 계기가 되고, 부모의 후원과 위로의 말 한마디가 불후의 명작을 탄생하게 만들기도 합니다.

어느 날, 남편이 처진 어깨로 집에 들어왔다면 그날은 남편에게 용기를 주는 아내의 한마디가 필요한 날입니다. 아내가 우울한 날은 남편이 아내를 위해 결정적인 한마디를 해야 하는 날입니다.

남편이 성공한 이유는 아내의 내조가 있었기 때문이고, 아내가 성공한 이유도 남편의 외조가 있었기 때문입니다. 그리고 정말 서로를 도와야 할 시기는 행복한 시기가 아니라 불행한 시기입니다. 평소엔 갈등해도 되지만 어려울 땐 갈등하면 안 됩니다. 싸움을 할 만할 때는 살 만할 때입니다. 살기 어려운 때는 싸움을 해선 안 되는 시기입니다.

전쟁이 지나면 평화가 오고, 위기가 지나면 기회가 오고, 어려운 게 지나면 쉬운 것이 찾아옵니다. 정말 힘든 때를 만났다면 그때가 정말 아내 또는 남편을 도와야 할 때입니다. 명작은 가장 힘든 시기에 탄생합니다.

69

'혹시?'라고 생각하지 마라

캐롤 그래함

퇴근한 남편이 아내가 저녁을 만들고 있는 주방으로 고개를 들이밀었습니다. 그러고는 프라이팬에서 지글거리고 있는 계란을 보더니 갑자기 소리를 질렀습니다.

"조심해! 조심하라고!"

돌아서서 다른 반찬을 만들고 있던 아내가 깜짝 놀라며 몸을 틀었습니다.

"왜? 무슨 일인데?"

"계란에 기름이 너무 많이 들어갔잖아!"

"이 정도는 괜찮아!"

"뒤집어! 빨리, 빨리!"

"괜찮아요. 갑자기 들어와서 웬 소란이야?"

"기름이 사방으로 튀고 있잖아! 빨리 뒤집으라니까?"

"원래 그런 거야! 빨리 가서 씻기나 해요!"

“저러다 계란 다 망치겠네! 내가 뒤집어줄까?”

“아이, 참! 놔둬요!”

“놔두긴? 할 수 있으면 제대로 해야지!”

“생전 설거지 한번 안 하는 사람이 뭘 제대로 한다고 그래?”

“가족이 먹을 계란이라 그렇지!”

“지금까지 내가 해준 계란 잘 먹었잖아!”

“오늘부터라도 제대로 하면 좋잖아?”

남편의 계속되는 잔소리에 아내가 화를 참지 못하고 버럭 소리를 질렀습니다.

“당신 오늘 진짜 왜 이래? 내가 계란 프라이 하나 못할까 봐 그래?”

아내의 호통에 남편이 목소리를 낮추며 대답했습니다.

“운전할 때 당신이 옆에서 참견하면 내 기분이 어떤지 알려주고 싶어서!”

참견하면 불행해집니다. 참견당하는 사람은 무시당하는 느낌을 받아 불행하고, 참견한 사람은 염려하던 일이 제대로 되지 않아서 불행합니다. 그리고 그 순간 두 사람의 관계는 원만하지 않은 상태로 추락합니다. 참견할 정도의 관계라면 두 사람의 인생이 어떤 식으로든 연결되어 있기 때문입니다.

마당쇠가 마당을 쓸려고 빗자루를 잡다가 마당 쓸라는 소리를 들으면 마당 쓸 마음이 사라집니다. 참견하는 것과 잔소리는 일 잘하고 있는 사람에게서 일할 마음을 내쫓는 행위입니다.

참견해서 잘되는 일은 없습니다. 정말 중요한 일이거나 생사를 다투는 일, 흥망성쇠를 결정하는 일이라면 참견이 아니라 함께해야 하고 적극적으로 도와주어야 합니다. 그러나 대부분의 일과 사건은 맡겨진 사람이 알아서 하면 될 만한 것들입니다. 참견이라고 판단될 정도의 일들은 '혹시?' 하는 우려에서 시작됩니다.

"혹시 사고 나면?"

"혹시 일이 잘못되면?"

"혹시 나쁜 일이 일어나면?"

"혹시 망하면?"

"혹시 실패하면?"

"혹시 죽으면?"

이런 '혹시?' 때문에 많은 사람이 가까이 있는 사람들의 일상을 참견합니다. 그 결과로 상대의 기분은 나빠지고, 말다툼이 시작되고, 성격 차이가 커지고, 일어나지도 않은 일로 불화가 시작되고 관계는 급속도로 나빠집니다.

메릴랜드대학 브루킹연구소의 캐롤 그래함은 30년 이상 전쟁에 시달리고 있는 아프가니스탄을 방문해 그들이 과연 행복할 수 있는지를 연구했습니다. 그의 연구에 답변한 사람들의 36퍼센트 이상이 범죄의 피해자와 부정부패의 희생자들이었습니다.

그런데도 놀라운 사실은 그들의 81퍼센트가 자신을 불행한 사람이 아니라고 평가했다는 것입니다. 전쟁 중에 태어나 평생을 전쟁과 함께 살아가면서도 그들의 행복지수는 평화로운 나라보다 높게 나타났습니다.

캐롤 그래함은 그러한 결과를 얻은 이유를 인간의 적응력 때문이라고 판단했습니다. 즉, 아프가니스탄 사람들은 오랜 전쟁에 완전히 적응되어서 전쟁이 생활의 일부가 되었고, 전쟁을 삶의 과정 중 하나로 인식하게 되었다는 것입니다. 그로 인해 전쟁 중에 살고 있는 자신들이 특별히 불행한 사람들이 아니라는 생각을 하게 된 것입니다. 다만, 그러한 적응이 전쟁을 그치려는 노력을 하지 않는 결과를 초래할 가능성이 있다는 것은 우려의 대상입니다.

사람은 세상의 어떠한 존재보다 뛰어난 적응력을 가지고 있습니다. 불행도 반복되면 불행이 아닌 일상으로 인식합니다. 그로 인해 객관적으로는 불행 속에 있는 사람도 스스로는 행복하다고 인식하게 되는 것입니다.

이러한 인식으로 인해 인간이 더 불행한 환경으로 빠져드는 상황에 처하지만 않는다면 인간의 적응력은 수많은 긍정적인 요소를 가지고 있습니다. 피할 수 없는 힘든 일이나 불행을 만날 때 적응할 방법을 찾아내면 그 속에서도 개인은 행복할 수 있습니다.

개인적으로 남의 차를 탈 때 순교의 마음으로 올라섭니다. 다른 운전자가 험하게 운전하다 사고 나서 죽으면 잔소리해서 싸울 상황을 만들지 않기 위해 참다가 당한 일이 됩니다. 나 자신이 아닌 남과의 관계를 위해 참다가 죽었으니, 그건 순교와 거의 같은 수준이 됩니다. 그러나 지금까지 남의 차를 타서 죽는 순교를 당하지는 않았습니다. 그저 한낱 우려로 끝나고 말았죠.

'혹시?' 라는 우려는 많은 사람의 관계를 깨뜨립니다. 또한 가까운 사람의 일상적인 행동을 참견하게 합니다. '혹시?' 하는 마음으로 하는 참견은 대부분 부정적인 참견을 만들어냅니다. 그래서 늘 다투고 짜증을 부리게 되고 날마다 일상적으로 불행을 겪게 됩니다.

어떤 일이든 일어나기 전에 상상하지 마세요! 우리가 생각하는 문제나 근심 걱정들은 거의 일어나지 않습니다. 남이 잡은 운전대를 내 마음대로 움직이려 하지 마세요! 교통사고보다 더 큰 감성사고가 일어나기 때문입니다.

남이 하는 요리를 타박하지 마세요! 입맛과 손맛은 하늘이 각 개인에게 준 개성입니다. 남의 개성을 내 마음대로 하려는 것은 하늘을 움직이려는 것과 같습니다. 하늘의 순리는 그저 따르는 게 몸에 이롭습니다. 남의 차를 탈 때 개인적으로 이렇게 생각합니다.

'오늘이 내 인생 마지막 날이구나. 참견하지 말고 아름답게 마쳐야지!'

그리고 살아서 남의 차를 내릴 때 하늘을 보고 생각합니다.

'죽을 뻔한 인생을 살려주시는구나! 그럼 잘 살아야지!'

남의 집 음식이나 남이 만든 음식을 먹을 때 생각합니다.

'하늘이 내린 또 하나의 맛을 경험하는구나!'

그리고 먹은 후에 이렇게 말합니다.

"정말 맛있습니다. 이렇게 맛있는 음식은 처음입니다!"

진짜 그런 맛은 처음이니까 맞는 말이겠죠?

진심이 뭐야?

요한 고틀리프 피히테 1762-1814

수술을 마치고 마취에서 깨어난 남편이 옆에 서 있는 아내를 보며 다가오라고 손짓을 했습니다. 아내가 다가오자 남편이 작은 소리로 말했습니다.

"당신, 정말 아름답군!"

남편의 말을 들은 아내는 기분이 좋아졌습니다. 그동안 늘 가까이 있으면서도 자신의 진면목을 모르더니 큰 수술을 하고 나서야 심경의 변화가 생긴 모양입니다. 남편은 아내를 사랑스럽게 바라보며 다시 잠들었고, 칭찬을 들은 아내는 남편을 정성스럽게 돌보았습니다.

한참을 지나 다시 잠을 깬 남편이 아내를 불렀습니다. 아내가 다가오자 이번에도 남편이 아내의 귀에 대고 속삭였습니다.

"당신, 화장 좀 해야겠어. 얼굴이 까칠해!"

"조금 전에는 아름답다고 했잖아! 왜 그렇게 금세 말이 달라져?"

"내가 그랬어? 약 기운 때문에 그랬나?"

"그럼 조금 전에는 마취가 덜 깨서 한 말이야?"

"몰라. 아무튼 화장 좀 잘하고 다녀!"

"병원에서 무슨 화장이야. 쓸데없는 말 말고 잠이나 더 자!"

"잠 다 깼어. 말짱하다고!"

남편의 말을 듣던 아내가 휙 돌아서며 중얼거렸습니다.

"멀쩡하긴? 마누라도 못 알아보는 주제에! 헛소리가 훨씬 듣기 좋구 먼!"

"진정한 나는 나와 나 아닌 것으로 이루어졌다."

베를린 대학의 초대 총장인 요한 고틀리프 피히테의 세계관입니다. 그는 인간이 세계에 속한 것이 아니라 세계가 인간에게 속해 있다고 했습니다. '나'라는 개념 속에는 내가 아닌 것들이 포함되어 있습니다. 나 아닌 것들은 내가 인식하는 세계이고, 그 세계는 내 안에서 나를 구성하는 타자입니다. 그러므로 내 안에는 순수한 내가 아닌 내가 인식한 세계가 함께 있으므로, 나는 나와 나 아닌 것, 즉 세계에 의해 전체적인 내가 될 수 있다는 것입니다.

피히테의 나에 대한 개념은 주관적 관념론으로, 개인의 주관적인 인식을 철학 사유의 핵심적 위치에 올려놓았습니다. 그러므로 피히테의 관점에서 모든 철학의 시작은 나를 인식하는 것에서 시작하고, 나와 나 아닌 것들 사이에서 순수한 자신을 발견함으로써 자아를 완성할 수 있을 것으로 보았습니다.

이랬다가 저랬다가, 좋았다 싫었다, 왔다 갔다 하면 어느 것이 진실인지 알기 어렵습니다. 세상의 모든 것이 그렇습니다. 흔들리지 않는 것이 없고 변하지 않는 것이 없습니다. 그중에서도 가장 많이 흔들리고 가장 많이 변하는 것이 사람의 마음입니다. 아침에 좋았다가 저녁에 싫어지고, 어제는 괜찮았는데 오늘은 안 괜찮습니다. 진심이 뭔지 밝히고 싶지만 본인도 뭐가 진실인지 알 수 없습니다. 자기도 자기 마음을 알 수 없습니다.

그럴 때는 뭐가 진심인지 따질 필요 없습니다. 피히테의 말처럼 내가 인식하는 것이 정답이라고 생각하면 됩니다. 내가 믿는 것이 진심입니다. 내가 선택하는 것이 진짜입니다.

남편이 두 가지 말을 하면 뭐가 진심인지 밝히려 하지 마세요! 남편 자신도 뭐가 진심인지 모릅니다. 그냥 아내가 듣기 좋은 것을 진심이라고 생각하면 됩니다. 좋은 걸 진심으로 믿으면 믿는 게 진심이 됩니다. 사람들이 하는 말을 잘 들어보세요! 자기 생각에 확신을 갖지 못한 사람은 아주 많이 있습니다.

"나도 내 마음을 모르겠어!"

"넌 도대체 무슨 생각으로 사냐?"

"생각이 있는 거야? 없는 거야?"

"내가 지금 무슨 생각을 하는 거지?"

무언가를 결정해야 할 때, 여러 가지 물건 중에 하나를 선택해야 할 때, 두 사람 중에 한 사람을 선택해야 할 때 흔히 하는 말들입니다. 자기 자신이 무엇을 원하는지 알지 못해서 고민하는 말들입니다. 자기도 알지 못하는 진심을 남이 어떻게 알 수 있겠습니까? 어차피 진심이 가려질 수 없다면 좋은 걸 진심으로 결정하면 됩니다.

남편이 두 가지 말을 한다고 속상해할 필요 없습니다. 둘 중 하나는 마음에도 없는 말인데 남편 자신도 어느 게 진심인지 모르니 아내가 결정해주면 됩니다. 아니라고 해도 그렇다고 우겨보세요! 자꾸 들으면 그게 진심인 줄 알게 됩니다.

상처를 주는 말과 위로가 되는 말을 하면 상처를 주는 말은 정신이 나가서 한 말이고 위로가 되는 말이 정신 차렸을 때 한 말이라고 생각하세요. 언제 어떤 상태에서 정신 차린 말을 하는지 잘 생각해두었다가 계속 그런 분위기를 만들면 항상 위로가 되는 말을 듣게 될 것입니다.

언제 남편의 정신이 나가는지, 언제 아내가 헛소리를 하는지, 잘 생각해보세요! 분위기가 사람의 마음을 바꾸고, 말을 바꿉니다. 험악한 분위기에서는 누구나 정신 나간 말을 하게 마련입니다. 그러니 정신 나갈 만한 상황은 만들지 않는 게 좋습니다.

좋은 말을 할 만한 상황에서는 누구라도 좋은 말을 합니다. "뭐가 진심이야?" 하고 따지지 마세요! 그런 상황에서는 진심을 밝혀봐야 좋을 거 하나 없습니다. 이전에 했던 마음에 드는 말을 진심으로 믿고 그런 분위기를 만들어보세요! 분명 똑같은 말을 듣게 될 것입니다.

이 말 저 말, 좋은 말, 나쁜 말, 기분 좋아지는 말, 기분 나빠지는 말 중 어느 것이 진심인지 고민하지 마세요. 내가 믿는 게 진심입니다.

속상하다는 것은?

경허 / 1846-1912

텔레비전을 보던 할아버지가 옆에 있는 할머니에게 말했습니다.

"할멈! 부엌에 가서 우유 좀 가져와요. 출출하구려. 까먹을지 모르니 적어 가!"

"내가 치매라도 걸린 줄 알아? 그런 걸 적어 가게?"

"그래도 확실하게 한번에 끝내려면 그게 안전해!"

"걱정 마세요. 아직 그 정도는 아니니까!"

부엌으로 간 할머니가 조금 있다가 접시에 삶은 달걀을 가지고 나왔습니다. 접시를 보고 할아버지가 말했습니다.

"소금은?"

"아차! 소금을 안 가져왔네!"

"그러게 내가 적어 가라고 했잖아!"

"됐어요!"

부엌으로 다시 들어간 할머니가 김치를 가지고 나왔습니다. 김치를 본 할아버지가 다시 말했습니다.

"젓가락은?"

"참! 젓가락을 가져온다는 게! 내가 왜 이러지?"

다시 부엌으로 들어간 할머니가 물통을 가지고 나왔습니다. 물통을 본 할아버지가 말했습니다.

"컵은?"

"아하! 컵이 있어야 물을 먹지!"

"됐어. 그냥 먹지, 뭐!"

"그래요. 컵 닦기도 귀찮은데!"

할머니와 할아버지는 텔레비전을 보며 달걀을 사이좋게 나누어 먹었습니다.

경허鏡虛는 조선 말기의 승려입니다. 그는 제자와 함께 시주한 돈으로 얼굴이 빨갛게 되도록 술을 마시기도 하고, 경전을 뜯어 구멍 난 창과 벽에 도배를 하기도 했습니다. 그는 속세로 내려간 스승을 찾아가던 길에 전염병이 창궐한 마을에서 인생에 대한 의문을 품고 다시 산으로 돌아왔습니다.

"인생이란 무엇인가?"

"사람은 어디서 와서 어디로 가는가?"

그는 식음을 전폐하고 골방에 들어앉아 정진하는 중 문 밖에서 들려오는 나그네들의 잡담을 듣고 해답을 얻습니다.

"사람은 죽으면 소가 된다지?"

"나는 소가 되더라도 콧구멍 없는 소가 될 걸세!"

콧구멍 없는 소는 고삐를 할 수 없으니 아무것에도 얽매이지 않는다는 뜻입니다. 비몽사몽을 헤매던 경허는 그 소리에 자신은 이미 콧구멍 없는 소처럼 무엇이든 할 수 있는 사람으로 났음을 깨우치고 문을 열고 나왔습니다. 그러고는 불교의 전통이나 사람의 관습에 얽매이지 않는 인생의 참된 이치를 가르치기 위해 전국을 순례하며 많은 제자를 두었습니다.

무얼 가져오라고 했든, 무얼 갖다 주든 사이좋게 나누어 먹으면 행복합니다. 맛이 있든 없든, 좋아하든 안 하든, 먹으려 했던 것이든 아니든 주는 대로 먹으면 아무런 문제도 없고 항상 행복합니다.

하지만 "왜 이걸 가져왔냐?", "이게 아니잖아?", "왜 자꾸 엉뚱한 짓을 하느냐?" 하고 따지기 시작하면 불행해집니다. 그런 생각은 고삐에 끌려다니는 소처럼 사람의 생각을 물리적인 것에 속박하려는 작은 인식입니다.

아무리 엉뚱한 짓을 해도 아무렇지도 않게 생각하면 아무 일도 아닌 것이 됩니다. 하지만 잘한 일도 따지기 시작하면 못한 일이 됩니다. 잘하고 못하는 것은 생각과 마음과 반응에 달려 있습니다. 괜찮다고 생각하면 괜찮은 일이 되고, 이해하기로 마음먹으면 이해되고, 좋게 반응하면 좋은 일이 됩니다.

속상하다는 것은 속이 좁다는 말과 같은 뜻입니다. 속이 넓으면 무엇이든 다 받아들일 수 있고, 웬만해선 상하거나 썩지도 않습니다. 그릇이 크면 모나고 삐뚤어져도 다 받아들일 수 있습니다. 하지만 그릇이 작으면 조금만 모양이 달라도 담을 수 없고, 쉽게 흘러넘칩니다.

우리의 마음은 하늘만큼 넓어지기도 하고 종지보다 작아질 수도 있습니다. 작은 마음을 가지면 자주 속상하고, 작은 일도 받아들이지 못해서 힘들게 됩니다. 속상하지 않는 인생을 살기 위해서는 마음을 키워야 합니다. 무슨 일이든 다 받아들이고 소화시킬 수 있을 만큼 큰마음을 가지면 아무것도 힘들지 않습니다. 큰마음은 다 받아주고 다 이해할 수 있기 때문입니다.

그러면 어떻게 마음을 키울 수 있을까요?

마음을 키우는 것은 경험과 지식, 사랑, 물리적 · 정서적 여유, 동정, 배려, 신앙 등입니다. 그 외에도 많은 요소가 있지만 이 정도만 이야기하겠습니다.

이런 것들 중 하나만 가지고 있어도 마음은 커집니다. 그리고 앞의 이야기에서처럼 적당한 건망증이 마음을 넓히는 또 다른 비결이 됩니다. 자기 의도를 잃어버리면 무엇이든 주는 대로 수용하고, 있는 대로 적응할 수 있습니다.

세상에는 문제가 많습니다. 하지만 나에게도 문제가 있습니다. 남에게도 문제가 많지만 나에게도 문제가 많습니다. 세상과 남과 나는 모두 작은 마음을 가지고 있습니다. 셋 중 어느 하나만 속을 키우면 속상하지 않을 수 있고, 그 하나가 나머지 둘을 수용할 수 있습니다. 세상과 남은 내 마음대로 할 수 없습니다. 나는 내 마음대로 할 수 있습니다. 그렇다면 누구의 마음을 키워야 할까요?

행복한 척하기

45년간 화목한 가정을 꾸려온 어르신이 조카와 함께 식탁에 앉았습니다. 지난 세월을 이야기하며 추억을 나누던 조카가 물었습니다.

"제 기억으로는 사십오 년 동안 한 번도 싸우신 적이 없는 거 같아요!"

"왜? 우리도 많이 싸웠지!"

"다른 분들처럼 크게 싸우신 적은 없잖아요."

"그렇지. 집 밖으로 싸우는 소리가 나간 적은 없었으니까."

"그렇게 안 싸우고 사신 비결이 뭐예요?"

"별거 없어!"

"글쎄! 그 별거 아닌 게 뭐냐고요?"

어르신이 대수롭지 않다는 표정으로 대답했습니다.

"심각한 문제가 있거나 분위기가 안 좋을 땐 흘려듣는 거야."

"흘려듣는 게 뭐예요?"

"누구라도 속상한 사람이 화가 나서 이야기하잖아? 그때 다른 사람은 귀담아듣지 않고 흘려보내는 거지. 분위기 안 좋을 때 하는 말은 다 나쁜 말이거든. 그걸 기억해서 좋을 게 없잖아? 빨리 잊어버려야지!"

힘들 때, 어려울 때, 화났을 때, 기분 나쁠 때, 아플 때, 배고플 때, 상황이 안 좋을 때 하는 말은 모두 흘려보내야 합니다. 그때 하는 말은 다 제정신으로 하는 말이 아니기 때문입니다.

우리의 마음속에 있는 다른 사람들의 독한 말들은 다 정신 나간 순간에 뜬금없이 나온 말들입니다. 간직할 가치가 전혀 없는 그야말로 쓸데없는 말들이죠! 그런 말들은 듣지 않으면 좋겠지만 들을 수밖에 없다면 흘려들어야 합니다.

흐르지 않는 물이 썩어서 악취를 풍기듯 흘려보내야 할 말을 간직하고 있으면 썩기 시작합니다. 흘려보내지 않은 말이 썩기 시작하면 대책이 없습니다. 내 안에서 썩는 것을 남들은 눈치채지도 못하기에 도움을 받을 수도 없습니다.

큰 소리, 찌르는 소리, 자존심을 건드리는 소리, 우는 소리, 꽁한 소리, 답답하고 한심한 소리, 짜증나게 하는 소리, 듣기 싫은 소리는 가슴에 담지 말고 빨리 흘려보내야 합니다.

잘 듣는다는 것은 무슨 말이든 무조건 다 듣고 기억하는 게 아닙니다. 간직할 것은 간직하고 버릴 것은 버리는 게 잘 듣는 비결입니다. 세상의 모든 소리를 다 기억할 필요는 없습니다. 기억해서 좋은 것만 기억하면 됩니다.

잘 듣는다는 것은 잘 해석한다는 의미입니다. 나쁜 말을 들어도 좋게 해석하면 좋은 말이 될 수 있습니다. 험한 말을 들어도 부드럽게 해석하면 말한 사람도 고개를 끄덕이게 됩니다. 그런 사람들은 자신이 무슨 의도로 말하는지를 모르는 경우가 태반이거든요! 그러면 듣는 사람이 바른 의도를 찾아주고 제대로 해석해주면 됩니다.

서운한 말을 들었다고 울면 안 됩니다. 그렇게 말하는 배경을 생각하고 그 말에 어떤 의미가 있는지를 생각해서 내 기분에 맞게 해석해야 합니다. 서운한 말을 하는 사람은 대부분 자신의 말이 상대에게 어떤 의미를 주는지 알지 못합니다. 그러니 듣는 사람이 잘 풀어서 알아들어야 합니다.

잘 들으면 잘 살고 못 들으면 못살게 됩니다. 세상에서 말을 제대로 할 줄 아는 사람은 거의 없습니다. 대부분 자기 기분대로 자기가 하고 싶은 말을 하며 살아갑니다. 그런 말들은 나 들으라고 하는 말이 아니라 자기 기분을 표현하는 말들입니다. 그런 말을 그대로 받아들이면 속상하고 상처 입는 것은 당연한 결과겠죠.

우리가 매일 듣는 말들의 많은 부분은 말을 제대로 할 줄 모르는 사람들의 말입니다. 그 말을 제대로 알아듣지 못하면 나의 인생은 아픔과 상처로 가득하게 됩니다. 그렇지 않으려면 잘 알아들어야 합니다. 나쁜 말을 하는 사람을 바라보며 "너, 지금 기분이 나쁘구나? 그래. 내가 그 기분 이해해줄게!" 하고 이해하면 됩니다.

좋을 때는 누구나 좋은 말을 합니다. 그때는 어떤 말도 서로에게 상처가 되지 않습니다. 그저 말하는 대로 듣기만 하면 됩니다. 하지만 나쁠 때는 나쁜 말을 하게 됩니다. 그때가 잘 들어야 할 때입니다. 거친 말을 할 때, 이상한 말을 할 때, 분위기 깨는 말을 할 때는 그대로 알아듣지 말고 해석을 해야 합니다. 그것도 아주 조심스럽게 잘해야 합니다. 그렇지 않으면 싸움이 나거나 갈등이 일어납니다.

"잘 들어!"

"똑바로 들어!"

"제대로 알아들어!"

이런 말은 화나서 싸우는 사람들이 사용하는 말입니다. 하지만 그 말은 우리 모두에게 필요한 말입니다. 잘 듣지 못하면 싸우게 되고, 똑바로 듣지 못하면 관계가 삐뚤어지고, 제대로 알아듣지 못하면 사고가 발생합니다. 누가 무슨 말을 해도 내가 잘 알아듣고 잘 해석하고 바르게 이해하면 어떤 문제도 일어나지 않습니다. 잘 들으면 잘 살 수 있습니다.

 소문난 잉꼬부부의 아내가 심장마비로 세상을 떠났습니다. 남편은 너무도 낙망하여 아내의 장례식을 치르지도 못하고 한쪽 구석에서 식음을 전폐하고 있다가 아내의 관을 잡고 울기를 반복했습니다.

장례식 마지막 날, 아내의 관이 집을 떠나야 하는 순간이 다가왔습니다. 가족과 친구들은 혹시 남편이 아내의 관을 가지고 나가지 못하게 하면 어쩌나 염려했습니다. 다행히 남편은 아내의 관을 따라 조용히 집을 나섰습니다.

아내의 관을 들고 현관문을 지나 계단을 내려가던 사람들이 실수로 관을 떨어뜨렸습니다. 관이 떨어지는 충격으로 죽었던 아내가 기적처럼 깨어났습니다. 장례식은 곧바로 축하 파티로 바뀌었습니다.

3년 후, 아내가 다시 심장마비로 운명했습니다. 아내의 장례식을 두 번째 치르는 남편은 이전보다는 침착해 보였습니다.

장례식 마지막 날, 3년 전과 마찬가지로 사람들이 아내의 관을 들고 계단을 내려가야 했습니다. 그들은 '오늘도 혹시 관을 떨어뜨리면 죽은 사람이 다시 살아나지 않을까?' 하고 생각했습니다.

아내의 관을 든 친구들이 현관을 나가 첫 계단에 발을 디디려는 순간 남편이 친구들에게 소리쳤습니다.

"야! 관 꽉 잡아! 또 떨어질라!"

그제야 사람들은 남편과 아내가 진정한 잉꼬부부가 아니었다는 것을 깨달았습니다.

잉꼬부부가 아니라도 잉꼬부부처럼 살면 그렇게 됩니다. 사람들은 두 사람이 정말 잉꼬부부인 줄 알았습니다. 말다툼도 하지 않고, 싸우지도 않고, 사이가 벌어지지도 않고, 늘 행복한 모습으로 살았기 때문입니다. 속사정이야 어떠하든 모든 사람이 화목한 부부로 알고 있을 정도의 인생을 살았다면 잘 산 것입니다.

마음에 딱 드는 사람이 얼마나 있겠습니까? 세상에 그런 사람은 없습니다. 나도 내 마음에 딱 들지 않는데 아내 혹은 남편이 얼마나 내 마음에 들 수 있겠습니까? 그저 그런 척하고 살면 됩니다.

남들이 보기에 잘 사는 것처럼 보이면 잘 사는 것입니다. 남들에게 보이기 위해 사는 것은 아니지만 남들이 잘 살고 있다고 인정할 정도만 살아보세요! 그러면 정말 그렇게 됩니다. 몸이 가면 마음도 가고 마음이 가면 몸도 갑니다.

'몸이 먼저인가? 마음이 먼저인가?' 하고 따지지 마세요! 몸이 먼저일 때도 있고 마음이 먼저일 때도 있습니다. 사랑할 수도 있고 안 할 수도 있습니다. 하지만 함께 평생을 살아야 한다면 척이라도 해야 합니다.

나는 사랑하는 척할지라도 남들은 그것을 정말 사랑하는 것으로 인식

합니다. 그러다 보면 나도 정말 그런 줄 알게 되고 그럭저럭 한평생 사랑
으로 살 수 있습니다.

'나는 절대 사랑하는 척할 수 없습니다!'

이렇게 생각하는 이들이 있을 것입니다. 마음에도 없는 말과 행동을
절대 할 수 없다고 하는 사람들입니다. 그러면 어떻게 하시려고? 한평생
사랑 안 하고, 사랑하는 척도 안 하고 사시려고? 그토록 무뚝뚝하게, 재
미없게 사시려고? 아니면 다 끝장내고 혼자 사시려고?

그럴 생각이라면 아무도 말릴 수는 없습니다. 자기 태도를 남이 만들
어줄 수는 없으니까요. 하지만 한평생 가정을 이루고 아내와 남편으로,
아버지와 어머니로 살아갈 생각이라면 사랑하는 척이라도 하는 게 낫지
않을까요?

절대 연기는 못한다고요? 아닙니다. 할 생각이 없는 것입니다. 노력하
지 않는 것이죠! 부모에게 잘못을 숨기려는 아이와 용돈을 타내려는 아
이를 보세요! 배우지도 않은 연기를 얼마나 잘하는지…….

자기 목적을 이루어야만 하는 상황에서는 어린아이도 완벽한 연기를
해냅니다. 사람은 날 때부터 연기의 달인으로, 척의 달인으로 태어납니
다. 아이들도 그렇게 열심히 척하며 살고 있는데 그런 아이보다 성숙한
어른들이 사랑하는 척, 행복한 척을 할 수 없다는 것은 인생을 위해 아무
런 노력도 하지 않겠다는 말과 같습니다.

행복한 척, 사랑하는 척하는 것은 절대 나쁜 행동도 거짓 행동도 아닙
니다. 미워하는 것보다 사랑하는 척하는 게 낫고, 불행한 것보다 행복한
척하는 게 훨씬 낫습니다. 그러다가 진짜 사랑하게 되고, 진짜 행복해지
기도 합니다.

이제 어떻게 하시겠습니까? 가장 좋은 것은 진짜 사랑하며 사는 것입

니다. 하지만 그럴 마음이 들지 않는다고 미워하며 살 수도 없겠죠? 그렇다면 사랑하는 척이라도 하며 살아야 합니다. 그렇게 하지 않으면 미워하거나 원망하며 살아야겠죠! 미워하는 게 진실이라고 해도 과연 그것으로 행복할 수 있겠습니까?

행복한 인생, 행복한 부부의 조건은 딱 두 가지입니다. 진짜 사랑하거나 사랑하는 척하거나! 이 둘을 구분할 수 있는 사람은 세상에 한 명도 없습니다. 구분하려고도 하지 마세요! 세월이 흐르면 사랑이나 사랑하는 척이나 별반 다르지 않습니다.

오히려 사랑하는 척하는 것이 더 깊은 사랑으로 남을 수도 있습니다. 오늘부터 아내를 사랑하고 남편을 사랑하세요! 그게 잘 안 된다면 사랑하는 척이라도 해보세요! 분명 사는 게 훨씬 즐거워질 것입니다.

행복한 아내와 불행한 남편, 행복한 남편과 불행한 아내는
세상에 존재하지 않습니다.
둘 다 행복하든지 둘 다 불행하든지 하는 것이 부부입니다.
남편이 행복하기 위해서는 아내가 행복해야 합니다.
아내도 마찬가지입니다.
아이들이 행복하기 위해서는 부모가 행복해야 하고,
부모가 행복하기 위해서도 아이들이 행복해야 합니다.
반은 행복하고 반은 불행한 가족은 없습니다.

세상 모든 부부는 행복하라

초판 1쇄 발행 2013년 5월 27일
초판 5쇄 발행 2014년 1월 27일

지은이 | 김홍식
펴낸이 | 전영화
펴낸곳 | 다연
주　소 | (121-854) 경기도 파주시 문발로 115, 세종출판벤처타운 404호
전　화 | 070-8700-8767
팩　스 | (031) 814-8769
이메일 | dayeonbook@naver.com
본　문 | 미토스
표　지 | 미토스
ⓒ김홍식

ISBN 978-89-92441-36-0 (03320)

인생을 바르게 보는 법
놓아주는 법 내려놓는 법

쓰쓰 지음 | 최인애 옮김 | 정가 15,000원

멋지게
내 인생을 사는 법

스샤오옌 지음 | 양성희 옮김 | 정가 15,000원

사랑이 내게
아프다고 말할 때

이명섭 지음 | 정가 13,000원

채움
세상의 모든 빈자리를

김홍식 지음 | 정가 13,000원

지치고 힘들 때
그리고 행복한 순간에도

박성철 지음 | 정가 12,000원

행복비타민

박성철 지음 | 정가 14,000원

한국인을 위한 탈무드

박성철 지음 | 정가 13,000원

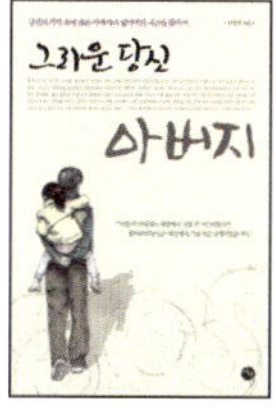

그리운 당신 아버지

한창욱 지음 | 정가 14,000원

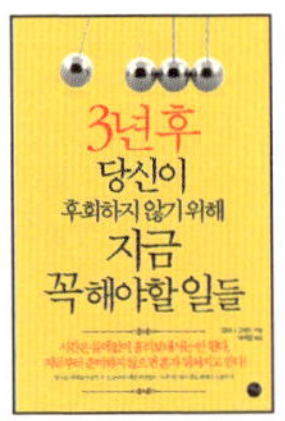

3년 후 당신이 후회하지 않기 위해
지금 꼭 해야 할 일들

오타니 고세이 지음 | 박재현 옮김 | 정가 13,000원

내 편이 아니라도
적을 만들지 마라

스샤오옌 지음 | 양성희 옮김 | 정가 15,000원

마흔
제갈량의 지혜를 읽어야 할 때

쌍찐롱 지음 | 박주은 옮김 | 정가 18,000원

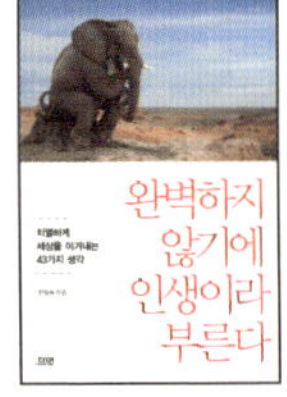

완벽하지 않기에
인생이라 부른다

한창욱 지음 | 정가 13,000원

위로받고 싶은 마흔
벼랑 끝에 꿈을 세워라

김상철 지음 | 정가 13,000원

은행 사용 설명서

최성우 지음 | 정가 15,000원

적을 만들지 않는
인간관계의 비밀

루비 우쯔핑 지음 | 하진이 옮김 | 정가 13,000원

사랑받는 여자
인정받는 여자

왕쥔원 지음 | 한지선 옮김 | 정가 14,000원

욱하는 성질 죽이기

로널드 T. 포터 에프론 지음 | 전성로 옮김 | 정가 13,000원

잘나가는 여자 서른을 디자인하라

서정현 지음 | 정가 14,000원